経営学

後藤 幸男
鳥邊 晋司 編著

税務経理協会

本書のねらい

　この書物は，経営学の基礎的な部面をできるだけ平易に記述して現実の企業の行動原理を解明する一方，企業経営の諸領域の体系化とそれぞれの相互関連性を強く意識して，専門分野別に掘り下げて実務に役立つ手助けとなるテキストを作ることを狙って上梓したものである。

　周知のように経営学の対象領域は拡大の一途を辿っている。一頃「管理から戦略へ」と言われたのはとっくの昔の話，「国際化だ」「情報化だ」と騒がれたのもすでに過去の話題，近年は「福祉だ」「環境だ」「いや，ＩＴ革命のバスに乗り遅れるな」「ベンチャーこそ本命だ」「ＮＰＯこそ21世紀の主役だ」等々，カケ声も勇ましく次々とテーマが移り変わり，そのたびに経営学上の研究課題も目まぐるしく変化している。

　現実の経済や企業行動の変化に適応するため，時流に即した研究や教育を行うことそれ自体はきわめて大切なことではある。しかしかくも激変する時代に，理論の大切さを強調するあまり，昔ながらの古臭い外国文献中心の経営学教育を繰り返すことはナンセンスという他はないし，さりとて目先の現象に幻惑されて，いわゆるキワモノばかりを追い駆けることも愚の骨頂であり，果たして「経営学は学なりや」という疑問も生ぜしめかねない。

　また一方で「経営書読みの経営しらず」と言う批判があるように，経営学を教える側の実務経験不足も偽りないところである。応用社会科学の一つとしての経営学の教育において，現実の経営の厳しさを知らない教師が実務とカケ離れた空論をいくら展開してみても，決して有効な結果を生まないことは明らかである。

　加えて，これは経営学に限らないけれども，研究分野があまりにも専門的に細分化されすぎて，いわば狭く深く耕されてはいるものの，広く，かつ総合化する試みがきわめて乏しいことも事実である。このような「木を見て森を見ない」という類の，分析優位の研究や教育はまた，総合的に経営事象を広く見る

目を養うのに必ずしも適した教育方法とは言えないであろう。

こういった様々な経営学および経営学教育の現状をみ，そして経営を取り巻く環境の激変への対応の後れをみるとき，自ずとその欠落を補う必要性が大きいことが痛感される。本書はまさしくこの点に着目して，一方では近年喧しく言われているＮＰＯやＩＴ革命にかかわる新しい経営問題を取り上げるとともに，他方では従来の経営管理論や経営学総論で記述されていた部分の内容を総合化の見地から改編する意図をもって随所に新たな工夫を盛り込むように努めた。幸い執筆者として実務経験豊富な教授や，新しい領域の開拓に積極果敢に取り組む新進気鋭の研究者に多数参加していただくことができたため，編者の当初の企画したところがかなり満たされたものと思われるが，しかしまだ不十分なところがあるとすれば，その責は編者の能力不足に帰せられるものである。この点は大方の御好意ある御叱正によって他日不足不備を補訂したいと思っている。

いま編集を終えて振り返ってみると，本書の公刊までには陰に陽に，多くの方々の御支援を多々得たことが有り難く思い出される。とりわけ執筆者の多くの方々が使用された海外の入手しにくい文献や資料の収集には，財団法人吉田育英会（ＹＫＫ吉田工業株式会社の創設者故吉田忠雄氏が設立，現理事長吉田忠裕同社社長）の長年に亘る御支援のお陰を受けている。ここに付記して感謝の微意を表するとともに，同育英会のますますの御発展を祈りたい。

また近年学生の書籍離れが一段と進み，出版市場の狭隘化がさらに深刻さを増しているにもかかわらず，敢然と本書の公刊をお引き受けいただいた税務経理協会の社長大坪嘉春氏と校正その他煩雑な事務処理に献身的な御協力をいただいた峯村英治次長に対して幾重にも謝意を表したい。御両所の御健祥と同社の御隆昌を祈念してやまない。

2000年10月

編者　後藤幸男
　　　鳥邊晋司

〔お断り〕

今回の本書の第6刷を発行するにあたり，次のような改訂などを行った。

(1) 平成17年6月29日「会社法」(平成17年法律第86号)が国会において成立し，同年7月26日公布されたことにより，第2章を全面的に書き改めた。

(2) その他各章で誤植等のある場合はそれを訂正するとともに，新しい統計資料と取替える作業なども行った。

(3) 執筆者の肩書きの変更があった場合は新しい肩書に改めた。

2007年5月1日

編者　後　藤　幸　男
　　　鳥　邊　晋　司

執筆者一覧 (執筆順)

後藤　幸男（四国大学客員教授, 追手門学院名誉理事）　第 1 章
鳥邊　晋司（兵庫県立大学教授）　第 2 章
小島　廣光（椙山女学園大学教授）　第 3 章
佐竹　隆幸（兵庫県立大学教授）　第 4 章
植藤　正志（追手門学院大学教授）　第 5 章
中橋　國藏（大阪商業大学教授）　第 6 章
與那原　建（琉球大学教授）　第 7 章
狩俣　正雄（大阪市立大学教授）　第 8 章
三崎　秀央（兵庫県立大学教授）　第 9 章
水尾　順一（駿河台大学教授）　第10章
當間　克雄（兵庫県立大学教授）　第11章
田中　宏（前四国大学教授）　第12章
西村　慶一（前大阪学院大学教授）　第13章
岡崎　利美（追手門学院大学准教授）　第14章
古賀　広志（関西大学教授）　第15章
片山　善行（四国大学教授）　第16章

目　　次

本書のねらい

第1章　経営とは──いろいろの基礎的な概念

　　第1節　経営と企業……………………………………………………3
　　第2節　経　営　目　的………………………………………………4
　　第3節　経営の要素と経営職能………………………………………10
　　第4節　経営と環境……………………………………………………13
　　第5節　今後の展開課題………………………………………………16
　　〔補　　足〕……………………………………………………………22

第2章　株式会社と企業ガバナンス

　　第1節　企業体制と企業形態…………………………………………23
　　第2節　各種会社形態の特徴…………………………………………25
　　　　1　商法上の会社概念……………………………………………25
　　　　2　個人企業，持分会社と有限責任事業組合…………………26
　　　　　(1)　個人企業・26　(2)　持分会社・26　(3)　有限責任事業組合・27
　　　　3　有限会社と株式会社…………………………………………28
　　　　　(1)　有限会社・28　(2)　株式会社・29
　　　　4　相　互　会　社………………………………………………31
　　第3節　株式会社制度とトップ・マネジメント……………………32
　　　　1　株式会社制度の特徴…………………………………………32
　　　　2　トップ・マネジメントの機構とその役割…………………33
　　第4節　株式会社の現状と企業ガバナンス…………………………36

1　株式会社の現状………………………………………………36
　　　2　わが国株式会社の企業ガバナンス構造の特徴………………37

第3章　台頭するNPOのマネジメント

　第1節　序………………………………………………………………39
　第2節　わが国のNPOのマクロ分析…………………………………40
　第3節　NPOのマネジメントを分析するための概念的枠組と
　　　　　構成概念………………………………………………………44
　　　1　概念的枠組……………………………………………………44
　　　2　構　成　概　念………………………………………………46
　　　　(1)　環境状況・46　　(2)　使命と戦略・47　　(3)　組織，個人
　　　　および成果・48
　第4節　NPOのマネジメントに関する主要命題………………………49
　　　1　環　境　状　況………………………………………………49
　　　　(1)　組織間環境・49　　(2)　技術・49　　(3)　市場環境・49
　　　2　使命と戦略……………………………………………………50
　　　　(1)　使命・50　　(2)　戦略・50
　　　3　組織，個人および成果………………………………………50
　　　　(1)　統治・50　　(2)　組織構造と組織行動・51　　(3)　個人属
　　　　性・51　　(4)　組織成果・51
　　　4　統　合　命　題………………………………………………51
　第5節　今後の発展方向………………………………………………52

第4章　中小企業とベンチャー・ビジネス

　第1節　国民経済と中小企業…………………………………………55
　　　1　中小企業の概念と範囲………………………………………55
　　　2　中小企業の比重と存立条件…………………………………57
　第2節　経済発展と中小企業…………………………………………60

1　中小企業問題の新展開……………………………………………60
　　　2　日本の中小企業政策と下請中小企業………………………………63
　　第3節　ベンチャー・ビジネスの生成と中小企業の経営問題……………67
　　　1　中小企業経営の課題と企業成長……………………………………67
　　　2　中小企業経営の新展開と中小企業政策……………………………70

第5章　経　営　管　理

　　第1節　経営管理の意味と出現背景…………………………………………77
　　　1　経営管理の意味………………………………………………………77
　　　　(1)　経営管理の重要性・77　(2)　経営管理の意味・78
　　　2　経営管理の出現背景…………………………………………………79
　　　　(1)　経営管理の生成と能率増進運動・79　(2)　経営管理と経営職能の相関・80
　　第2節　経営管理と経営職能の分化…………………………………………81
　　　1　経営職能論と管理職能の指摘………………………………………81
　　　　(1)　経営活動と経営職能の相違・81　(2)　F.W.テイラーの職能別職長制度・81　(3)　H.ファヨールの経営職能論・82
　　　2　R.C.デイヴィスの経営職能進化論………………………………82
　　　　(1)　職能分化の意味と原因・82　(2)　経営職能の第1次的分化と第2次的分化・83
　　第3節　現代経営管理の構造と特徴…………………………………………84
　　　1　分業の促進と伝統的管理……………………………………………84
　　　　(1)　能率増進運動と生産単位の統合化・84　(2)　科学的管理と課業管理・85
　　　2　経営環境の変化と経営職能の分化…………………………………86
　　　　(1)　「規模の経済」と職能分化・86　(2)　「範囲の経済」と補助的・要素的職能分化・87　(3)　「スピードの経済」と経営要素としての「時間」・88

3　経営職能管理の発展と現代経営管理の構造……………………89
　　　　　(1) 経営の過程的・補助的職能管理の発展・89　　(2) 職能管理と要素別管理・90　　(3) 総合管理と経営組織の変遷・92

第6章　経　営　戦　略

　第1節　経営戦略研究の生成と発展………………………………95
　第2節　経営戦略の概念………………………………………………95
　　　1　経営戦略の定義……………………………………………………95
　　　2　企業の事業活動と競争優位……………………………………96
　　　　　(1) 事業活動・96　　(2) 競争優位・96　　(3) 顧客にとっての商品の価値・96　　(4) 競争優位獲得のための中核的決定問題・97
　　　3　環境変化と企業の適応行動……………………………………98
　　　　　(1) 企業環境とその変化・98　　(2) 企業の環境適応行動・99
　　　4　整合的な一連の基本的な意思決定……………………………100
　　　　　(1) 基本的な意思決定・100　　(2) 一連の意思決定とその整合性・100
　第3節　㈱ミスミの事例とその分析…………………………………101
　　　1　ミスミの事業展開の過程………………………………………101
　　　2　事　例　分　析……………………………………………………104
　第4節　市場ポジショニング視角……………………………………105
　　　1　持続的競争優位の源泉…………………………………………105
　　　2　5要因モデル………………………………………………………105
　第5節　資源ベース視角………………………………………………107
　　　1　市場ポジショニング視角の限界………………………………107
　　　2　持続的競争優位の源泉になる経営資源の属性………………107
　　　3　組織能力と組織知識……………………………………………108

第7章 組織の構造

- 第1節 組織とは何か …………………………………………109
  - 1 組織の本質—協働 ………………………………………109
  - 2 組織の成立要件と協働の条件 …………………………110
  - 3 組織の存続要件—組織均衡 ……………………………111
- 第2節 組織構造とは何か ……………………………………113
  - 1 組織構造の次元 …………………………………………113
  - 2 官僚制組織 ………………………………………………114
  - 3 官僚制の逆機能 …………………………………………114
  - 4 組織のコンティンジェンシー理論 ……………………115
- 第3節 組織形態 ………………………………………………117
  - 1 職能別組織 ………………………………………………117
  - 2 事業部制組織 ……………………………………………118
  - 3 マトリックス組織 ………………………………………120
  - 4 職能横断的組織—プロジェクト・チーム ……………121
  - 5 カンパニー制 ……………………………………………123

第8章 組織行動

- 第1節 組織行動の意義 ………………………………………127
- 第2節 人間の内部過程 ………………………………………129
  - 1 知　覚 ……………………………………………………129
  - 2 態　度 ……………………………………………………131
  - 3 欲　求 ……………………………………………………131
- 第3節 コンフリクト …………………………………………133
  - 1 コンフリクトの解決方法 ………………………………133
  - 2 創造的問題解決 …………………………………………135
- 第4節 リーダーシップ ………………………………………136

1　リーダーシップ理論 ……………………………………………136
　　　2　組織におけるリーダーの役割 …………………………………138
　　第5節　組 織 変 革 ……………………………………………………140

第9章　人的資源の管理

　　第1節　人的資源管理とは …………………………………………………147
　　　1　人的資源管理の対象 ……………………………………………147
　　　2　人的資源管理の領域 ……………………………………………147
　　　　(1)　人事労務管理から人的資源管理へ・147　(2)　人的資源
　　　　管理の諸活動・148
　　第2節　人的資源管理の各論 ………………………………………………149
　　　1　人 事 制 度 ………………………………………………………149
　　　　(1)　従業員の格付けの仕組み・149　(2)　職能資格制度の特
　　　　徴・150
　　　2　雇 用 管 理 ………………………………………………………151
　　　　(1)　人材の確保・151　(2)　採用に関わる法的規制・152
　　　3　キャリアの管理 …………………………………………………153
　　　　(1)　配置・異動・153　(2)　昇進管理・154
　　　4　人 事 考 課 ………………………………………………………155
　　　　(1)　人事考課表の作成・155　(2)　評価の仕方・156
　　　　(3)　コンピテンシー・156
　　　5　報 酬 管 理 ………………………………………………………157
　　　　(1)　賃金の持つ多様性・157　(2)　賃金の決定・157
　　　6　能 力 開 発 ………………………………………………………159
　　　　(1)　企業における能力開発・159　(2)　中高年の能力開発・159
　　　7　求められる自立性 ………………………………………………160

第10章　マーケティング

第1節　マーケティングの役割 ……………………………………163
　1　マーケティングの基本概念 ……………………………………163
　2　マーケティング倫理の重要性 …………………………………164
　　(1) マクロとミクロのマーケティング倫理・165　(2) マーケティング倫理におけるネガティブ活動領域とポジティブ活動領域・165　(3) マーケティング倫理のマトリックス体系と企業行動の視点・166

第2節　マーケティングにおける諸活動 …………………………167
　1　マーケティングの過程 …………………………………………167
　　(1) ニーズ，ウオンツ，需要・168　(2) 製品（商品，サービス，アイデア）・168　(3) 価値，価格，満足・169
　　(4) 交換と取引・169　(5) 関係性とネットワーク・169
　　(6) 市場・170　(7) マーケッターと見込み客・170
　2　マーケティング体系と4P活動 ………………………………170

第11章　新製品の開発

第1節　はじめに ……………………………………………………177
第2節　製品とは何か ………………………………………………177
第3節　新製品開発の効果 …………………………………………180
第4節　新製品開発のプロセス ……………………………………181
第5節　企業を取り巻く環境変化と新製品開発のマネジメント …184
　1　現代企業を取り巻く競争環境の変化と求められる製品開発力 …………………………………………………………184
　2　自動車産業における新製品開発の管理 ………………………187

第12章 生 産 管 理

第1節 生産管理 …………………………………………………193
  1 生産管理の意義 …………………………………………193
  2 生産管理の対象 …………………………………………193
  3 生産管理の諸活動と機能 ………………………………194
第2節 生産の計画 ………………………………………………195
  1 製 品 計 画 ………………………………………………195
    (1) 要求品質の把握・195 (2) 商品化の検討・195
    (3) 新製品開発とマーケティング・195
  2 生 産 計 画 ………………………………………………196
    (1) 生産方式の分類・196 (2) 生産計画・197 (3) 工場計画・198
第3節 工 程 管 理 ………………………………………………198
  1 工 程 管 理 ………………………………………………198
    (1) 計画・198 (2) 統制・199
  2 工 程 計 画 ………………………………………………199
    (1) 手順計画・199 (2) 工数計画・199 (3) 負荷計画・199 (4) 日程計画・199
  3 作業計画と統制 …………………………………………200
    (1) 作業手配・200 (2) 作業統制・200
第4節 資 材 管 理 ………………………………………………201
  1 資 材 管 理 ………………………………………………201
    (1) 資材管理とは・201 (2) 資材管理の重要性・201
    (3) 資材計画・201
  2 購 買 管 理 ………………………………………………202
    (1) 購買管理の基本・202 (2) 資材の発注方式・202
  3 外 注 管 理 ………………………………………………205

　　　　(1) 外注管理とは・205　　(2) 外注利用の目的・206　　(3) 外注先の指導・管理・206　　(4) 最近の外注管理の課題・206
　第5節　生産システムの合理化と自動化・情報化の動向 ……………206
　　1　トヨタ生産方式（JIT生産システム） ………………………207
　　2　MRPシステム（資材所要量計画） …………………………209
　　3　生産の自動化 ……………………………………………………210
　　　　(1) MA・210　　(2) PA・210　　(3) FA・211
　　　　(4) OA・211
　　4　CIMシステム（コンピュータ統合生産システム） ……………211

第13章　経営財務論

　第1節　経営財務論 ……………………………………………………215
　　1　意義と目的 ………………………………………………………215
　　2　経営のキャッシュ・フローの循環 ……………………………216
　　3　資本市場と企業 …………………………………………………218
　第2節　財務諸表と財務分析 …………………………………………220
　　1　財務諸表とは ……………………………………………………220
　　2　貸借対照表 ………………………………………………………220
　　3　損益計算書 ………………………………………………………221
　　4　キャッシュ・フロー計算書 ……………………………………223
　　5　資金3表の簡単なケース・スタディ …………………………225
　第3節　資本の調達 ……………………………………………………227
　　1　資本の調達 ………………………………………………………227
　　　　(1) 自己資本・227　　(2) 負債・228
　　2　資本構成 …………………………………………………………229
　第4節　資本コストと投資の決定 ……………………………………229
　　1　投資と資本コストとは …………………………………………229
　　2　投資決定の方法 …………………………………………………230

　　　　　(1)　貨幣の時間価値・230　　(2)　将来価値と現在価値・230
　　　　　(3)　投資意思決定の方法・231
　　第5節　財務マネジメント ………………………………………………232
　　　1　財務マネジメント ……………………………………………………232
　　　　　(1)　戦略策定・232　　(2)　マネジメント・コントロール・233
　　　　　(3)　タスク・コントロール・233
　　　2　新しい財務マネジメント・ツールの登場―EVA― …………234
　　第6節　経営財務論学習の課題 ………………………………………235

第14章　資本市場制度と企業金融

　　第1節　日本企業の資本調達の変化 …………………………………237
　　第2節　自己資本の調達と資本市場 …………………………………241
　　第3節　普通社債の発行とメインバンク制 …………………………246
　　第4節　ベンチャー向け様式市場の創設 ……………………………251

第15章　経 営 情 報

　　第1節　は じ め に ………………………………………………………255
　　第2節　経営の情報化概念の変遷 ……………………………………255
　　　1　コンピュータの登場 …………………………………………………256
　　　2　EDPS――電子データ処理システム―― ……………………256
　　　3　MIS――経営情報システム―― ………………………………257
　　　4　OA――オフィスオートメーション―― ………………………258
　　　5　SIS――戦略的情報システム――― ……………………………259
　　　　　(1)　新規事業創造・259　　(2)　製品価値革新・259　　(3)　製
　　　　　品個別化・260　　(4)　オペレーショナルエクセレンス・261
　　　6　SISの神話 …………………………………………………………262
　　　7　経営情報論と経営戦略論のマリッジ ………………………………263
　　　8　BPR――ビジネスプロセスリエンジニアリング―― ………264

9　ネットワーク組織論とＯＡ論の再燃 …………………………265
　第3節　ネットワーク時代における情報化マネジメント ………………266
　第4節　ｅビジネス原理──もうひとつの経営情報論── ……………269
　　　1　ビジネス設計思想における意識化の論理 ……………………269
　　　2　つながり，曖昧化，対話 ………………………………………270

第16章　国際経営戦略

　第1節　グループ企業経営と海外持株会社 ………………………………275
　第2節　グループ企業経営とタックス戦略 ………………………………278
　　　1　連結納税制度の活用 ……………………………………………278
　　　2　Ｍ＆Ａと減価償却の問題 ………………………………………280
　　　3　二重課税の回避 …………………………………………………280
　第3節　国際Ｍ＆Ａの戦略スキーム ………………………………………282
　　　1　国際Ｍ＆Ａの形態 ………………………………………………282
　　　　　(1)　買手企業の立場・282　　(2)　被買収企業（株主）の
　　　　　立場・282
　　　2　株式交換方式によるＭ＆Ａスキームの構築 ……………………283

索　　引 ……………………………………………………………………………289

経営学

第1章　経営とは——いろいろの基礎的な概念

第1節　経営と企業

　経営学の対象は「経営」である。これには昔からいろいろの学説があるが，現在もっともよく使われている主張は，工場，会社，商店などの「生産的な経済活動を営む主体」のことである。
　ここで「生産」という言葉も，以前と比較すると内容がかなり変化し，かつ広範になっている。有形の財貨（goods）を造ることばかりでなく，ホテルや飲食店などでのサービス（用役）の提供や交通機関での輸送，さらにはコンピュータのプログラム作成や情報通信システムの構築，その他知識やアイディアのシステム化などなど，無形財の提供も広く生産の範疇に入っている。したがって今や生産とは，「物財やサービスの価値（有用性）を増加させる行為」あるいは「消費者や利用者の満足や利便性を増加させる一連のプロセス」と定義してよい。わかり易くいえば「消費し易くすること」「消費（利用）に近づける一連の過程」，といいかえてもよい。このように考えると，「経営」とは，この生産過程において営まれる経済活動の主体，もしくは個別の生産経済単位の行動のことである。
　ところで経営と同じようによく使われる言葉に「企業」がある。これと経営とはどうちがうであろうか。これは次のように区別される。人間は生活していくためにいろいろの財貨やサービスを消費するが，消費の前にまず生産をせねばならない。この生産単位または生産のプロセスが上述の経営に他ならないが，これは，どのような経済体制の下でも不変である。つまり原始共産社会であれ，封建体制下であれ，あるいは資本主義経済体制下でも，さらには社会主義経済

体制の下でも変わらない。このようにいかなる経済体制とも関係なく，超歴史的に存在する（これを体制無関連という）単位体が「経営」である。

これに対して「企業」は，私的利潤の追求を広く認める資本主義経済体制下で現れた経営のことである。つまり営利経済の単位なのである。この企業の特質についてもいろいろの見方があるが，まず，(1)全体経済または国民経済と対立する「個別経済体」として，全体経済の中で活動する独立の存在としての特質をもっている。(2)また家計のような消費経済の単位体と対立的に把えて，上述のような「生産」の機能をもつ「生産経済の単位体」でもある。そして，(3)独立して経済活動をする主体である以上，できるだけ大きい利益の獲得を目的とする「営利経済体」である[1]。

ここでいう「利益」とは，収益と費用の差のことである。「収益」は，資本や労働，情報といったいろいろの要素や資材などを結合して生産活動を行い，その結果得られる「効用（utility）または満足」のことである。これに対して「費用」は，この収益を得るために費やされる「価値の犠牲」のことである。したがって，利益＝収益－費用という式が成り立つ。企業は，この利益をできるだけ大きくするように合理的に意見決定をし，またそれに従っていろいろの行動をとる。現資本主義社会では，この計算が資本（主として貨幣および信用）によってなされるから，企業は，貨幣的利益の極大化を志向する個別の独立した生産経済体といい換えてもよい[2]（いずれにしても，以下本書では「経営」と「企業」とを同義に用いる）。

第2節　経営目的

企業を経営する目的は何か。これにも昔からいろいろの説がある。これは企業をどう見るか，企業観の相違から生じているが，その主なものを分類すると，図表1－1のようになるであろう。

単数説は，企業を経営する目的はただ一つとする考え方であり，利益とか付加価値とか，何か一つの目的値をできるだけ大きくする「極大化基準」に従っ

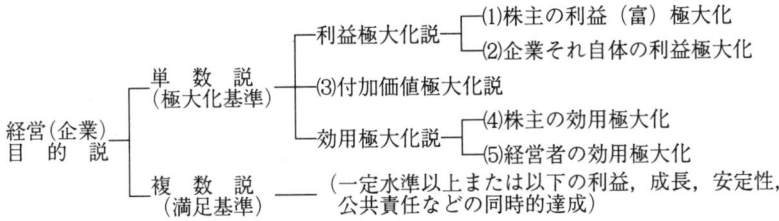

図表1－1　企業観の分類

ている。

(1)は英米で多く主張されている。これは英米法の法人と個人を別人格とみない考え方に由来すると思われる。つまり法人であれ，個人であれ，出資者ないし株主は，自分の富すなわち投資価値（これは具体的には彼の出資資本や株価の増大と配当の増加で測定される）をできるだけ大きくする目的で企業に出資している。一方経営者は，その王様たる出資者や株主に雇われている使用人に過ぎず，彼らから委託された資本を効果的に運用したり（これを経営者の受託責任という），また企業内部の管理をできるだけ上手に行って（これを経営管理責任という），株主の富を増大させる責務を課されている，とみる考え方に基づく。英米流の合理主義的思潮が如実に表われている。

たしかに現行商法や株式会社法などの基本的な考え方はこのとおりであろうが，しかし企業は単に株主のみのものではなく，労働組合や取引先，金融機関，消費者等々，企業に利害関係をもついろいろのインタレスト・グループが多数存在する現在，企業はこれらのグループに対しても何らかの形の配慮——成果の配分など——をせねばならない。また企業が自己の私益の追求に走り過ぎて公害の発生やその他環境破壊などを直接，間接に行って社会的に各種の弊害をもたらすようになってくると，企業の社会的責任を問う声も強く出てくる。このような状況をみると，この説には直ちに賛意を表することはできないであろう。昨今ステークホルダーズ（stakeholders）[3]が喧しく唱えられているのは，この株主の富極大化説に対する厳しい批判の表われとみてよい。

(2)は，株主の利益以前にまず企業それ自体の利益極大化を図るべきである，とする主張である。企業は決して1～2年で廃業する短期的な存在ではなく，

継続企業（going concern）として長期的に経営活動を行う存在であるから，まずその長期の安定的な利益の極大化をこそ志向し，その上で得られた利益を利害関係者にその貢献度に応じて分配すべきである，とする主張である。この考え方には，一面他のすべてを犠牲にしてもまず企業の独善的な利益の追求をはかる，というニュアンスも含まれているため，近年非常に強い非難を浴びたところである。その結果，公害防除投資が推進されたり，いわゆるエコ活動など環境への配慮が強くなされたり，また消費者の健康や福祉の増進等々にもできるだけの考慮が払われたりしているが，これらのことは，企業の長期的利益追求のために必要不可欠の制約条件であるから，企業は現経済体制下では，これらの条件を満たすための各種の「社会的コスト」を支払って，その上で企業自体の利益極大化を志向して経営活動を行っているとみるべきである。

(3)の説は，英米の文献ではあまり見かけないが，わが国ではかなり強く打ち出されている。この考え方の基礎になっている思想は，経済学上の重要問題が生産より分配に移っていることや，経営者の行動が現実に株主のためにのみなされているわけではないことによる。たしかに企業は，資本や労働あるいは情報といった経営上不可欠の要素の他，国や地方自治体による制度的な支援，さらには生産設備の数と質といったいろいろの要因を上手に活用して活動を行っているから，その結果得られた経営成果（一定期間における企業の価値増加部分のことで具体的には付加価値＝added value で測る）は，それぞれの要因の貢献度に応じて分配されるべきである，そして分配の前に，まず分配の源資となるべきパイ（付加価値）をできるだけ大きくする必要がある，という考え方に基づいている。これはまた現在の企業会計制度が所有主（株主）を主体とするものであるのに対し，企業が社会的に大きな存在となったいま，企業主体の会計制度をとるべきであり，その成果測定尺度として付加価値を採用しよう，という主張に通じている。いわゆる付加価値会計がこれであり，またドイツの「価値創造計算」もまさしくこれと軌を一にしているといってよい。これはさらに発展して，現在は「社会関連会計」として確たる地歩を築いている。

この付加価値は別名生産性ともいわれる技術的概念であって，通常投入に対

する産出の比（output／input）で測定される。具体的には，損益計算書を使って，売上高から外部給付価値（企業が材料やエネルギーなど外部から購入したもの）を差し引いて計算される。この結果残るものは，勘定科目でいうと，税引前利益，人件費，地代家賃，支払利息や割引料といった資本コスト，租税公課および減価償却費であるから，これらの6つの勘定の金額を合計して計算されることもある（減価償却費を含む場合を粗付加価値，これを含まず前5者を合計した値を純付加価値という）。

しかしこの付加価値極大化を企業目的とするにはいくつかの難点がある。たとえば，OEM（original equipment manufacturing＝相手先ブランドによる生産）など下請企業を上手に利用すれば，企業は労せずして付加価値を高めることができたり，赤字企業でもベースアップをして人件費が増加したり，経営に失敗して高利の借入れをして多大の利息を払っても付加価値が増加することになるし，金融機関などではどのようにして付加価値を測定するのか，という問題があるなど，不合理な面が表れたりする。ただわが国では昔から利益3分法といって，企業の利益は株主，従業員，企業それ自体の3者に等分すべきだ，という思想があって，実務では付加価値説の同調者が少なくない。

(4)はミクロ経済学で採用されている考え方で，これは，企業目的が旧来の企業利益極大化一本槍の発想では公害問題などの発生に対して説明がつかず，また雇用の安定や貨幣的利益では説明のつかない福祉の増大といったことを企業に求める声が大きくなってきたため，効用（utility＝主観的な満足の度合い）の概念を持ってきたものとみられる。人件費は多少高くなっても雇用の安定をはかることによって労使関係の安定化を促進したり，環境改善や社会福祉への配慮を社会的にアピールすることによって知名度を高めたり，……等々，たとえ貨幣的利益を若干犠牲にしても，これらの必要コストを払うことによって株主が主観的にできるだけ大きな満足を得てくれれば，結局社会的存在としての企業の経営目的は達せられる，とする主張である。

経済学の領域では，このような抽象的な尺度を提唱しても，それで問題は少ないかもしれないが，しかし実際の経営では問題は解決しない。株主にもいろ

いろの考えの人がいるし，満足の度合いも一様ではない。第一，効用という主観的なものをどのように客観的に把握するか，にも問題がある。ＯＲ（operations research）の分野では効用関数（utility function）に置き換えて効用の大きさを表現する手段がとられることがあるが，そうするとしても，その人の性格や，時と場合によって満足の度合いは変わるのが常であるから，このように曖昧な概念を現実の企業の目的とするには躊躇せざるをえないであろう。

なお，(5)を主張する論者には，マリス[4]が代表的であるが，株主を経営者に置き換えても，経営者にもいろいろの人がおり，結局(4)と同様な批判を避けることができないため，支持できない。

以上の単数説に対して複数説は，現実の経営者の行動から，彼らは必ずしも利益極大化のみを志向して行動しているわけではないし，第一，どこに極大利益が存在するのか，現実の不確実性の多い社会では事前にそれを知ることは容易でない。経営者は企業の利益以外にも，その社会的責任や成長，安定性増加なども同時に達成しようとして行動しているから，企業目的は複数である，としている。

この場合利益をできるだけ大きくしようとして，たとえば公害防除投資を削減すれば社会的責任を果たすことができなくなるし，資源のリサイクルのために人手やコストを余分にかければそれだけ利益を減殺することになって，相互に矛盾する結果となる。したがってこういった場合，利益はこの程度で満足しなければならない，公害防除投資はここまで，リサイクルなどへのコスト支出はこれぐらいまで，というように，一定の水準以上または以下にとどめてそれで満足しなければならない。ここに単数説の極大化基準に代って満足基準が登場する余地があるわけである。

以上企業目的については数多くの異説があるが，私見では，現資本主義体制下では，(2)の主張がまだもっともわが国の現実に合っているように思う。(1)，(3)，(4)，(5)の説には，その都度触れたような欠点があるし，複数説にも直ちに賛意を表することができない。経営者は，利益以外の目的の一定水準なり満足水準を満たした上は，やはり利益をできるだけ大きくしようと努力しているか

らである。この場合，利益以外の目的はすべて制約条件となるはずである。

　たとえば社会的責任の一つである公害防除投資を取り上げた場合，多くの経営者は，この投資を必要な最低線の付近で満足させておけば世の指弾を浴びなくてよいから，まずこの最低線を志向し，しかる後全力を利益増大に向けるであろう。そして利益の満足水準を突破しても，さらにそれを上回る利益を確保しようと努力するであろう。成長や安定性についても同様のことがいえそうである。このように考えると，複数目的説も結局単数目的説と同じことになる。どれか一つの目的を最重点的に志向すると，他の諸目的は制約条件となり，目的相互間に一種の「互換性」が生ずることになるが，現資本主義体制下の企業では，利益以外の目的は，やはり各種の制約条件となり，企業はいくつかの制約の中で利益極大化を究極的な目的として行動する，といえる。

　しかし近年アメリカの文献で「企業価値の創造（VBM＝value based management)」という語をよく見かけるようになった。これは企業目的説そのものではなく，根底には図表1－1の(1)の「株主の富極大化」を企業目的とするものの，それの達成のためには，（ⅰ）経営者がまず「信念」をもって長期的に，企業利害関係者に分配する源資となる「価値」を創造すること，（ⅱ）それには，有効な戦略の立案とそれの効果的な展開や，組織の活性化や従業員の動機づけに関する基本的な考え方＝「原理」を確立し，組織の末端にまで徹底することそして，（ⅲ）資源の配分や業績管理，計画の効果的な実現をはかる「プロセス」を上手に設計し，またそれをうまく運営すること，の3点が大切であることを強く説いている[5]。

　つまり単に株主の投資価値を極大化するといっても，実際に経営者は，たとえば，国の内外における競争に勝つためという名目で，安易に過大な無駄な投資をしたり，反対に楽観的な競争相手を想定して「競争の圧力」を回避しようとしたりする傾向があるし，また何か偶然的な原因で予想より大きな利益が得られたときには，安直にベースアップに走ったり，あたかも自分の意思決定が良かったかのように錯覚して自身も莫大な報酬を得るように独断，独走したりする。

こうしたことは，経営者や従業員の行動が株主の利益と対立することになることを示している。昔から言われているような「労使の円満な関係」ならぬ「険悪な経資関係」(出資者と経営者の間の利害対立の関係) すら生ずることになる。これには当然株主からの反論が出てきて，株主への適正な分配を要求することを目的としてコーポレート・ガバナンス (corporate governance＝企業統治)[6] の問題が提起されることになる。

このような「経資の対立」のあるところでは，当然企業目的は達成されないから，経営者たるものは，まず確たる信念をもってステークホルダーへの適正な分配をする源資となる「価値」を創造すること，そしてそのためには，有効適切な戦略を立て，かつ業績管理を充分に遂行することが不可欠な要件となる。具体的には従業員にも競争力のある賃金を与えて継続的に仕事ができるようにするとともに，競争力のある価格で良質な価値のある製品の製造をしたり，その他環境問題への取り組みや後に少し言及するＩＳＯ基準の達成などによって消費者や地域住民との良好な関係を維持するなど，企業とステークホルダーそれぞれとの間の利害調整を適切に行って，最終的には株主の富極大化に資するようにすることが大切となる。このような経営者の行動は，言い換えれば「企業価値創造」でもあるが，今後は企業目的として，このような企業のステークホルダーへの適正分配の源資となる「創造価値の極大化」が大きく取沙汰されるものと思われる。近年ＥＶＡ (経済的付加価値＝Economic Value Added) について論じられているが，これはまさしく，企業の全体価値創造の重要性を説くＶＢＭの狙いと軌を一にする（ＥＶＡについても注[5]を参照されたい）。

第3節　経営の要素と経営職能

経営に必要な要素は，以前から資本と労働と言われてきたが，現在は「情報」も含まれている。私はさらに「時間」を加えたい。後の2者はともに，企業の意思決定上重要な要素とみなさなければならなくなったからである。

情報とは特定の目的に関して集めた知識のことであり，これはコンピュータ

の発達，経営におけるシステム化の進展，さらには企業内のみならず国内外の他企業とのネットワークの形成，さらにはいわゆる e コマースの進展等々によってますます重要性を増してきている。正確かつ良質の情報の迅速な収集，適切な処理と蓄積，それらの適時の利用による的確な意思決定は，企業の命運を左右しかねないからである。

　また最近の資本取引や証券取引などに見られるように，たとえば，シドニーの資本市場で現在 1 米ドルが何円になっているか，その相場を見て東京やロンドン，ニューヨークの市場で円や米ドルの売買や株式取引がなされるし，また，景気の動向を見て不況時に設備投資を行って景気の好転したときの生産増強に備える，など，24時間取引や投資のタイミングといった「時間」の要素の考慮が企業の意思決定上大きな役割を果たすことが多くなっている。この他季節的変動の考慮や新製品開発のスピードで競争に勝つことも大切であるし，大きくは東ドイツと西ドイツの統合の際に見られたように，経済体制の大きな変革に対して，東ドイツの企業経営者や労働者が資本主義体制下の企業経営に適応するのにかなりの「時間の経過」を必要としたことなどを考え合わせると，「時間」も重要な経営要素となっていることが理解できるであろう。

　経営活動は，これらの要素と生産過程の合目的的結合を志向する。ここの生産過程とは，原料や資材の購入，これらの在庫，製造，製品在庫，販売という一連のモノの動きをいう（「モノ」を経営要素に含ましめる主張もあるが，モノは資本が形を変えたものに他ならないから，ここでは要素から除外しておく）。要素は，互いに他の要素および生産過程のほとんどすべてのものに関連している。これをいま図示すると，図表 1 − 2 のようになるであろう[7]。企業は，これらの要素と生産過程を適切に組み合わせて利用し，その目的（それが図表 1 − 1 の何であれ）を達成するように努力し，かつ合理的な行動をとろうとする。

　経営において行われる職務（仕事）は，これらの要素と生産過程とによって区分される。すなわち資本の動きに関する職務は「財務」，人間（労働）の動きに関する職務は「労務」とか「人事」，原料の購入は「購買」とか「仕入」，原料や製品の在庫や貯蔵は「在庫」，製造や加工は狭義の「生産」，情報の収集や

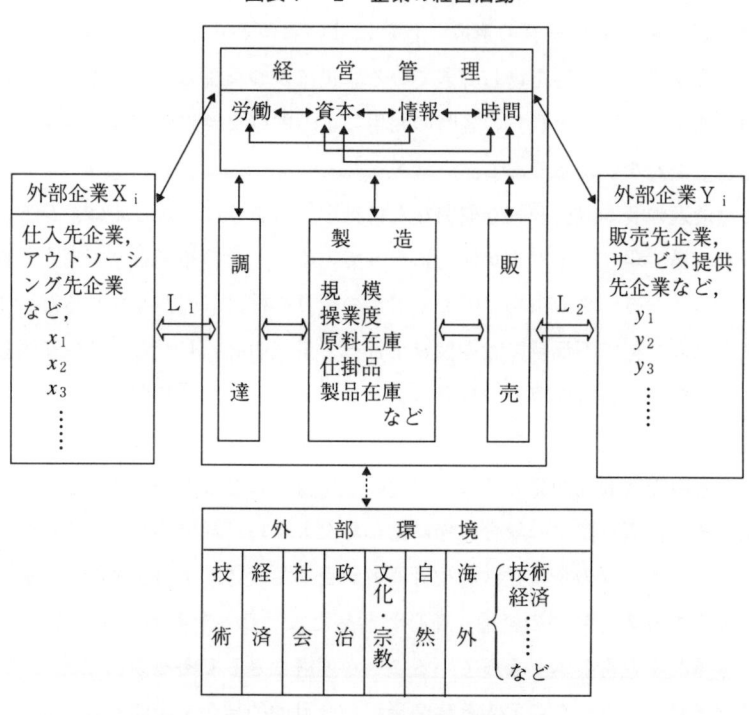

図表1-2　企業の経営活動

L_1＝原料等のロジスティクス　　L_2＝製品等のロジスティクス
◆──▶＝資本や労働など要素の動きや流れおよび相互関連
⇔＝モノの流れ（双方向は相互作用を示す）
◀┄┄▶＝企業と外部環境との相互作用

処理に関する仕事は「情報」，そして時間の効果的な割当や利用，新製品開発のスピードなどに関する仕事は，「時間の管理」などといわれる。

　これらの職務は，それぞれの経営の必要性に応じていろいろ改編される。モノの流れ（輸送も含む）を一つのシステムとしてとらえ，ロジスティクス（＝輜重（しちょう）と訳すこともある）とか「物流」といったり，商品取引と資本の動きを一括して「商流」といったりする。

　そしてまた上述の職務を合理的に行うために「計画」を立てたり，実行結果を反省して次の計画を立てる資料とする「統制」という2つの職能を下部の職

務内容とする「経営管理」職能もある。また計画に従って実行する職能を「執行」職能ということもあるが，いずれにしても経営活動は，これらの職能が合目的的に統一して行われる必要がある。これにはまた経営者の意思決定の良否が大きくかかわってくることになる。

第4節　経営と環境

　近年とくに重視されている問題に，企業と環境との関わり——とくに地域社会との——問題がある。その原因にはいろいろのものがあるが，多くは企業が利益追求——収益性の増大——に走るあまり，公益を損じたり，公害を撒き散らしたり，その他社会公共性に反する行為を続発させたりしたからである。

　企業の公益性とは，企業の私益を若干犠牲にしても，消費者や利用者の利益や便益を優先させる経営の行動原理の一つである。電力や都市ガス，鉄道業といった公益企業は，まさしく国民生活に必要なエネルギーや輸送サービスの安定的確保という公益性を強く求められて，経営上各種の制約を受けているが，反面政府による料金統制などによって独占的に安定的な経営ができるよう保護措置も講じられている（もっとも最近の一連の「規制緩和」政策によって，今後の経営戦略の展開方向は予断を許されないが……）。

　また公共性とは，「不特定多数の人々（公衆）の福祉」を優先させる行動原理のことである。「福祉」には，物的，金銭的な幸福のみならず，心理的，社会的な満足の意味も含まれているから，公共性は公益性よりもやや広い概念として用いられているが，必ずしも両者が判然と区別されているわけではなく，たとえばどちらも「社会一般の利益」というように混同して用いられることが多い。しかし私企業にこういった公共性を求めることはもちろんきわめて困難であるから，各種の公共企業体が組織されている。この公共企業体の経営は，国や地方自治体の出資に依存するところ大であり，また経営責任や支配も国や地方自治体がもつ場合が多い。しかし第3セクターに見られるように，多くの場合，公共企業体は，いわゆる赤字経営に陥っている。官僚的経営の非能率性が

如実に表れている好例であろう。

　他方公害はマスコミ造語であるが，これは公益の反対語ではなく，水や空気の汚染や騒音の発生，農薬散布による生態系破壊による被害などなど，国民生活に直接間接に，身体生命，財産などに大きな被害を与えている現象をいう。水俣病で代表されるように，企業の私益優先活動が地域住民に多大の被害をもたらしたことは広く世界に知られているところである。このため企業には人道的にはもちろんのこと，法的にもいろいろの規制が課されたり，公害防除の措置が講じられたりしている。しかしまだ充分とはいえないことも事実であろう。

　いずれにしても企業は，もはや単に私的利益の追求に終始することは許されず，公益性や公共性といったことを強く意識して行動し，単に生産組織体としてのみではなく，地域社会との調和をはかりながら，その福祉の増進に寄与するという社会的責任を果たす組織となる必要性に迫られていることは確かである。

　ところで企業を取り巻く環境にどういうものがあるであろうか。私見では，内部環境と外部環境に分類される。

　内部環境には，いわゆる企業内文化とか組織風土といわれるものや，経営者・従業員のヤル気とか仕事上の雰囲気といったものが含まれる。経営目的が何であれ，企業の成長発展のためにみんながヤル気をもってそれぞれの仕事に取り組み，貢献意欲を燃やし，また，相互のコミュニケーションをよくして合目的的に目標を達成するよう協働する条件が内部環境である。この内部環境がよい企業は業績もよいことは多言を要しない。

　外部環境には，図表１－２の下部に示すように技術，経済，社会，政治，文化・宗教，自然および海外の諸環境があげられる。海外環境もしくは国際環境にはまた，それぞれの国の技術，経済，社会，文化・宗教，自然などの環境が含まれる。企業はもちろんこれらの諸環境といろいろの交渉をもち，相互に影響を与えたり，与えられたりしながら経営を行っている。先述のステークホルダーはまさしくこのことを指している。

　いまこれらの一つひとつについて記述する紙幅が少ないため，近年国際的に

大々的に取り上げられているＩＳＯ（国際標準化機構＝International Organization for Standardization）についてのみ少し言及しておこう（地域社会の環境問題については，公共性，公益性，公害などに関連して少し記述しておいたから繰り返さない）。

ＩＳＯは[8]，国際的に通用する規格や標準などを制定するための国際的機関であり，最初は1947年に「物資及びサービスの国際交換を容易にし，知的，科学的，技術的及び経済的活動の分野の協力を助長させるために世界的な標準化及びその関連活動の発展開発を図ること」を目的に発足した，とのことである[9]。

これが急速に注目を浴びるところとなったのは，1987年制定の「品質保証の国際規格」である「ＩＳＯ9000シリーズ」の登場と，さらに1996年秋に「環境マネジメントシステムの国際規格」である「ＩＳＯ14000シリーズ」が出されたことによる。前者はとくにＰＬ（Product Liability＝製造物責任）法への関心の高まりを反映したものであり，後者はもちろん，人類にいま課せられている最大の問題，すなわち「地球環境問題」が重要視されるに及んだからである。

ＩＳＯの発足当初は，ネジ・製図，鉄鋼，自動車，フィルム感度，食品などの国際規格の認証が中心であったが，ＥＵの発展拡大に伴ってヨーロッパ統一規格の必要性が増大し，また世界的な環境汚染の急速な進展によって全世界的に関心がＩＳＯに寄せられるに及んで，企業経営者たるもの，この認証を受けることが経営戦略展開上の最重要課題となっている。2000年には，これらのマネジメントシステム規格が改訂されることになっているため，各業界では，ますますこれへの注目度が高まることであろう。

経営戦略とは，後の章で詳述されるであろうが，約言すると「環境変化への適応の意思決定」のことである。経営者は今後ＩＳＯ問題のみならず，上述の各種の環境変化に上手に対応する意思決定を行い，長期的に企業を成長発展させることが何よりも重要な責務であることを自覚せねばならない。

第5節　今後の展開課題

最後に今後大きく展開されるであろう経営問題として，次のものをあげ，少し言及しておこう[10]。

(1) 経営戦略問題
(2) 知識問題
(3) ネットワーク問題
(4) 対政府問題
(5) グローバル化の問題
(6) サービス化の進展の問題

　これらの6つの問題は相互にいろいろ関連し，またいくつかの重複もあって，独立に論じられるものではないが，まず，(1)については（第6章で詳述），1971年の変動相場制への移行を皮切りに2次にわたるオイルショック，さらにはバイオ関連や情報通信などの先端技術を中心とする各種の技術革新の目覚ましい発展等々，企業を取り巻く環境の激変によって，経営者には，これら「環境変化への適応のための意思決定（つまり経営戦略）」の合理的策定が強く迫られるところとなった。とりわけ国内外の他企業との競争に勝つための経営戦略，たとえば内外市場の情報収集とそれらの的確な処理による対応，宣伝や価格など顧客獲得の戦略，自社の製造能力とアウトソーシングの利用との調整，さらには買収や合併による「成長の時間節約」に関する戦略，財務的投資の拡大等々，多元的な経営戦略の展開が強く要請されている。もちろん企業内部に対しても，従業員のモラール・アップや創造性開発，研究開発の促進等々，人的資源の開発と有効利用（これについては第9章に詳述される），内部管理システムの改編や組織効率の向上（第7章，第8章を参照されたい）のための諸戦略と策定が大きく取り上げられている。こういったことはこれからもますます大きな課題として取り上げられ，各企業の情況に応じて多様な展開がなされるであろう。

　(2)の問題は，いわゆる「知識集約化」産業で代表される分野ごとに大々的に

展開されるであろう。ここでは良質な人的資源の育成と獲得がとくに大切な要因となり，研究開発のスピード向上，良質な知識や情報の収集，処理，蓄積，適時適切な利用，といったことが中心課題とされる。

　また分権化企業ないしは分社化されている企業グループの本部は，傘下事業部門に対するいわば「知能センター」としての役割を担い，積極的に企業内外から知識や情報を集め，これを各事業部門の事業目的別に加工処理し，適切に活用させるとともに，各部門間に情報を流して相互に有効な活用をはかる一種の「ナレッジ・マネジメント」を行う必要がある。ここに従来とやや趣を異にする「本部スタッフ」の重要な役割が発生し，それが今後ますます重要度を高めるものと思われる。

　(3)ネットワークに関しては，現在世界中の大きな関心事となっているため，多言を要しないであろう。企業は，明示的であれ暗黙的であれ，製品やサービスの提供に関する情報ネットワークを有している。素朴なネットワークは水道や電力，ガスの供給ネットワークであるが，いまや企業内の情報伝達システムどころか，ＬＡＮ，インターネット，イントラネット，さらにはエキストラネット等々と拡大され，いわゆるＩＴ（Information Technology）革命の名の下にｅコマースやホームページを使ってのネット取引が盛んに行われ，また企業のロジスティクスにも大きな影響を及ぼしている。

　アルバッハは，このネットワーク問題は次の4つの部分問題を含んでいると記述している[11]ので，紹介しておこう。これによると，

　a）　ネットワークのベース構築
　b）　構築されたネットの適合性
　c）　ネットの外延可能性
　d）　ネット経路の相互依存性

　つまり企業のネットワークのベースとなる基本システムがうまく構築されること，また，それが現実の企業の諸活動にうまく適合すること，そしてそのネットが外部に向けて無駄なく延長されて，システムの効率が高まること，最後にネットの端末部分に到るまでその連結が上手になされ，相互依存性が高まって

相乗効果が生まれるようにすること，の4点が大切であることが強調されている。これらについては第15章を参照されたい。

(4)の企業対政府関係の問題も今後まだまだ重要性が増大すると予想されるところである。企業の自由な経営活動に対する種々の規制，とくに独禁法の問題や，いわゆる知的財産権に対する法的整備の問題，さらには資本や取引の自由化に伴って生ずる各国それぞれの経済法や特許問題に対する取組み方の相異に関する問題等々に対して，政府がいろいろ介入せざるを得なくなっているが，多くの国では，その官僚的体質が災いしてか，速やかな対応ができていないのが実情であるし，企業の支払う所得税や法人税などに対する企業側の不満等々にも，各種のものがあるからである。政府は，原則として企業の自由な活動を抑制すべきではないことはもちろんであるが，反面公共の利益に反する行動については，厳しい規制をもってのぞまねばならないから，その調和点をいずこに求めるか，かなり難問というべきであろう。

(5)においては，しばしば資本市場に関する問題（通貨価値の変動，海外での資本調達や投資など）と芸術家の市場に関するそれが研究対象とされた，といわれる[12]。いずれも「著しく移動的」だからである。しかし反面，「民族と宗教と国境を区分する境界線」が互いに一致していないため，これらの間で種々の軋轢や紛争，ときには戦争が起きていることも事実である。この中で企業は，いろいろのリスクを背負いながら海外進出を行っているのが現実である。いまある銀行が海外進出した企業に対して投融資するときのカントリー・リスクに関するチェック・ポイントを要約表示すると，図表1－3のようになる[13]。これにより，いかに多くの点について査定が行われているか，が容易に知られるが，裏返していえば，企業が海外に進出しようとすると，財務上だけで，少なくともこれだけのポイントについて充分の資料収集とリスク負担を覚悟せねばならないことになる。財務以外の面でも同様の配慮が必要であるとすると，軽々に「グローバル化時代」という言葉に踊らされるべきでないことが知られるであろう（詳細は第16章に譲る）。

最後に，(6)の問題についても少し言及しておこう（遺憾ながら本書においては，

図表1-3　カントリーリスク査定項目

項　目　名	項　目　名
【政治社会】	【国際収支】
政治民主化の進展度合	◎貿易収支（輸出／輸入カバー率）
国家制度の整備状況，透明性	◎経常収支（経常支出／経常収入）
現政権の政権基盤，安定性	◎経常収支／GNP比
行政，統治能力	◎経常収支（金額）
政体の安定性，基本政策変更の可能性	◎外貨準備高／月間輸入
国民性，教育水準	◎外貨準備高／経常収支
内戦，国内紛争の危険性	経常収支構造
外交，国際的地位，対外紛争の危険性	直接・証券投資流入状況
【国内経済】	外貨操りの安定性
◎GNP	為替政策の妥当性
◎一人当たりGNP	【対外債務】
◎経済成長率	◎対外債務／GNP
◎インフレ率	◎対外債務／経常収入
◎財政赤字／GNP比	◎利払／経常収入
天然・人的資源保有状況，地理的条件	◎外貨準備高／対外債務
産業構造と産業の発展段階	◎デット・サービスレシオ
経済成長率の部門別動向	対外債務構造
国内貯蓄・投資動向	対外調達能力
財政の健全性・安定性	対外資産・負債状況
経済，財政政策の妥当性と運営状況	対外債務管理能力，管理状況
金融システムの健全性・安定性	債務問題発生実績

◎印は定量評価項目。

サービス業の経営について論述する余白がないため，これについては専門書に譲る）。

　サービス（service）の語源は奴隷 servus の行為を名詞化した servitium というラテン語に由来し，当初は「奴隷の強制労働」という意味で使われたそうである[14]。しかし現在は，日常語のサービスは「人によって利用者や消費者を満足させる労働力ないし用役の提供」を指すことが多い。具体的にいうと，(1)形がなく，目に見えず，(2)生産即消費となることが多く，ストックができない，(3)消費者は事前に選択して注文できる余地が乏しいうえ，返品や交換がむつか

しい，(4)提供者に個人差があり，(5)消費者の主観が大きく作用するし，(6)提供者の態度，言葉遣い，タイミング，動作などで，サービスの評価が大きく異なる，などの特色がある[15]。

こういうサービス産業は，とくに近年情報通信技術の急速な発展や，介護保険制度の実施をはじめとする医療福祉分野での需要の急激な高まり，などによって次々と新しい分野が生まれるとともに，いわゆるニュー・ビジネスによって代表される新しいサービスの提供を促進しつつ，次々と目覚ましい展開をとげている。むしろとどまるところを知らない，といってよいほどである。情報処理業，ソフトウエア業，インターネット通販，プロバイダーなどの情報関連サービス業，環境測定業や産業廃棄物処理業などの環境関連サービス業，老人ホームやケアサービス業などの福祉関連サービス業等々，さまざまなアイディアの活用と社会的需要，とくにこれまでなかったニッチ（niche＝隙間）を埋めて欲しい，という社会的需要の増大に対応するニュー・ビジネスの誕生などは，その代表例であろう。今後も新しいアイディアとベンチャー精神の発揮によって，さらに新しいサービス産業の生成も続くであろう。これらのサービス業の経営問題にも，なお引き続き注目しておく必要がある（ベンチャー企業については第4章に関説されるであろう）。

（問題1） 企業目的に関するいろいろの主張を比較し，それぞれの長所，短所について述べ，自説を展開しなさい。

（問題2） 企業の環境適応の重要性について論述しなさい。

（注）
1） 高宮　晋編「新版　体系経営学辞典」ダイヤモンド社，1970年，100〜102ページ参照。
2） 英語，米語では，「経営」は management, administration, business などの言葉が自由に使われているし，同様に「企業」も enterprise, firm, undertaking（起業という場合もある）などの語が用いられている。また経営と同じく management や business が用いられることもあるから，前後の関係をみて，どういう訳語が適

当かを判断しなければならない。

　なお management という語は，おおむね経営，経営者，管理，管理者という4通りの訳語のどれかがあてはまることが多いが，組織と訳したほうがよい場合もある。この他 corpoaration（巨大株式会社という意味に使われることが多い），company（通常は会社，他に巨大株式会社の下部組織としての事業部 division と同義に用いられたりする）という単語も用いられる。

3） ステークホルダーとは企業の行動によって影響を受けるグループまたは企業の行動に影響を与えるグループのことで，具体的には従業員や株主だけでなく，消費者やコミュニティ，取引先の企業等と広範に及ぶ。

4） Robin Marris, The Economic Theory of 'Managerial Capitalism', 1964. 大川勉，森重泰，神田健吉共訳「経営者資本主義の経営理論」東洋経済新報社，1971年。

5） ここにもいろいろの主張があるが，大略要言すると本文のようになるであろう。西村慶一，鳥邊晋司共著「企業価値創造経営」中央経済社，2000年4月，第2章，26〜46ページ参照。

6） corporate governance は「船の舵取」に由来すると言われる。詳しくは西村・鳥邊共著前掲書，62ページ以下などを参照されたい。

7） アルバッハはコストを中心にして同様の考え方を示している。H. Albach, Eine allgemeine Theorie der Unternehmung, Center for International Management, Otto Beisheim Graduate School of Management, 1999. SS. 8−18.

8） これについては，日本規格協会編「ＩＳＯ規格の基礎知識」宝文社，1999年（第3刷），その他群書が出されているので，本書ではそれらを参考にして紹介しておく。

9） 同上書，5ページ。

10） アルバッハは本文の(1)〜(5)の問題をあげているが，私はさらにサービスの問題を付加しておきたい。Albach, a. a. O., SS. 18−30.

11） Albach, a. a. O., S. 25.

12） Albach, a. a. O., S. 29.

13） 後藤幸男稿「経営財務診断への若干の提言」追手門経営論集別冊　Vol. 1, No. 1, pp. 21−36（追手門学院大学）1995, p. 32.

14） ＯＥＣＤおよび Kenkyusha's New English−Japanese Dictionary 第5版（研究社）1984年版などを参照。

15） 長田　浩著「サービス経営論体系」——「サービス経済化」時代を考える——（新評論社）1989年，27ページ。この他，田中掃六著「伸びる会社は『サービス』を組織化する」（ＨＢＪ出版局），1989年，17〜21ページ。羽田昇史著「サービス経済論入門」（同文舘）改訂版，1993年，8ページ以下などを参照。

〔補　足〕

　ここで注意しておきたいことは，インタレスト・グループとステークホルダーとの違いである。どちらも「利害関係者」という訳語があてられているが混乱している向きもある。前者は経営成果の分配に関与するグループのことである。企業があげた利益は，①配当金として株主に，②税金として国や地方公共団体に，③役員賞与として経営者に，そして④内部留保として企業それ自体に分配される。

　後者は，企業の意思決定や行動によって強く影響を受けたり，反対に企業の意思決定や行動に強い影響を及ぼすグループのことである。地域住民や消費者団体などがその例である。たとえば原子力発電所の再稼動の問題が浮上してきたとき，地域住民の中には，それによって雇用が促進されるから賛成する人々がいる反面，放射性物質の拡散の危険があるため断固反対する人達もいる。同一地域に住む人達の間にもこのように利害賛否いろいろ対立があるから，企業は，身勝手な行動や意思決定をとることはできないはずである。したがって，インタレスト・グループもステークホルダーいずれも「利害関係者」と一括すべきではない。不十分な訳語で誤解を招かないように，上述のようにはっきりと区別しておくべきであろう。

第2章　株式会社と企業ガバナンス

第1節　企業体制と企業形態

　企業体制とは，経営の目的・理念のもとにおける経営要素（つまり財務的資源や人的資源等）の経済的・社会的結合のあり方を示すものである[1]。それに従うと，図表2－1に示すように私企業と公企業と協同組合の3つが区別される。

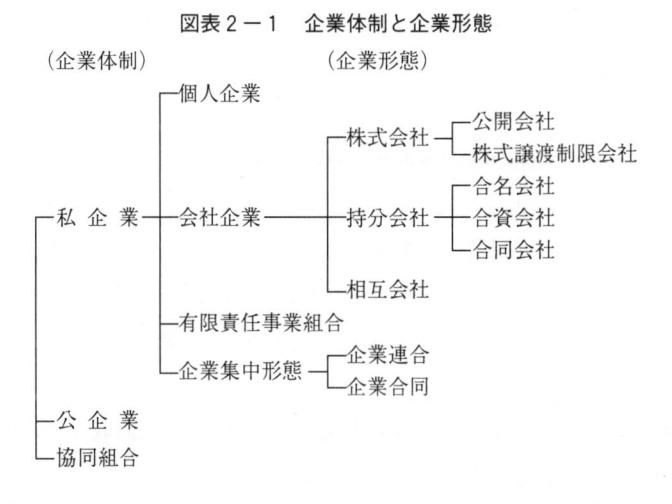

図表2－1　企業体制と企業形態

```
（企業体制）              （企業形態）
            ┌個人企業
            │                       ┌株式会社──┬公開会社
            │                       │          └株式譲渡制限会社
            │                       │          ┌合名会社
  ┌私 企 業─┼会社企業───────────┼持分会社──┼合資会社
  │         │                       │          └合同会社
  │         │                       └相互会社
  │         ├有限責任事業組合
  │         └企業集中形態──┬企業連合
  │                         └企業合同
  ├公 企 業
  └協同組合
```

　私企業（private enterprise）とは，営利を目的に民間の資本をもって民間の手によって経営されるものであり，これには，後に詳しく述べるような個人企業（出資者が1人の企業），会社法上の会社形態をとるもの，有限責任事業組合，ならびに企業集中形態の4つが含まれる。なお，企業集中とは，いくつかの企業が複合，連携して企業相互間の組織体をつくることをいい[2]，これには，企業連合と企業結合がある。企業連合（カルテル）は，構成企業が独立性を保持しな

がら相互の協約によって結合する形態をとるものである。しかし企業連合の多くは，市場支配に進んで，公正競争を阻害し独占を形成することから，わが国の独占禁止法では禁止されている。これに対して企業合同は，構成企業が独立性を失い完全に合体して形成される集中形態である。

次に公企業（public enterprise）は，国または地方公共団体の資本（全部あるいは部分）をもって国または地方公共団体の支配のもとに給付を目的として経営されているものである。わが国の場合，公企業のそもそもの設立理由としては，①社会生活の基盤となる公共的事業の遂行（たとえば郵便，鉄道，電気，水道，ガス，道路，港湾など），②産業の育成，地域の開発，福祉事業等の経済・社会政策目的の遂行，③財政政策（タバコ，塩などの専売，競輪，競馬など国や地方自治体が財政収入の増加を図って，特定の生産や販売の一部ないし全部を独占する場合）があげられる。公企業の中には，国や地方公共団体の出資に加えて，民間に対しても広く出資を求め，経営に営利的性格をもたせた公私混合企業や第三セクターといった方式もある。なお近年，行財政改革の流れの中で公企業の縮小化・私企業化が進められ，大幅な統合再編がなされている。

さて，私企業と公企業の違いは，私企業では利益追求が第一義目的となり，経営の評価基準として収益性が重視される。これに対して，公企業は第1章でも述べたように公共性や公益性をおびた事業それ自体の遂行が目的であるから，経営評価においても，収益性よりも事業目標の達成度が重要となる。ただし，公企業といえども経済性や効率性が度外視されてよい訳ではなく，事業に投下した資本（支出）を，その事業からの収益（収入）によって回収するといった独立採算の原則が要求される。

最後の協同組合（co-operation）は，経済的に弱小の生産者あるいは消費者が，互いに協力して経済的に弱い地位や生活の向上を図ることを目的として，協同出資のもとに形成される組織である。例としては，消費生活協同組合，農業協同組合，森林組合，水産業協同組合，中小企業等協同組合などがある。協同組合は，一方では私的資本を導入しながらも，事業の運営に「一人一票主義」という民主主義の原理を導入し，人間の結合体としての性格が強い共同体的事業組

織をめざしたものであり,「利用高に応じた剰余金の還元」や「出資に対する配当金の固定的制限」を設けるなど3),非営利的性格を貫こうとする点で,公企業と共通する一面も有している。

第2節　各種会社形態の特徴

1　商法上の会社概念

　新しく制定された会社法（2005年公布,2006年施行）では,「会社」に関する概念規定は見あたらず,単に第2条①において「株式会社,合名会社,合資会社又は合同会社をいう」と対象となるものが列挙されているにすぎない。そこで,法律上の「会社」の概念を知りうる手立てとして,以下では,旧来の商法（会社編）で規定されていた会社概念をみていくことにする。

　まず,合名会社・合資会社・株式会社を規定する商法では,その第52条において,会社を,「①……商行為ヲ為スヲ業トスル目的ヲ以テ設立シタル社団ヲ謂フ」と規定しており,また有限会社法においてもその第1条において,同様の趣旨の規定がなされている。そして,これら4種類の会社形態について,法人格が認められている（商法54条,有限会社法1条②）。

　以上から,会社とは営利を目的とする社団法人,つまり営利社団法人であることが分かる。ここでいう営利性とは,利益を得る目的をもって一定の計画に従い,反復継続して（「業トスル」の意味）対外的に営利事業を行うこと,ならびにそこから得られた利益を構成員（社員）に分配することをいう。また社団とは,人的組織としての団体（人的結合体）を意味する。この社団は,構成員（社員）の各人とは別に,組織それ自体として独自に法律上の権利・義務の主体となりうる資格（法人格）をもつことが認められ,この法人格を認められた社団が社団法人であり,それは公益社団法人と営利社団法人とに分類される。

　以上の説明から明白なように,商法が規定する「会社」は出資者の団体を実体とする「社団」であるから,「社員」という言葉も社団の構成員を意味し,決して通俗的にいわれる「企業で働いている従業員」を意味するわけではない。

2 個人企業，持分会社と有限責任事業組合

(1) 個人企業

　個人企業は法人格をもたない。つまり，個人企業は出資者個人と一体視され，法的に独立の組織としては認められないので，その点で会社企業と対比される。また，所有と経営は一致しており，一個人が企業の全部を所有し，同時に経営にあたっている。利点は，自由かつ機敏な意思決定が可能であり，企業者個人の知識，能力を最大限に発揮でき，自立的に独立した判断ができる点である。しかし調達できる資本に大きな制約があり，慢性的資本不足に陥る傾向があり，企業の活動が個人としての企業家に大きく左右される，という問題も有する。

(2) 持分会社

　会社法では，合名会社，合資会社または合同会社を総称して「持分会社」と呼んでいる(会社法575条1項。以下では会社法の条文は575－1のような形で表記する)。持分会社の特徴は，①社員間及び社員・会社間の内部関係の規律について，原則定款自治が認められ，その設計が自由であること，②株式会社の取締役といった機関の設置が強制されないこと，③社員の議決権は原則として1人1議決権，等といった点にある。

　さて，合名・合資・合同3つの会社の基本的な差異は，社員の責任(576)に見られる。つまり合名会社は，会社が負う債務に対して，連帯して無限責任を負う社員のみから構成される会社であるのに対して，合資会社は無限責任社員と有限責任社員の2種類の社員から構成される会社形態であり，さらに合同会社は有限責任を負う社員のみから構成される会社である。また，自己の出資持分について，社員は他の社員全員の承諾が得られなければ，それを第三者に譲渡することはできないものの(585－1)，業務を執行しない有限責任社員の持分譲渡については，業務執行社員全員の承諾があれば可能である(585－2)。

　他方，共通している点は，定款に特別の定めを設けない限り，社員は会社の業務を執行し(つまり経営を担当する)(590－1)，また，対外的には全社員が会社を代表する権限を有するが(599－1)，社員の互選によって代表者を定めることもできる(599－3)。さらに，業務を執行する社員は，善良な管理者の注意を

もって，その職務を行う義務を負う（善管注意義務）とともに，法令及び定款を遵守し，持分会社のため忠実にその職務を行わなければならない（忠実義務）(593-1, 2)。ただし，会社の機関設計や社員の代表権，業務執行権といった権利内容等については，定款自治による会社の自主的判断が尊重され，業務を執行する社員を定款で定めることもできる。その場合，業務執行社員でない社員に，会社の業務・財産に対する一定の監視権は与えられる（592-1）。

なお，合同会社について補足すると，これはアメリカのＬＬＣ（Limited Liability Company）を参考にして創設されたものであり，組合的性格と株式会社の性格を部分的に併せ持つ会社形態といえよう。つまり，合同会社では，全社員の有限責任を認めた上で，その出資割合とは独立に議決権や利益配分の割合を定款で自由に定めることができる。

以上のように，持分会社は基本的に限られた数の社員（出資者）によって設立され，社員自らが経営を担当し，また業務執行社員の持分譲渡について他の社員全員の承諾を必要とするため，社員相互は個人的信頼関係にもとづく人間的な絆でつながっている必要がある。そこで，このような会社を「人的会社」ともいう。なお個人企業との比較で利点をあげるなら，個人企業以上に自己資本の集中が可能となる点であるが，もちろんそれは自ずと限られたものである。

(3) 有限責任事業組合

有限責任事業組合（Limited Liability Partnership，以下ＬＬＰ）は，有限責任事業組合契約法（2005年施行）により創設される組合である。すべての組合員は有限責任を有するが，債権者を保護するために決算書等の作成・開示が義務づけられている。運営については特に規則はなく，組合員全員が業務執行を行う権利と義務をもち，その意思決定は組合員の全員一致で行う。

合同会社との違いは，1つは法人格がない点であり，そのため銀行預金口座や不動産登記は組合員個人の名義にせざるを得ないといった不自由さがある。もう1つはパス・スルー課税（構成員課税）が認められる点である。パス・スルー課税とは，企業体が利益をあげても法人税を課さず，その構成員に直接に所得税を課す方法である。この方法であれば，企業体が利益を出しても二重課

税を避けられる上に，損失を出した場合は構成員の所得からその損失分を差し引くことで所得税を削減することができ，リスクの高い事業であっても，起業しやすいといったメリットを有する。

3 有限会社と株式会社

(1) 有限会社

　会社法の施行により，有限会社の新規設立は不可能となったが，既存の有限会社は法律の形式上は株式会社（「特例有限会社」という名の株式会社）となるものの，有限会社と称することができる上に，その特徴をほぼすべて残すことができる。そもそも有限会社とは，出資額を限度とする有限責任を負う社員のみから構成される（有限会社法17条）点で，株式会社と同じであるが，先に述べた合名会社や合資会社のような人的信頼関係という要素を残しており，会社内部の組織も株式会社に比べて簡素なものとなっている。それゆえ，有限責任社員のみから構成されているものの，人的な関係を維持するために，その総数は50名以内に制限（同8条）されていた。また，出資持分の譲渡については，社員間は自由に譲渡できるが，社員以外の者に譲渡するには，社員総会の承諾を得る必要がある（同19条）。

　さて，会社の意思決定ならびに事業の経営は，会社の機関つまり社員総会と取締役を通じて行われる。社員総会は，会社の重要事項を決定するための決議機関であり，社員は出資一口につき一票の議決権を有する（同39条）。議決は，全社員の議決権の過半数に達する社員の出席を要し，出席者の議決権の過半数をもってなされる（同38条ノ2）。ただし全社員の同意がある場合は，書面による決議も認められている（同42条）。

　ところで，社員は業務執行権をもたないので，業務執行は社員総会によって選ばれた取締役に委ねられる（同25条・26条）。取締役は，最低1名をおく必要があり（同25条），会社を代表する権限を有し，取締役が複数の場合は各自が代表権を有する（同27条）。なお，法的には要請されていないが，必要に応じて取締役会を形成し，また代表取締役をおくことができ（同27条），さらに監査役を

おくことも認められている（同33条）。

さて，既存の有限会社は特例有限会社として残ることも可能であるが，簡単な手続きで名実共に完全な株式会社に移行することも可能である。いずれの道を選択すべきか悩ましい問題であろうが，有限会社のままで残れば，例えば①商号変更が不要，②取締役の任期がない，③決算公告義務がない，④大会社でも会計監査人の設置が強制されないが，それが企業にとってどのようなメリット・デメリットを生むかはやはり個別に慎重に判断すべきであろう。

(2) 株式会社

株式会社の社員（つまり株主）は，株式の引受価額（つまり出資額）を限度とする有限責任を負担し(104)，出資持分は原則として自由に他人に譲渡することができる(127)。株式会社における社員の結びつきは，事業への出資という経済目的だけを契機とする結びつきとなる。この点で，個人的信頼関係にもとづく人間的な絆でつながった「人的会社」と対照させて，しばしば「物的会社」と呼ばれる。なお，前項の有限会社も物的会社として位置づけられる。

さて，株主の権利(105)は大きく自益権と共益権に分類される。前者は，会社から直接経済的な利益を受け取ることを目的とする権利であり，代表的なものとしては剰余金配当請求権と残余財産分配請求権が上げられる。また後者は，会社の経営に参与することを目的とする権利であり，その代表的なものは株主総会における議決権である。これら株主の権利は株式に表象され，株主は原則として保有株式数に比例して権利を行使できる。本来，一株式一議決権であるが，単元株式制度により議決権を行使できる株式数を一単元に括ることを定款に定めれば，それも可能である(188-1)。

さらに株主権に影響を及ぼす内容で，会社法が定款に定めることを認めている重要事項として，種類株式制度がある。これは，先述の3つの代表的な株主の権利ならびに株式の自由譲渡性に関して，内容の異なる複数種類の株式の発行を定款の定めによって可能とするものである(108)。具体的には，議決権については議決権制限株式，拒否権付種類株式（黄金株），役員選任権付株式（非公開会社のみ）の3つを，また剰余金配当請求権と残余財産分配請求権について

はそれぞれ優先株や劣後株を，そして株式の自由譲渡性については，譲渡制限株式，取得請求権付株式（株主からの請求），取得条項付株式（株式会社からの取得請求），全部取得条項付株式（株主総会の特別決議による）といった，全部で9種類の種類株式が定められている。

　ここで，新たに導入された公開会社の概念を説明しておこう。端的にいえば，自由に譲渡できる株式が一部でもあれば「公開会社」であり，全部の株式について譲渡制限を設けておれば非公開会社，つまり「株式譲渡制限会社」となる（2-⑤）。それゆえ，先に紹介した有限会社は株式譲渡制限会社に内包される。

　ところで，株主の意思決定ならびに事業の経営は会社の機関を通じて行われる。法的に設置が必要とされる株式会社の公式機関は，株主総会と取締役である。そして，それ以外の機関，つまり取締役会，会計参与，監査役，監査役会，会計監査人または委員会は，定款の定めによって置くことができるものとしており(326)，企業自らがある一定の制度的枠組みの中で経営機関を決定できる裁量性（選択肢）を与えている。図表2-2はその選択肢を示したものである。

図表2-2　機関設計の選択肢

		非　大　会　社	大　会　社
非公開会社	取締役会非設置会社	①取締役 ②取締役＋監査役 ③取締役＋監査役＋会計監査人	③取締役＋監査役＋会計監査人
	取締役会設置会社	④取締役会＋会計参与 ⑤取締役会＋監査役 ⑥取締役会＋監査役会 ⑦取締役会＋監査役＋会計監査人 ⑧取締役会＋監査役会＋会計監査人 ⑨取締役会＋3委員会＋会計監査人	⑦取締役会＋監査役＋会計監査人 ⑧取締役会＋監査役会＋会計監査人 ⑨取締役会＋3委員会＋会計監査人
公　開　会　社		⑤取締役会＋監査役 ⑥取締役会＋監査役会 ⑦取締役会＋監査役＋会計監査人 ⑧取締役会＋監査役会＋会計監査人 ⑨取締役会＋3委員会＋会計監査人	⑧取締役会＋監査役会＋会計監査人 ⑨取締役会＋3委員会＋会計監査人

出所：神田（2006, p.56）

ここで，大会社とは貸借対照表に資本金として計上した額が5億円以上，または貸借対照表の負債の部に計上した額の合計が200億以上のいずれかをいう（2－⑥）。なお，公開会社について留意すべき点をあげると，取締役会（取締役は3名以上（331－4））の設置が義務づけられ（327－1），さらに監査制度の充実のために監査役あるいは監査役会（監査役3人以上で，その内半数以上は社外監査役（335－3））を置くタイプ（監査役型）と，委員会設置会社を置くタイプ（委員会型）に大別される。前者は従来型のわが国株式会社にみられた機関構造といえるが，後者の委員会設置会社はアメリカの株式会社の機関構造をモデルに導入された公開会社であり，指名・監査・報酬の3つの委員会が設置される（2－⑫）。委員会設置会社では，株主総会で3名以上の取締役が選出され，彼らが経営の基本方針を決定し，その執行は1名以上の執行役に一任し，その監督は先述の委員会を通じて行われる。なお，この3委員会は，それぞれ3名以上で構成され，そのうち過半数は社外取締役でなければならない（400）。

4　相互会社

　相互会社は，保険業法によって保険事業を営む企業だけに認められた特殊な会社形態であり（保険業法2条⑤），法人格を有する（同18条）。相互会社の基金は10億円以上（同6条），かつ事業を開始するには内閣総理大臣の免許を受けなければならない（同3条）。相互会社の営む事業は保険契約（相互保険）の引受けであって，その内容は原則として株式会社の引き受ける保険契約（営利保険）と同じである（商法664条，683条）。相互保険の加入者は，社員として会社に剰余金が生じたときはその配当を受ける権利をもつとともに，会社の債務について払込保険料を限度とする間接有限責任を負う（保険業法31条）。

　ところで，株式会社形態をとる保険会社との最大の違いは，相互会社では保険契約者自身が会社構成員すなわち社員となる点である。つまり相互会社の場合，保険契約者は保険事業の顧客であると同時に，社員として会社を構成するメンバーとなる。それゆえ，理念的には加入者が社員総会を通じて保険事業の運営に参加できるという利点を有する。しかし，相互会社が大規模になると，

実際には社員総会の開催は難しく，社員総代会がそれに代わることになる（同42条）。社員総代会では，会社の重要事項が決定されるが，その際の各社員総代の議決権は，支払保険料の大小に関わりなく一人一票が原則である(同43条)。そして，社員総代会において取締役と監査役が選任されるが，これらの機関については，株式会社に関する規定が大幅に準用されている（同51条～53条）。

第3節　株式会社制度とトップ・マネジメント

1　株式会社制度の特徴

　前節の説明を踏まえて，株式会社制度の特徴をまとめると以下のようになる。1つめは，出資者の有限責任という点である。これにより，株主（出資者）は株式の引受額（つまり出資額）を限度とする責任ですむために，企業の資本調達が容易となる。2つめは，資本（金）の証券化により資本金が小額の単位である株式に分割され，流動性（譲渡可能性）が付与されるために，株主は所有株式の転売により，いつでも必要に応じて投資資金を回収することができる。ただし，株式の譲渡により回収される金額（つまり株式売却額）は，当初の投資額を上回る場合もあれば下回る場合もあり，まさに株式が危険証券といわれるゆえんである。そして3つめは，株主と経営機能の担当機関が分化することにより，出資と経営の分離が進む点である。その理由としては，まず株主の方からみると，株式の分散が進むにつれて，経営に積極的に参加したいという株主よりも，値上り益や配当を目的とする株主が増加し，彼らの多くは経営の専門家ではないから，株主の中からのみ取締役を選ぶことは必ずしも適当ではないからである。次に，経営の側からみると，企業経営を取り巻く環境の不確実性や複雑性が増大するにつれて，経営に関する専門的知識と技量を兼ね備えた専門家でないと経営管理機能を成功裡に遂行することが困難になってきている点があげられる。なお制度的にみても，そもそも上場制度それ自体が，株式の分散化と資本金額が相当程度に大きいことを要求しており，また公開会社の取締役は株主に限定できない（331-2）と明言されている点も指摘できる。

さて，以上のような株式会社が有する特徴や利点は他方でデメリットを有する。深尾＝森田（1997, pp. 15-16）は，それに関連して3つの点を指摘している。その1つは，事業が失敗したときに株主が負担するリスクには上限があるため，株主には会社が債務を負ったあとで過度のリスク・テイクを行って事業失敗のリスクを債権者に転嫁するインセンティブが存在する，といったいわゆる株主のモラル・ハザードの問題である。つまり株主は，その負担するリスクが払込済資本の額に限られているために，リスクは大きいものの成功したときの収益性も高い事業に投資することによって，期待収益を高めることができるのに対して，債権者の利益は約定金利だけであり，株主がリスクの大きい事業に投資すれば，債権者が元本を失うリスクは高くなる。2つめは，株主有限責任のもとでは，債権者，従業員および納入先にとって財産を保全するための基本となる手段は会社の純資産であり，そこで会社の純資産を維持し，それを適時適切に開示することが重要となるが，ゴーイング・コンサーンとしての会社の純資産の評価が，そもそも非常に難しい点である。3つめは，会社の経営陣は会社の内部情報を知っているから，この情報を操作して個人的に利得を得て，株主をはじめとするその他の利害関係者に損を与える可能性である。とりわけ，小株主は経営内容を効率的に監視することもできないから，株式が分散化している大企業にとって，会社の経営陣の行動を監視して規律づけする仕組みが，株主を始めとする種々の利害関係者の利益を守る上で非常に重要となる。

2　トップ・マネジメントの機構とその役割

　トップ・マネジメントの機構としては，受託経営層，全般経営層ならびに部門経営層をあげることができる。まず，受託経営層(trusteeship management)を担うのは取締役会である。法律上は株式会社は株主のものであるから，「受託」の本源的意味は「株主から信託を受ける」意味にほかならないが，経営学的に考えるなら，企業はひとり株主だけのものではなく，従業員，顧客などのその他利害関係者集団の利益を保護し調整していくことが求められる。監査役型及び委員会型の取締役会の主な権限を対照列挙すると図表2－3のようになる。

図表2-3 取締役会の主たる法定権限

監査役型（362条）	委員会型（416条）
① 業務執行の決定 　1　重要な財産の処分及び譲受け 　2　多額の借財 　3　支配人その他の重要な使用人の選任及び解任 　4　支店その他の重要な組織の設置，変更及び廃止 　5　募集社債に関する事項 　6　取締役の職務の執行が法令・定款に適合することを確保するための体制，その他株式会社の業務の適正を確保するための体制の整備，等 ② 取締役の職務の執行の監督 ③ 代表取締役の選定及び解職	① 業務執行の決定 　1　経営の基本方針 　2　監査委員会の職務の執行のために必要な事項 　3　執行役が2人以上ある場合における執行役の職務の分掌及び指揮命令の関係，その他の執行役相互の関係に関する事項 　4　執行役の職務の執行が法令・定款に適合することを確保するための体制，その他株式会社の業務の適正を確保するための体制の整備，等 ② 執行役等の職務の執行の監督 ③ その他 　1　委員会委員・執行役・代表執行役の選定・解職 　2　株主総会提出議案，事業譲渡契約，合併契約，吸収分割契約，新設分割計画，株式交換契約，株式移転計画等の内容の決定

　以上のように，取締役会は，企業経営上の重要な意思決定を担う政策決定機関であるが，さらに業務執行を担う代表取締役（監査役型の場合）あるいは代表執行役（委員会型の場合）を中心とする全般経営層が，取締役会の決定を如何に忠実に実行しているかをチェックする監視機能も有している。

　次に全般経営層（general management）であるが，その中心となるのは，いうまでもなく代表取締役あるいは代表執行役である社長である。全般経営層は，取締役会の定めた重要な業務執行に関する基本方針や政策に従い，取締役会の委任した権限の範囲内で，企業経営全般に関する業務執行の実行段階を遂行する役割を担う。なお，取締役会が日常の業務決定まで行うことは不可能であるから，重要事項以外の決定は代表取締役あるいは代表執行役に委ねられる。

　なお，わが国では取締役は従業員の昇進の最終ポストであり，大会社ではその数が多くなるので，従来の監査役型の機関構造を持つ企業では，常務会とい

う合議体を設置する会社が少なくない。常務会は，通常は，常務取締役以上のトップメンバーによって構成され，それによって意思決定の迅速化を図り，また社長のワンマン・コントロールの弊害をなくすとともに，その全般経営職能を補佐する目的をもって設けられるものである。そして現実には，実質的な討議が常務会でなされ，そこでの議論を踏まえて重要な政策決定までも行われるから，取締役会の形骸化を指摘する声も多い。もちろん常務会は，取締役会あるいは代表取締役を補佐する任意の合議体にすぎず，会社法上の機関ではない。

　常務会への付議事項の一例をあげると，①全般的経営方針，②経営目標，経営計画，予算，資金計画，③組織改正，④職員の採用，配置計画，課長以上の人事，⑤労働組合との団体交渉事項，⑥関係会社への投融資，設備投資計画，研究開発費，広告費，⑦教育訓練計画などがあげられる。

　さらに，常務会と部門経営層との間に，経営委員会が設けられるケースもよく見受けられる。当該委員会には，常務会メンバーに加えて各部門の長も加わるために，常務会が常務取締役以上で構成されるがゆえに，各部門の立場が公平に全般経営職能に反映されない，という欠点を補う利点をもっている。また各部門経営者が当該委員会を通じて全般経営職能に参加することにより，経営計画の実施に対してより強い責任感をもつようになる効果も指摘されている。

　最後に，部門経営層 (divisional management) は，事業部または部門の長によって構成され，担当部門に関する管理機能を遂行し，当該部門の業務執行に対する責任を負う。

　さて，以上のようなわが国のトップマネジメントの構成・機能の特色と問題点を整理すると，以下のようになる。まず1つめは，従来の監査役型の株式会社では，取締役会の構成は内部取締役中心になる傾向が強い点である。ゆえに，取締役の数が多くなり，タイムリーに会議を開いて実質的な審議を行うことが難しい点や，社長に対する遠慮から監視機能が弱い点である。2つめは，常務会が決定機関化し，業務執行に関する政策決定段階と実施段階の分離が現実には不十分な点である。そして3つめは，以上の結果から全般経営層へ権限（機能）が過度に集中する点である。

第4節　株式会社の現状と企業ガバナンス

1　株式会社の現状

　まず，国税庁ホームページ掲載の「平成23年度分税務統計からみた法人企業の実態」をみると，合名会社は4,391社（0.2%），合資会社は22,093社（0.9%），合同会社は16,824社（0.7%），株式会社は2,474,130社（96.3%）であり，総数は2,569,404社（連結法人除く）となっている。これをみると，わが国の会社数はおよそ257万社であり，そのうち最も多いのが株式会社となっており，全体の96.3%を占めているのが分かる。また，資本金階級別法人数（連結法人含む）をみると，資本金が1,000万円以下の企業数は218万2,799社で，全体の84.7%を占めており，その約96.7%が株式会社である。さらに，資本金が1,000万円超1億円以下の企業数をみると37万158社で全体の14.4%を占めており，その約94.2%が株式会社である。つまり，商法では相当程度に規模の大きい企業が想定されている株式会社形態であったが，わが国の場合，以前から株式会社の大多数が資本金1億円以下の中小企業であるのが実態であった。会社法では，このような実態に応じた機関設計が柔軟に選択できるように改正がなされた次第である。

　さらに，欠損法人の割合を国税庁の調査から調べてみると，欠損（赤字）法人の割合は，2001年分から2007年分にかけては毎年66%から69%の範囲内を推移していたのが，2008年分では71.5%となり，それから2011年分にかけては毎年70%を超える数値となっており，直近の2011年分でみても72.3%という高い数値となっている。

　最後に，上場会社の株主構造を調べてみよう[4]。まず株主数をみてみると，平成24年度の個人株主数（延べ人数）は約4,597万人であり，総株主数に占める割合は97.3%にもなる。しかし所有者別持株比率でみると，同年度の個人等持株比率は26.2%であり，これに対して金融機関（都銀・地銀・信託銀行・生保・損保等であり，投資信託と年金信託を含む）の持株比率は23.8%，事業法人等の持株

比率は23.3％となっており，機関株主の持株比率が5割を切っているのが分かる。それに加えて留意すべき点は，外国人投資家の持株比率が，平成元年(3.9％)以降上昇傾向にあり，平成24年度には24.3％にまで膨れあがっている点である。

2　わが国株式会社の企業ガバナンス構造の特徴

　企業ガバナンスについては，いろいろな定義がなされているが，ここでは，企業において多大な権力をもつ経営者を牽制するための制度的枠組みとしてとらえておく。法律上想定されている経営者を牽制する仕組みは，先のトップ・マネジメントの議論を踏まえると以下のようになる。

　まず最初にあげられるのは株主総会であり，次いで監視機能を有する取締役会，そして内部監査を担当する監査役（会），外部監査を担当する会計監査人，さらに融資関係を通じた銀行による監視機能もあげられる。もちろん，銀行の監視機能それ自体は，法制度上の仕組みではないが，これまで間接金融中心であったわが国企業の財務構造において，銀行が融資先企業に対してガバナンス機能の一端を担ってきたことはつとに指摘されてきた点である。

　さて以上の仕組みが，実際にどの程度有効に機能しているだろうか。まず，株主総会であるが，一株一票の原則から，持株比率の高い機関株主の意向が全体を制することは明らかである。しかし，彼ら大株主は，議案にさしたる問題がなければ委任状を提出して，株主総会に出席することはしないし，他方個人株主も，わざわざ時間と費用をかけて株主総会に出席する者は少ない。それゆえ，株主総会は最高議決機関でありながら，実際には経営者が立案し，提示した議案を追認する形で終わる場合が少なくない。このように，株主の機関化現象が進み，しかも彼らは株式の持合いを通じて安定株主層を形成しているために，株主総会の形骸化が進み，少数株主の意見が反映されにくくなっている。ただし，平成5年の改正により，株主代表訴訟にかかる手数料が一律8,200円（現在は13,000円）に引き下げられたために，株主自身が原告となって会社のために取締役の責任を追及する，株主代表訴訟制度（847条以下）の利用がずいぶんと増加してきたのは注目に値する。

次に取締役会であるが，わが国の場合，取締役は従業員の昇進の最終ポストであり，従来からよくみられる監査役型のタイプの株式会社における取締役会では内部取締役が多数を占める傾向が強い。そして，取締役選任の実権は，現実には社長に握られているために，社長への遠慮から，全般経営層に対するモニタリングは，どちらかというと形式的になりがちである。さらに，取締役会の構成員の多くが代表取締役，業務担当取締役，使用人兼務取締役といった形で，業務執行の実行段階にも従事しており，自己監督の矛盾を抱えている。

3つめは監査役と会計監査人であるが，彼らの実質的な選任権はいずれも経営者に握られており，しかもわが国の場合，監査役に内部出身者が多いという側面もあるために，監査の実効性を確保するのが難しい状況にあった。そこで，監査役の独立性を強化するための法律上の措置が講じられてきたことに関しては一定の評価を与えることができるが，監査内容のあいまいさや介入の程度といった点について，まだまだ多くの問題を残していることは否めない。

（問題1）　持分会社と株式会社の特徴を述べなさい。
（問題2）　わが国公開大会社のトップ・マネジメント機構の特徴や問題点を，企業ガバナンスの問題も絡めながら述べなさい。

〔参考文献〕
1）　神戸大学大学院経営学研究室編『経営学大辞典（第2版）』中央経済社（1999年）
2）　神田秀樹『会社法入門』岩波新書（2006年）
3）　小松章『企業形態論（第3版）』新世社（2006年）
4）　高宮晋『現代の経営』ダイヤモンド社（1970年）
5）　深尾光洋，森田泰子『企業ガバナンス構造の国際比較』日本経済新聞社（1997年）

（注）
1）　高宮晋『現代の経営』ダイヤモンド社（1970年），22頁。
2）　神戸大学大学院経営学研究室編『経営学大辞典（第2版）』，中央経済社（1999年），154頁。
3）　協同組合の経営のあり方は，イギリスのロッチデールの町で誕生したロッチデール公正開拓者組合が打ち立てた8原則が基本となっている。この8原則については，たとえば，小松章前掲書第11章を参照されたい。
4）　以下のデータは，東京証券取引所ホームページ掲載の『平成24年度株式分布状況調査の調査結果について』から引用した。

第3章　台頭するNPOのマネジメント

第1節　序

　NPO（非営利組織）は，ボランティアを含む組織成員が利潤追求を目的とするのではなく，社会に対してサービスを提供する組織である。その活動資金は，利他主義の立場から拠出される寄付金や会費等に主に依存している。これらNPOは，種々の社会的ニーズの充足と市民の社会参加の実現という現代社会の抱える2つの本質的課題に真正面から挑戦している。

　ボランティア活動は，ボランティアがNPOに加入せずに行うことも可能であるが，今日ではNPOに加入して行うことが一般的である。この傾向は今後一層強まるものと考えられる。人間が個人として達成できないことを他の人々との協働によって達成しようとした時に，組織が生まれる。このような組織では，異質な人々の活動を目標達成に向けて調整する必要が生じる。この調整活動がマネジメントと呼ばれる。どんな組織にも作業活動とは独立したマネジメントは必要である。

　NPOは組織分析の分野において従来ほとんど注目されてこなかった。したがって，NPOがいかなるマネジメントを展開しているのか，あるいは，NPOのマネジメントはいかなる環境状況によって規定されているのか等については，一部の先駆的研究を除けば，ほとんど分析されてこなかった。NPOのマネジメントの解明は，NPOにとって重要なだけではない。これらNPOと競争あるいは協調しながら社会的ニーズを充足しようとしている国・地方自治体や営利企業にも，さらにはボランティア活動への意思を持ちながらも参加できずにいる多くの人々にも有益な示唆を与えるはずである。

本章では，まず筆者が試みたわが国のNPOのマネジメントに関する実証研究の調査対象組織の母集団について検討する。すなわち，台頭するわが国のNPOのマクロ分析を試みる（第2節）。次にNPOのマネジメントを分析するための概念的枠組を提示するとともに，構成概念の詳細を説明する（第3節）。さらにこの概念的枠組に則して，先行研究の成果および筆者が試みた実証研究の結果を命題として整理する（第4節）。最後にわが国のNPOの今後の発展方向について言及する（第5節）[1]。

第2節　わが国のNPOのマクロ分析

NPOには2つの異なったタイプがある（図表3-1）。第1のタイプは，会員奉仕組織もしくは自助組織である。これらの組織は確かに営利を目的としたものではないし，公共の目的も持っている。しかし本来は，公共の目的よりもその組織成員に恩恵を与えることを目的とする組織であり，経済組織と労働組織がある。

第2のタイプは，主として公共の目的を持つ組織である。これらの組織は組織成員のためだけではなく，主として社会全般に奉仕するために存在する。NPOについて議論する場合は，通常この第2のタイプのNPOを指している。本章でもこの公共奉仕組織にもっぱら焦点を合わせることにする。

公共奉仕組織はさらに事業型と助成型に大別される。事業型の組織は種々のサービスを提供する組織であり，教育・研究，医療・健康，社会サービス，環境運動，市民権運動，国際活動等の事業を行っている。一方，助成型の組織は主として他のNPOのために資金を調達し，供給する機能を果たしている。

跡田は，1989年現在の我が国のNPOを，①学術・文化，②教育・研究，③医療・健康，④社会サービス，⑤環境運動，⑥地域開発運動，⑦市民権運動，⑧フィランソロピー活動助成，⑨国際活動（NGO），⑩経済・労働，⑪その他の11の組織に分類し，各活動分野別の組織数を算出している[2]。

図表3-1に示すように，わが国では86,067のNPOが活動している。この

図表3－1　全NPOの分類と組織数

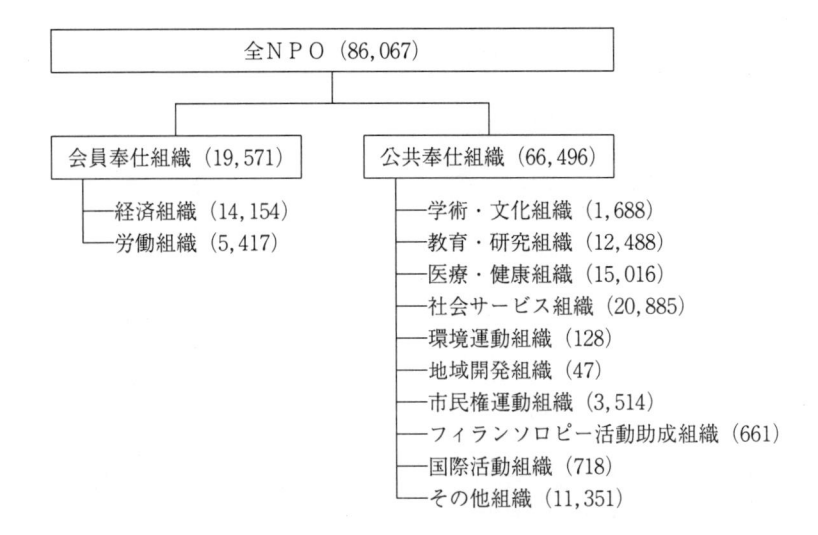

```
全NPO (86,067)
├── 会員奉仕組織 (19,571)
│   ├── 経済組織 (14,154)
│   └── 労働組織 (5,417)
└── 公共奉仕組織 (66,496)
    ├── 学術・文化組織 (1,688)
    ├── 教育・研究組織 (12,488)
    ├── 医療・健康組織 (15,016)
    ├── 社会サービス組織 (20,885)
    ├── 環境運動組織 (128)
    ├── 地域開発組織 (47)
    ├── 市民権運動組織 (3,514)
    ├── フィランソロピー活動助成組織 (661)
    ├── 国際活動組織 (718)
    └── その他組織 (11,351)
```

うち社会サービス組織が1番多く，2番目に多いのは経済・労働組織である。3番目に多いのは医療・健康組織であり，4番目に多いのは教育・研究組織である。市民権運動組織，フィランソロピー活動助成組織，国際活動組織等は，いずれも極めて少ない。

次に，これらNPOの財源について述べる。図表3－2に示すように，わが国の全NPOの総収入は195,098億円であり，その源泉は，①事業収入・会費・投資収益等の独自収入（71.1％），②政府補助金（17.2％），③民間寄付（1.3％）の3つに大別される。

従来，NPOの収入源に関しては，「大きな助成財団がNPOの大部分を賄っている」，あるいは「NPOの収入の大半は，個人や企業からの利他主義にもとづく寄付である」といった理解が一般的であった。しかし，図表3－2の結果が示すように，このような一般的な理解は全く根拠のない誤解であることがわかる。

図表3－3は，全NPOの活動が国民経済に占める割合を示しており，雇用者（有給専従職員）の人数は144万人で2.35％，経常支出は163,015億円で5.96％

図表3-2 全NPOの収入の内訳(％)

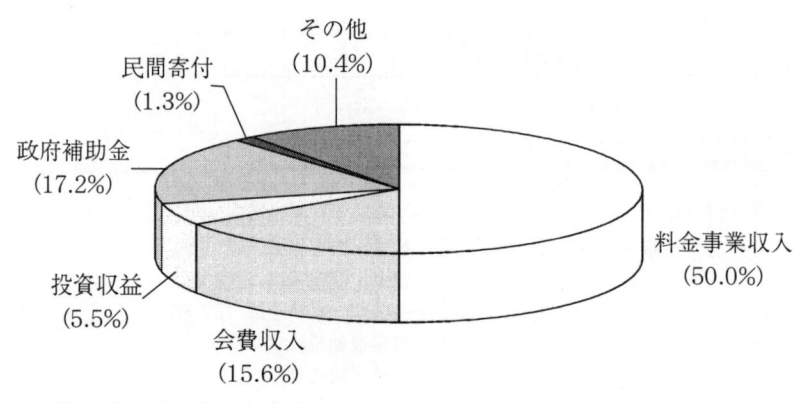

- 料金事業収入 (50.0%)
- 会費収入 (15.6%)
- 投資収益 (5.5%)
- 政府補助金 (17.2%)
- 民間寄付 (1.3%)
- その他 (10.4%)

（注）総収入19兆5,098億円。

図表3-3 雇用者と経常支出の推計によるNPOの国民経済に占める割合

	雇用者数（単位：人）	経常支出（単位：100万円）
NPO	1,440,135	16,301,513
経済全体	61,280,000	273,454,100
割合	2.35%	5.96%

（注）1989年度のデータであり，経済全体の経常支出は最終消費支出を指している。

図表3-4 全NPOの活動分野別の雇用者の内訳(％)

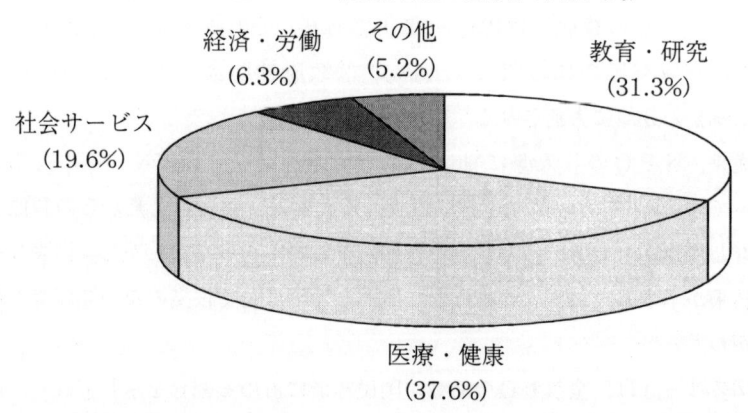

- 教育・研究 (31.3%)
- 医療・健康 (37.6%)
- 社会サービス (19.6%)
- 経済・労働 (6.3%)
- その他 (5.2%)

（注）総雇用者数144万135人。

である。

　図表3－4は全NPOの活動分野別の雇用者の内訳を示している。雇用者の人数の多い分野をあげると，第1位が医療・健康，第2位が教育・研究，第3位が社会サービス，第4位が経済・労働である。これら4分野の雇用者数だけで94.8%を占めている。したがって，他の活動分野の雇用者は，これら4分野に比べると非常に少ないことがわかる。

　全国社会福祉協議会の調査によると，ボランティアグループに所属するか，あるいは個人でボランティア活動をしている人数は，1980年度に約160万人であった。しかし1992年度には約428万人に増加している（図表3－5）。

図表3－5　わが国におけるボランティア活動者の推移

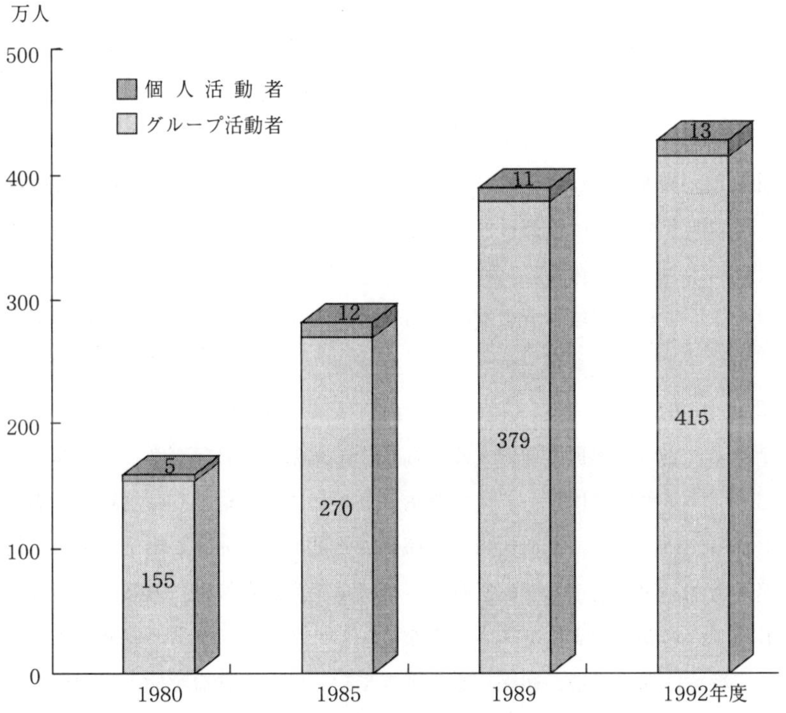

万人

年度	グループ活動者	個人活動者
1980	155	5
1985	270	12
1989	379	11
1992年度	415	13

（注）（社）全国社会協議会による調査
出所：厚生省（1994），『厚生白書』（平成5年版），ぎょうせい，283ページ。

第3節　NPOのマネジメントを分析するための概念的枠組と構成概念

1　概念的枠組

　NPOのマネジメントを分析するための概念的枠組は，図表3－6のとおりである。NPOが直面する主要な環境状況としては，①組織間環境，②技術，③市場環境の3つがあげられる。

　①の組織間環境は，必要な経営資源（ヒト，モノ，カネ，情報，制約，正当性等）の提供を通じて当該組織を支持している資金提供者，サービスの受益者，外部利害関係組織等の他組職を指している。②の技術は，道具や機械の利用の有無にかかわらず，作業対象を改変するためにそれに対して働きかける行為ないしタスクを指している。③の市場環境は，当該組織がサービスを提供している市場において，受益者を獲得するために競争もしくは協調している他のNPO，公組織（国・地方自治体等），営利企業を指している。サービスの受益者を獲得するための競争もしくは協調は，当該組織の次のサービスの提供に必要な経営資源（例えば，NPO自体の社会的評価や正当性）を生み出す。

　NPOはこれら環境状況に適合するために，一般にまず使命と戦略を選択する。次にさまざまな統治（マネジメントを監視・コントロールする制度・慣行），組織構造（分業や権限のパターン），組織行動（組織成員の対人的な相互作用）の中からそれぞれ1つを選択し展開する。もちろん実際のNPOが常にこの順序で選択し展開するわけではない。まず統治を選択し，その選択された統治に規定されながら使命，戦略，組織構造，組織行動を選択し展開する場合もある。使命，戦略，統治，組織構造，組織行動は，複雑な相互依存関係にある。組織成果はこれら5つの要因によって大きく異なる。したがって，使命と戦略の選択と同様に，統治，組織構造，組織行動の選択や設計にも十分な時間と努力を配分する必要がある。なお本章では以下，組織構造と組織行動の全体を「組織特性」と略記する。

図表3－6　ＮＰＯのマネジメントを分析するための概念的枠組

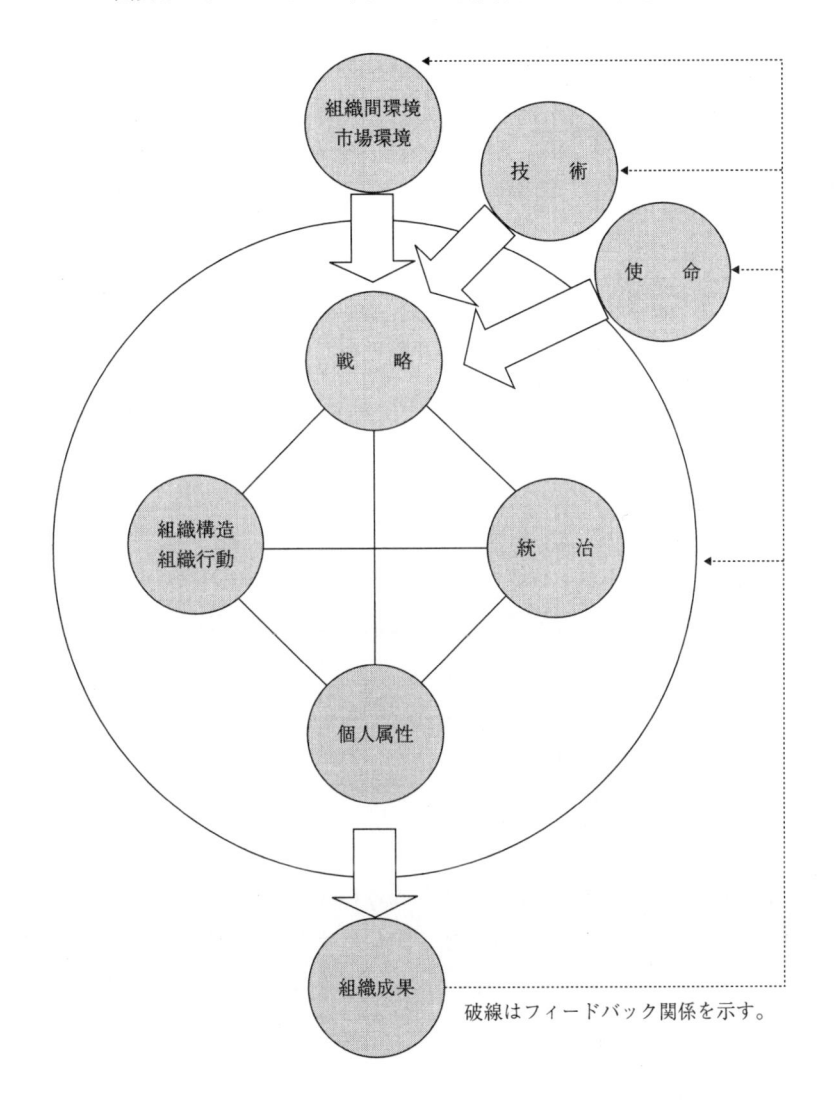

破線はフィードバック関係を示す。

しかし，ＮＰＯが環境状況に適合するためには，組織成員であるボランティアと専従職員の適切な選抜，訓練，能力開発を促進し，彼らの望ましい個人属性も確保しなければならない。したがってＮＰＯは，統治，組織特性さらには

個人属性も含め全体として選択し設計する必要がある。

　NPOが高い組織成果を達成するためには，上記の設計要因間の内的適合性だけでなく，さらに環境状況との適合性も維持しなければならない。使命，戦略，統治の変更は，しばしば全ての設計要因の変更を必要とする。

2　構成概念
(1)　環境状況

　組織は目標を達成するためのシステムであるが，その目標達成のための資源の調達を環境に依存している。営利企業の場合には，資本，原材料，労働等が環境から調達される。これら資源が変換され，アウトプットとしてのサービスが市場に提供される。NPOの場合もこの点は全く同様である。

　①　組織間環境

　他組織とくに公組織からの経営資源の獲得は，NPOが対処しなければならない資源依存性を生み出す主要な源泉である[3]。NPOにおける資源依存性は，①全収入中の公的資金の百分率と，②公組織の政策変更によってNPOが受ける影響度の高さの2次元で操作化される。

　NPOでは，一般の営利企業の利益配当のように剰余金を外部に分配することは法律によって禁じられている。

　②　技　　術

　NPOは適切な技術を整備しなければならない。技術は組織の使命と不可分の関係にある。この技術は組織が対処しなければならないタスクの不確実性を生み出す主要な源泉の1つである。NPOにおけるタスクの不確実性は，①組織のタスクの多様性，②目的と手段の関係の不明確性，③業績評価基準の不正確性の3次元で操作化される。

　③　市場環境

　NPOのサービス市場を分析するためには，まず当該NPOがサービスを提供している市場とは何か，すなわち営利企業でいう「市場の定義」が必要である。市場が定義されると，次のステップは，サービス市場における既存の競争

者にはどのような組織が存在するかを把握し，それら競争者間の競争的あるいは協調的関係の特徴を明らかにすることである。

サービス市場の競争度が高い場合，ＮＰＯはサービス市場における既存の競争者，潜在的な競争者，関連市場の競争者もつねに考慮に入れていなければならない。

(2) 使命と戦略
① 使　　命

組織の使命とは何か。営利企業の場合には，使命は他組織と区別される当該組織の基本的な事業領域とオペレイションを幅広く定義したものである。ＮＰＯの場合には使命は，組織が提供するサービスは何か，およびその受益者は誰かを一般的に定義したものである。使命は戦略とともに，組織目標を明確にし，組織が対処すべき環境状況を限定する。使命は組織に対して，①事業領域指示機能，②動機づけ機能，③業績評価促進機能を有している。ドラッカーは，この使命を達成するために必要なものとして機会，能力，信念の３つをあげている。

② 戦　　略

戦略は，組織の事業領域に照準を合わせた継続的な意思決定の流れであり，事業領域と組織との相互作用の結果生まれるものである。戦略にはさまざまな類型が存在する。競争戦略と協調戦略は，対極をなす２つの重要な戦略類型である。競争戦略は，当該組織が少数の支持者・組織に依存せずに済むように，他組織への資源依存性およびタスクの不確実性を管理しようとする戦略である。ＮＰＯにおいては，サービスの受益者を確保する問題は，資金提供者を確保する問題ほどには重視されないが，同程度に重要である。この競争戦略の下位戦略に革新戦略と効率戦略がある。

協調戦略は，より安定的で予測可能な環境を自ら作り出そうとする戦略である。今日多くのＮＰＯは，①同じ事業領域内で活動している他組織とのサービスの提供，ロビー活動，資金の調達等に関する協力活動，②当該組織に資金や情報を提供する他組織，特に公組織との協力活動，③他組織からの人材の受け

入れ等に重点を置く等の協調戦略を採用している。

(3) 組織，個人および成果

① 統　　治

統治とは，組織目標に照らしてマネジメントが適切に行われるように経営管理者の行動を監視しコントロールする制度・慣行を指し，マネジメントの上位にある概念である。NPOの統治は「ノンプロフィット・ガバナンス」と呼ばれ，一般に無給の非専従理事からなる理事会と，有給の常務理事，事務局長，総主事等の専従の経営管理者の2つの統治機関を通じて行われる。

② 組織構造と組織行動

NPOにおいては，職能別組織とチーム型組織の併用が一般的である。

③ 個 人 属 性

NPOの成員は，労役の提供者である一般ボランティア，理事等の政策ボランティア（ボード・ボランティアとも呼ばれる）および専従職員から構成される。このうち，NPOに固有の組織成員であるボランティアの個人属性（個人目標，態度および価値観，社会人口学的特性等）は，NPOの活動内容や目標等によって異なる。

④ 組 織 成 果

従来，NPOの活動は存在すること自体が「よいこと」であり「社会的・道徳的貢献」であるとされ，NPOは利益や組織成果をあげる必要性はないとされてきた。しかし，NPOにおいて業績評価が困難であるとしても，理事会や経営管理者が組織目標を設定し，組織成果を評価し，「組織がよいことをうまくやり遂げているか否か」を確認することは可能であるし，また必要である。

ボランティアはNPOに固有の成員であり，彼らの活動成果は，NPOの組織成果の重要なインディケータの1つである。この点に関して，各種調査は，「必ずしも利他主義の立場とはいえないさまざまなきっかけから始めた活動が，ボランティア自身が当初必ずしも予期していなかった成果，すなわちボランティア自身の満足や成長を生む」ことを報告している。

第3章 台頭するNPOのマネジメント 49

第4節 NPOのマネジメントに関する主要命題

　本節では，先行研究の成果および筆者が我が国のNPOを対象に試みた実証研究の結果にもとづき，NPOのマネジメントに関する特徴を命題の形で試論的に整理する。これら主要命題は，1 環境状況，2 使命と戦略，3 組織，個人および成果に区分して提示し，最後に 4 統合命題として集約する。

1　環境状況

(1)　組織間環境

① 他組織からの経営資源の獲得は，NPOが対処しなければならない資源依存性を生み出す主要な源泉である。

② NPOは，資金提供者からより多くの活動資金を獲得するために，他のNPOと競争もしくは協調している。

③ サービスの受益者のNPOに対するパワーは，①受益者の数と分布，②受益者自らのサービスの生産可能性や代替サービスの利用可能性，③サービスの受益者に対する当該サービスの重要性，④受益者のコミュニティとの関連度に依存する。

(2)　技　　術

① 技術によってNPOが対処しなければならないタスクの不確実性は異なる。

(3)　市場環境

① 市場環境は，当該組織の次のサービスの提供に必要な正当性や社会的評価等の経営資源を生み出す。

② サービス市場の主要な競争要因は，①既存の競争者との関係，②新規参入の脅威，③代替サービスの利用可能性の3つである。

③ サービス市場の競争度が高いほど，NPOが戦略的決定を行う際の自律性はより小さくなる。

2　使命と戦略

(1)　使　　命

① 使命は，ＮＰＯが提供するサービスは何か，およびその受益者は誰かを一般的に定義したものであり，組織の中核価値を明示的もしくは暗示的に含んでいる。

② 使命は，①事業領域指示機能，②動機づけ機能，③業績評価促進機能を有し，専従職員，寄付者，サービスの受益者の３種類の利害関係者に影響を及ぼす。

③ 使命を達成するためには，機会，能力，信念の３つが必要である。

④ 組織間環境や市場環境が変化したり，組織成員のニーズが変化すると，ＮＰＯの使命も変化する。

(2)　戦　　略

① 戦略は，組織が対処すべき環境状況を定義し，組織が組織間環境と市場環境に対して必要とする資源と情報のタイプを特定する。

② 戦略にはさまざまな類型が存在するが，競争戦略と協調戦略は対極をなす重要な２つの類型である。この競争戦略の下位戦略に革新戦略と効率戦略がある。

③ 革新戦略は資源依存性が低くタスクの不確実性が高いＮＰＯにおいて有効である。一方，効率戦略は資源依存性が低くタスクの不確実性が低いＮＰＯにおいて有効である。さらに，協調戦略は資源依存性が高くタスクの不確実性が低いＮＰＯにおいて有効である。

3　組織，個人および成果

(1)　統　　治

① 資源依存性が高いＮＰＯは他律的統治を展開する。すなわち，①法律・定款・寄付行為・規約をより厳格に遵守する。②理事・監事・評議員等の間で地位や権限に関して実質的な差が存在する。③公組織を含む他組織の期待・意向を配慮する。一方，資源依存性が低いＮＰＯは自律的統治を展

開する。すなわち，①法律・定款・寄付行為・規約に必ずしもとらわれない。②理事・監事・評議員等の間で地位や権限に関して実質的な差はほとんど存在しない。③公組織を含む他組織の期待・意向に必ずしもとらわれない。

② 理事会は，経営管理者を含む専従職員と社会との間の緩衝剤の役割を果たす。

(2) **組織構造と組織行動**

① 資源依存性が高いNPOは，①集権化は高く，②公式化は高く，③複雑性は高く，④水平的な調整・相互伝達は少ない機械的組織特性を展開する。一方，資源依存性が低いNPOは，①集権化は低く，②公式化は低く，③複雑性は低く，④水平的な調整・相互伝達は多い有機的組織特性を展開する。

(3) **個 人 属 性**

① NPOの成員は，理想を掲げ，使命を持ち，情熱に燃えている。

② ボランティアが活動を継続するためには，物事を達成し，奉仕することによる満足感を得ることが必要である。

③ ボランティアの個人属性は，NPOの活動内容や目的等によって異なる。

(4) **組 織 成 果**

① NPOの業績の最終的な検証は，社会が当該組織を「よいことをしている組織」として認め続けるか否かである。したがって，NPOの存続・成長は社会の信頼や評判に依存する。

② 組織成員であるボランティアが活動を通じて獲得する達成感や満足感は，NPOの重要な組織成果の1つである。

4 統 合 命 題

① 環境状況がNPOに課す資源依存性およびタスクの不確実性は，使命，戦略，統治，組織特性，個人属性を規定する。これら環境状況，使命，戦略，統治，組織特性，個人属性の間には多元的な適合関係，すなわち有効

な一定の機能の配置が存在する。

② NPOが有効に存続していくためには，設立から発展さらに成熟への移行期には組織の制度化を，一方，確立から衰退への移行期には組織の更新をはかる必要がある。そのためには，経営管理者はこれら移行期において，①リーダーシップ，②環境と組織との間の関係，③組織構造，④サービスの受益者と組織との間の関係の4つのサブシステムを適切に転換する必要がある。

第5節 今後の発展方向

1998年に施行された特定非営利活動促進法（NPO法）は，今後我が国のNPOのマネジメントとボランティア活動に大きな影響を与えていくと思われる。さらに現在，NPOを支援するための税制の整備が検討されている。しかしこれら法制度の改革だけでは決して十分ではない。何よりも重要な点は，NPO，公組織，営利企業の三者は，それぞれの活動は相互に両立し得るという前提に立って，相互に競争しつつもそれぞれの特徴を活かしパートナーとして協調していくことである。

さらに，ボランティア活動への参加の意志を持ちながらも，参加できずにいる多くの人々のために，その障害を除くための支援策も必要である。例えば，①時間のない人々には労働時間の短縮やボランティア休暇の取得促進，②情報がない人々にはNPOに関する情報の広範な開示，③気楽に参加できるボランティア・プログラムのNPOによる提供等を考える必要がある。

(1)法制度の改革，(2)NPO，公組織，営利企業の競争と協調，さらに(3)ボランティア参加の支援策が実現されるならば，NPOは自らの価値判断にもとづいた独自の活動をより活発に展開できるようになる。このことは，ひいては公益の増進に大きく寄与するであろう。

第3章　台頭するNPOのマネジメント　53

(**問題1**)　現代社会におけるNPOの役割を述べよ（解答のヒント：第1節におけるNPOの定義および第2節における我が国のNPOのマクロ分析の結果を参照）。

(**問題2**)　NPOと営利企業のマネジメントの共通点と相違点について述べよ（解答のヒント：第4節のNPOのマネジメントに関する主要命題を参照）。

(注)
1) 本稿は，小島廣光（1998），『非営利組織の経営―日本のボランティア』，北海道大学図書刊行会，の2章，3章および6章を修正・加筆したものである。また本稿は，日本証券奨学財団の平成10年度研究調査助成金（課題番号983）にもとづく研究成果の一部である。
2) 図表3－1，図表3－2，図表3－3，図表3－4はいずれも，跡田直澄（1994），「非営利セクターの活動と制度」，本間正明編著『フィランソロピーの社会経済学』，東洋経済新報社，29～55ページのデータにもとづき作成された。
3) 環境状況と展開される使命，戦略，統治，組織特性との間の相互関係を分析するための2つの重要な視角が組織論の分野で提示されている。第1の分析視角は資源依存モデルである。資源依存モデルによれば，組織間環境と市場環境が課す資源依存性を管理することは，組織の最も重要な課題である。本研究では，資源依存性は，当該組織が国・地方自治体等の公組織から提供される資金と政策にいかに依存しているかを示す尺度である。第2の分析視角は情報処理モデルである。情報処理モデルによれば，組織はタスク環境の不確実性に対処しなければならない。タスク環境とは，組織目標の設定と達成に直接的または潜在的に関係するより特定的な環境を指し，主要なタスク環境の1つが技術である。このタスク環境の不確実性は，タスク遂行に必要な情報量と組織がすでに保有している情報量の差として定義される。本研究では，タスクの不確実性は，当該組織が受益者に対しサービスを生産し提供する際に主に生起する不確実性を示す尺度である。

第4章　中小企業とベンチャー・ビジネス

第1節　国民経済と中小企業

1　中小企業の概念と範囲

　一般に，産業構造の高度化が進行すれば中小企業は増加する。すなわちこれは産業構造の高度化は急速な重化学工業化を軸に大企業を中心に進められたが，中小企業は消滅するどころか，大企業に対する比重をほぼ変えずにむしろ大企業と併存してきたということを意味する。こうした現象は製造業のみならず商業・サービス業においても見られる現象である。このように近年日本産業の発展の推移を辿ってみると中小企業の役割の重要性を認識することができる。

　近年，日本の中小企業の競争力が注目されているが，日本産業の国際競争力の強さの秘密を探る海外からのこのような注目は，基盤となる産業発展及び日本的経営の特質等に求めるだけでなく，日本の経済社会が持つ独自の経済慣行や社会構造，さらには産業構造の転換を裾野から支える中小企業の構造適応力の内実についてまで注視するようになってきている。しかしあらゆる業種に中小企業が存立しているわけではない。特に製造業についてみると，中小企業が全製造業に存立するのではなく，特定製造業に偏って存立している。産業連関上の中心となるべき基幹業種はむしろ大企業の比重が高いが，大企業生産における川上部門（部品生産等），川下部門（製品加工等）で大企業と関係をもっている場合，また日用品の供給や対個人サービス等の生活関連業種で中小企業は多数存立している。

　こうして存立し，注目されている中小企業であるが，現代国民経済の中にあって，世界の政治経済体制が激しく揺れ動き，資本主義国，社会主義国を問

わず経済構造再構築の方向が激しく模索されている状況下で，国民経済の安定的発展と自由競争社会の活性化に果たしてきた日本の中小企業への関心が世界的に高まってきているわけである。

　それではいかなる企業を中小企業と規定しているのであろうか。この規定には一般に量的基準（quantitative standards）と質的基準（qualitative standards）が考えられる。前者は従業者数，資本金額をはじめとして，資産額，生産額，出荷額，売上高，事業所数，賃金総額，利潤額等の指標によって区分するものであり，後者は問題性，地域性，独立性，経営組織，市場支配力，経営形態等の基準によって区分するものである。しかし，どの基準を基にしても明確に中小企業を区分できるものではない。また，あくまで大企業との相対的概念として中小企業が把握されるに過ぎないので数量的基準にある程度の恣意性が含まれてしまうことも問題点として指摘できるだろう。このような点を考慮に入れながらも従業者数と資本金額が一般によく用いられる基準となっている。

　一般に中小企業の特質を指摘してみると，技術開発能力，マーケティング能力，資本調達能力といった経営資源が乏しく，過小過多性による過当競争状態にいつも晒されており，また下請中小企業をはじめとして従属的地位に立たされることが多い等大企業と比べた場合の劣位性が強調される一方で，企業規模，組織規模，生産規模，市場規模等の適正規模の視点からすると，小回りのきく弾力的な経営が可能となり，意思決定機能についての機動力・適応力が大きいことが優位性として指摘される。これらが中小企業の質的基準による定義となるわけである。本書の編者である後藤幸男教授は「1人または少数の人によって，企業の内外諸環境の変化に適応するための経営者の意思決定である戦略的意思決定がなされる企業」であると中小企業を定義している。

　具体的に日本の場合を例に上げて中小企業の定義を示してみよう。日本では中小企業の定義は1963年に制定された「中小企業基本法」で定められており，官庁統計や中小企業施策において用いられている。この定義では量的基準が用いられ，従業者数と資本金額の両指標によって定義がなされている。この定義は一度規定されると固定されるものではなく，時間の経過に伴う数値的価値の

図表4－1　中小企業の定義

業　　　種	従　業　者　数		資　本　金　額	
	旧　基　本　法	新　基　本　法	旧　基　本　法	新　基　本　法
工業・鉱業等	300人	300人	1億円	3億円
卸　売　業	100人	100人	3,000万円	1億円
小　売　業	50人	50人	1,000万円	5,000万円
サービス業	50人	100人	1,000万円	5,000万円

変化等も考慮に入れて変更されてきた。日本の「中小企業基本法」では1963年制定以来，1973年と1999年に2度改定され，現在に至っている。「中小企業基本法」の性格については後に触れるが，図表4－1は「中小企業基本法」によって規定された中小企業の定義を示したものである。ここでいう「旧基本法」は1973年に改定された「中小企業基本法」を指し，「新基本法」は1999年に改定された「中小企業基本法」を指す。

「新基本法」によると，①工業（製造業）・鉱業，運輸業，建設業の場合，従業者300人以下，または資本金3億円以下の企業，②卸売業の場合，従業者100人以下，または資本金1億円以下の企業，③小売業の場合，従業者50人以下，または資本金5,000万円以下の企業，④サービス業の場合，従業者100人以下，または資本金5,000万円以下の企業を中小企業と定義している。「旧基本法」から「新基本法」への改定では，従業者数においては，サービス業で対事業所サービスを中心とした新サービス業や，労働集約的サービス業の展開により従業者数が増加傾向にあることから変更された。資本金額においては「旧基本法」制定時からすでに30年弱の年数が経過し，物価水準も2倍以上になっていることから全業種にわたって大幅に変更された。今後の課題として質的基準である「企業の独立性」をいかに適用していくか，ベンチャーをはじめとした創業者をいかに適切に位置付けていくかが残ることになる。

2　中小企業の比重と存立条件

第2次世界大戦後の驚くべき日本の経済成長は，日本を経済大国にし，終戦

以来の目標であった先進国経済へのキャッチ・アップを見事に成し遂げたが，その主導的役割を果たしたのは大企業であった。しかし，中小企業もまた消滅の方向を辿るのではなく，むしろその数を増やしながらきわめて高い比重を保ちつづけてきた。特に非農林水産業の中で高度経済成長の推進役となった製造業について見てみよう。図表4-2は製造業について中小企業の推移を示したものである。通商産業省『工業統計表』によると従業者300人未満（「中小企業基本法」による中小製造業は300人以下の企業であるが，『工業統計表』を用いるため，以下では300人未満の企業を中小製造業としている。）の中小製造業は事業所数において全体の99％強，従業者数で70％前後，製造出荷額で50％前後の比重を保っている。中小製造業の比重は高度経済成長の続いた1955年から1970年にかけて幾分低下しているが，それ以降はほぼ一貫して比重は一定である。大企業の活躍が目立ってきた第2次世界大戦後の日本経済においても，中小企業は大企業に圧倒されて消滅するどころか反対に，近年の平成長期不況期に至るまでその数を増加させながら，極めて高い比重を保ってきたことになる。したがって，中小企業が第2次世界大戦後の日本の経済成長に寄与してきたといえる。

図表4-2　製造業における中小企業-大企業諸指標の推移

年次	事業所数 全規模 実数	事業所数 300人未満 実数	事業所数 300人未満 構成比	従業者数 全規模 実数	従業者数 300人未満 実数	従業者数 300人未満 構成比	製造出荷額 全規模 実数	製造出荷額 300人未満 実数	製造出荷額 300人未満 構成比
1955	432,705	430,974	99.6	5,516,928	4,029,707	73.0	67,720	37,952	56.0
1960	487,050	484,222	99.4	8,169,484	5,680,520	69.5	155,784	76,120	48.9
1965	558,106	554,523	99.4	9,921,002	6,830,367	68.8	294,971	147,259	49.9
1970	652,931	648,601	99.3	11,679,680	7,881,626	67.5	690,348	337,318	48.9
1975	735,970	732,122	99.5	11,269,209	7,985,917	70.7	1,275,206	654,163	51.3
1980	734,623	731,112	99.5	10,932,041	7,983,723	73.0	2,149,998	1,116,486	51.9
1985	749,366	745,602	99.5	11,542,574	8,465,888	73.3	2,684,763	1,371,867	51.1
1990	728,853	725,013	99.5	11,788,019	8,708,562	73.9	3,270,931	1,711,308	52.3
1995	654,436	650,729	99.4	10,880,240	7,981,896	73.4	3,094,369	1,605,465	51.9
2000	589,713	586,325	99.4	9,700,039	7,186,583	74.0	3,035,824	1,567,288	51.6
2003	504,530	501,372	99.4	8,658,392	6,409,923	74.0	2,762,302	1,407,696	51.0

注1）　通商産業省『工業統計表』による。
　2）　単位は，従業者数：人，製造出荷額：億円，構成比：％である。

中小企業は大企業と競合する分野では明らかに不利であり存続が困難である。すなわち，原理的には資本主義的な経済成長過程において企業間競争が存続する限り，弱小な企業は淘汰されて市場から姿を消し，競争に耐えた企業は強力化・巨大化し，なおいっそう激しい競争を繰り返しながら，極限においては競争相手が存在しない完全な独占が形成されてしまうことになる。しかし，実際には，大企業に不向きな分野，すなわち隙間業種という門戸が中小企業には開かれており，そのような分野に数多くの中小企業が集中して活躍している。この根拠について考えるならば，業種存立上の適正規模が中小企業に存在しているという経済的に合理的な根拠に基づいた理論的含意が背景にある。通商産業省『工業統計表』によって，製造業について調べてみると，1995年で産業小分類業種（3桁業種）143業種のうち，従業者300人未満規模事業所の製造出荷額が70％を越える中小企業型業種は81を数える。大企業による中小企業の淘汰があるにもかかわらず，中小企業が全体として高い比重を減ずることなく存続しているのは，隙間業種ともいうべき中小企業に適した産業分野が数多く存在していることが1つの大きな理由である。

　このように実体経済では，一方で独占的な支配力を持ち得るような巨大企業が存在する反面，極めて多数の中小零細企業が比重を減ずることなく存続している。しかし，それらの中には倒産して姿を消すものも多く，また新しい企業があらわれ，このような補充によって中小零細企業の比重は極めて高く保たれている。すでに図表4－2で見たように，戦後の日本の中小企業比重は大きな変動がみられない。時代別にその根拠について検討してみると，高度経済成長期には，国民の消費需要の増大，後に過疎・過密問題を生み出す都市化の進展に伴って，相対的に中小企業型業種である消費財分野の中小企業の生産を拡大し，また圧倒的に中小企業の多い小売業やサービス業の成長を促した。さらに，重化学工業に属する大企業が技術革新を進めることにより，この革新の波が下請関係を通じて中小企業にも及んで中小企業の生産は増大した。こうして大企業主導の高度経済成長時代にあっても中小企業はその数を大きく増し，大企業に劣らぬ生産の伸長を遂げて高い比重を保ち続けたのである。第1次石油危機

後の低経済成長期に入っても中小企業の占める高い比重にはほとんど変わりがなかった。第1次石油危機によって日本はもちろん世界の多くの国が長く苦しい不況に陥った。その中で企業は操業短縮や過剰設備の廃棄など高度経済成長の中で肥満化した体質を調整するのに懸命であり，こうした調整に成功せず倒産する企業も多数にのぼった。この不況も1983年ごろようやく脱出したが，かつてのように企業の生産活動を大きく伸長させる要因はもはや見出し難くなった。中小企業の新しい存立基盤は後に触れるが，高加工度・高付加価値化による知識集約化を指向することにより開かれ，従来にはなかった形態の中小企業が現れるに至った。すなわち，地場産業型中小企業，技術革新型下請中小企業，ベンチャー・ビジネス等がこれに当たる。中小企業は今日国の内外から極めて厳しい存立条件を強いられており，それに対処するために従来とは異なる存立のあり方を強く求められているのである。こうして現代日本経済における中小企業の現状は，第2次世界大戦後近年に至るまで形成されてきた「中小企業存立」の枠組から乖離したものとなりつつあり，現在は戦後中小企業構造の解体過程であるといえる。したがって，現代中小企業は，従来型ではない新しい経営戦略を進めていこうとしている。このような中小企業をベンチャー・ビジネスと呼ぶ。経営戦略の違いによって各中小企業間では業種間格差，地域間格差よりもむしろ企業間格差が拡大し，中小企業が多重構造を形成する傾向が見受けられ，企業間関係においても重層構造が複雑化しつつある。

第2節　経済発展と中小企業

1　中小企業問題の新展開

　中小企業は1企業を単位に考えると多様な存立形態をとって存立している。一般的には中小企業は大企業と比べて従業者数・資本金額等を基準にすると規模が小さいわけであるが，加えて，規模格差に起因した問題をもった主体として扱われている。こうして生じてきた問題が「中小企業問題」である。すなわち，中小企業がただ単に規模が中小規模であるということだけでなく，大企業

に圧迫され，従属されながらきわめて貧弱な存立を続けてきた主体であり，大企業とは質的に区別される問題性を抱えた主体であるという認識に起因する問題を有しており，これが「中小企業問題」として提起されてきたのである。すなわち，日本の高度経済成長過程において大企業がますます存立基盤を強めたという認識の下で，特に製造業において大企業との生産工程上の有機的関係を保有している中小企業（中小工業）が大企業の強い圧迫を受けるとともに，大企業との間に系列を通じて支配従属関係が強化されていることが問題とされた。これは大企業と中小企業との存立上の格差の顕在化によって問題視されるようになり，その現象が二重構造問題とされた。この二重構造問題が「中小企業問題」の中心として中小企業への政策実施の根拠となったのである。

　二重構造現象とは，日本の経済構造が欧米先進諸国と異なり，二つの異なる階層的な構造，すなわち近代的セクターと非近代的セクターから成り立っており，近代的大企業と前近代的な労使関係に立つ小企業・家族経営による零細企業が両極に存立し，中間的な規模の企業が著しく少ないことを指摘したものである。また両者の間には規模別賃金格差が存在した。大企業に見られる終身雇用・年功序列賃金制は，すぐれた資質をもった労働者を選択し，自己の企業に適合させて，終身自己の企業に定着させるために設けられた制度であり，こうした意味では閉鎖的な制度である。この大企業の労働市場はそもそも労働供給過剰状態にあると考えられる。こうして大企業への就業にあふれた労働者は賃金要求力を弱めて，賃金支払能力の低い中小企業に就業せざるをえなくなる。しかも，大企業に集中している技術革新的投資はその付加価値生産性を引き上げる要因になるとともに，労働節約的な性格のためにいっそうの労働人口過剰要因を強めることになる。一方，中小企業の資本的脆弱性は低利潤形成要因となり，動態的な過程では解決がいっそう難しくなる。

　二重構造を具体的に表す指標としての大企業と中小企業間の賃金格差と付加価値生産性格差を，図表4－3によって見てみよう。

　付加価値生産性は企業の経済的能率を表し，その高低は企業の存立に重大な影響を与えるものである。したがって，付加価値生産性を規模別に比較するこ

図表4－3　製造業における中小企業一大企業間の諸格差

年次	賃金 中小企業 実数	賃金 中小企業 格差	賃金 大企業実数	労働の付加価値生産性 中小企業 実数	労働の付加価値生産性 中小企業 格差	労働の付加価値生産性 大企業実数
1965	0.320	62.3	0.514	0.754	51.5	1.464
1970	0.616	62.8	0.981	1.595	50.5	3.159
1975	1.378	58.7	2.348	3.025	54.3	5.566
1980	2.054	59.4	3.460	5.058	48.3	10.469
1985	2.553	58.0	4.401	6.060	45.5	13.330
1990	3.118	59.5	5.239	7.838	45.6	17.207
1995	3.576	60.7	5.891	8.416	46.8	17.973
2000	3.690	58.4	6.323	8.953	47.1	19.006
2003	3.521	58.1	6.063	8.980	47.4	18.926

注1）　通商産業省『工業統計表』による。
　2）　賃金は現金給与総額を従業者数で割ったもの，付加価値生産性は付加価値額（従業員29人以下規模企業は粗付加価値額）を従業者数で割ったもの。単位は億円。
　3）　格差は大企業実数を100.0とした場合の中小企業実数の値である。

とによって，大企業と対比した中小企業の存立の貧弱さを明らかにできる。高度経済成長期に格差縮小傾向が若干見られるもの，1980年ごろより拡大した格差がむしろ近年では定着しており一定の格差水準で推移するようになっている。付加価値生産格差が発生する理由を物的側面と価値的側面に求めると，物的側面からは資本装備率（従業者1人あたり有形固定資産額）格差があげられる。これは大企業に比べて中小企業には物的な生産能力を低位にしている量的にも質的にも能率の低い悪い資本設備が多いことを示している。つまり資本的に脆弱であり，資本調達能力が弱い中小企業が大企業のように技術革新による急速な機械化を推し進めていくことは明らかに不利であると指摘できる。また価値的側面からは大企業との支配従属関係があげられる。大企業が独占力を行使して又は大企業に従属しているために中小企業は価値的に不利な支払条件や受取条件をしいられている。このように中小企業は資本的に脆弱であるがために経営の安定性に欠け，不況が到来する度に深刻な経営危機に陥り，倒産から逃れるためにその多くが資本的に強大な大企業への従属を余儀なくされてきた。

賃金は企業にとっては生産した付加価値からさらに控除されるべき費用部分である。したがって，企業が従業者（雇用労働者）に支払う賃金の高低もまた企業収益に，したがってその存立に重大な影響を与えることになる。賃金格差は高度経済成長期に急速に縮小し，その後低経済成長期になって格差拡大傾向が見られ，さらに1985年以降のバブル経済期において格差縮小傾向が見られる。中小企業が大企業に比べて付加価値生産性が極めて低いにもかかわらず，執拗に存立し得ている大きな理由は，賃金もまた低いことによっている。つまり，中小企業は安価な労働力への依存をその存立基盤とし，存立の劣弱性を補っているのである。したがって，賃金上昇に伴う賃金格差縮小に対応して，賃金支払能力を表す付加価値生産性がある程度上昇する必要があり，上昇しないならば中小企業はその存立基盤を失うことになる。こうして二重構造の解消が中小企業政策の目標として掲げられることになり，高度経済成長の進展による労働力不足化現象に伴う賃金格差の自然的解消と合わせて，中小企業の付加価値生産性格差解消は政策的な最優先課題となった。高度経済成長に伴う労働力不足化現象によって賃金格差は縮小せざるをえない状況となるにつれて，賃金支払能力を表す付加価値生産性を上昇させることが中小企業の存立基盤強化に必要な対策となったのである。したがって日本の経済成長に及ぼす影響に対する危惧から中小企業政策の必要性が説かれるようになり，1963年に「中小企業基本法」（「旧基本法」）が制定されたわけである。

2　日本の中小企業政策と下請中小企業

1963年制定以後の「中小企業基本法（「旧基本法」）」の目標の中心は中小企業政策としての「近代化」と「不利是正」にあり，従来型の中小企業政策に見られた社会政策的中小企業政策から「中小企業基本法」に基づいた経済政策的中小企業政策への転換が図られた。こうして登場した中小企業近代化政策は「近代化」を具体化するために制定された「中小企業近代化促進法」による政策である。「中小企業の近代化」は，従来は大企業の大量生産体制を視野に入れた「資本集約化」政策による設備の近代化が中心であったが，「知識集約化」政

策へと変化していった。その背景には大企業－中小企業間関係を支配従属関係から相互依存関係へと転換させようとする意図，すなわち中小企業が従属性を払拭しうる条件として「技術的分業関係」を模索し，技術的分業関係としての社会的分業が成立するためには中小企業の技術力が大企業の内製化を超える水準のものにしなければならないことを意図したのである。さらには「中小企業の近代化」が日本の経済成長には欠かせないものという視点，すなわち大企業にとっての生産の隘路化を防止する意味からも政策が進められていくことになる。

　大企業－中小企業間関係が支配従属関係に陥る原因になる日本独特の生産関係として下請制がある。下請制は，垂直的統合による内製と，市場を通じて取引される社会的分業との中間に位置する概念である。内製は，従来，以下に示している下請制の根拠を大企業が重視しないような経済的環境が生じた場合，部品生産等産業連関関係にある部門を取引費用の節約や市場の確保，製品品質の向上等の根拠から部品生産企業を合併により統合してしまうものである。社会的分業は従来の市場取引における購買を主とした外注取引概念であり，規模がほぼ等しい企業間同士で産業集積地でよく見られる対等な企業間関係を前提とした長期継続取引である仲間取引もここに含まれる。下請制とは，取引における規模の大きな企業から小さな企業への委託内容を指定した上での直接取引を指し，ここでは委託品である性格上，生産された下請製品の市場性は制限されており，社会的分業とは区別されることになる。下請取引関係は長期継続取引を前提としている場合が多いが，その根拠を大企業側に求めると資本の節約，資本固定化による危険負担の回避，賃金格差利用，景気変動への柔軟性等の根拠があり，中小企業側に求めると，集団所属意識，忠誠心，相互信頼に基礎をおく長期継続取引によって存立基盤を強化し，技術革新も可能になるほどの経営資源の補填といった根拠がある。

　日本の高度経済成長期から低経済成長期に至る知識集約型産業構造への転換に伴って，多品種少量生産に対応しきれない下請中小企業が衰退・消滅した反面，技術革新を効率的に処理する能力を持つ下請中小企業の存立基盤が拡大す

ることになった。こうして大企業が保有しない加工技術を保有するようになった中小企業は一方的な支配従属関係を余儀なくされていた従来の下請制とは異なり，自ら有利な受注を選択しうる企業としての主体性を持ちうるようになった。ところが一方で新たな中小企業問題も生じたのである。メカトロニクス機器の導入が下請中小企業の収益改善要因にはなるものの，機器導入による受注単価の引下げも生じるようになり，企業の生産性向上が価値実現力の向上につながらない可能性がでてきたこと，元受大企業がメカトロニクス化によって多品種少量生産が可能になり，下請部品の内製化要因となって，下請中小企業の存立基盤そのものを脅かすようになったことである。こうして新たな技術革新は下請中小企業間競争を激化させ，階層分化をもたらす契機となり，下請中小企業を中心に優良企業の選別・成長と限界企業の衰退・倒産を進展させた。しかし市場メカニズムに基づく経済政策上の視点からすればむしろ好ましいことであり，社会政策的視点を考慮しないならば，こうした動向は経済的合理性の視点からすれば当然の帰結であろう。以上のように下請中小企業という形態であっても元受大企業による支配従属関係が弱まる反面，相互依存関係が強まり，社会的分業が進展したことによって，下請中小企業は脱下請的な専門加工企業の性格を強め，下請制が社会的分業システム，ネットワークとして成立していったのである。

　このように下請中小企業をはじめとする中小企業の低賃金労働力を利用することによって有効に機能し得た日本製品の価格競争力は，やがて日本が高度経済成長過程に入り，労働力が過剰から不足の状態へと移行していくにつれ急速に弱体化していった。こうした状況下で系列化，専属下請化，専門的技術特化が進展し，下請中小企業等の日本の中小企業は元受大企業との生産技術の有機的連関関係を形成するに至り，社会的分業構造を形成していった。以上のような意味での下請関係という社会的分業構造の有効性が強調され，従来から「中小企業問題」といわれていた下請中小企業が前近代的技術からの近代化が達成できないという問題と，元受大企業と下請中小企業との関係において見られる収奪という支配従属関係の問題がもはや存在しないとする見解が見られるよう

になった。

　以上，日本の経済成長という時間的経過とともに二重構造現象は変化し，そこに内在している「中小企業問題」も変化してきた。したがって中小企業政策にも変化が見られ，特に中小企業近代化政策では「中小企業近代化促進法」の数次の改正を経て内容にかなりの変化が見られる。すなわち，当初は「資本集約化」による個別中小企業の設備近代化や経営合理化を狙ったものであったが，1969年には業種あるいは業界ぐるみの近代化を意図する構造改善制度の導入が図られ，1973年になって，市場の開拓や製品の開発等の知識集約化事業の推進が強調され，さらに1975年には，関連業種との共同による構造改善事業及び新分野進出計画の推進が改正点として加えられている。

　日本の高度経済成長は新産業，新分野を生み出し，事業機会が拡大することで中小企業型業種が増加したことや，下請中小企業が専門的技術を向上させ，社会的分業を深化させることによって，下請中小企業の技術力後進性に伴う大企業との支配従属関係が解消される傾向が見られつつある状態に至ったこと等中小企業の成長・発展が見られた。中小企業の成長・発展を支えた要因の1つは中小企業近代化政策であると考えられることから，中小企業近代化政策は日本経済の成長に寄与したといえる。しかし，二重構造解消に伴う賃金格差の解消化は賃金格差利用という従来からの大企業の下請中小企業の利用メリットを軽減してしまったという認識から生じる二重構造そのものが経済力を支えてきたという指摘が現われたり，また高度経済成長の終焉とともに従来型の経営・技術ではない新しい中小企業の存立基盤が，国際競争力強化・非価格競争力強化を進めることで強化されるに至り，中小企業存立条件そのものの転換を強いられることになり，「中小企業問題」が変化していくことになる。

第3節 ベンチャー・ビジネスの生成と
中小企業の経営問題

1 中小企業経営の課題と企業成長

　ベンチャー・ビジネスという言葉が最初に日本で使われるようになったのは，1972年から1974年頃のことである。この時期に中小企業を取り巻く需要構造の変化に伴う技術的環境の変化に一部の中小企業が遅れることなく対応したという事実があった。すなわち中小企業は多品種少量生産を効率的に行うため，NC工作機械，産業用ロボット等のメカトロニクス機器を導入したのである。これには中小企業において熟練工や専門的職種等の人材が不足していたこと，メカトロニクス機器の性能やソフトウエア技術が向上してきたこと，これらの機器の相対価格が低下してきたこと等の要因がある。特に一般機械，電気機械，輸送機械等下請生産への依存度の高い機械工業関連業種の中小企業の技術レベルは一般的に向上した。さらにこうした日本の技術革新が急速に変容していく過程において高度な技術を保有しうる中堅企業や技術革新能力の高いベンチャー・ビジネスが登場するに至ったのである。

　ベンチャー・ビジネスの定義については曖昧で恣意的に用いられている場合が多い。よくいわれる定義としては，①企業家精神の旺盛な経営者が小規模な事業を創業していること，②経営者が高度な専門技術や豊かな経営ノウハウを保持していること，③一般に大企業との下請分業関係になく独立型企業であり，大企業に支配されていないこと，④独自の新商品，新サービスを開発し，経営基盤が弱いながらも急成長を遂げる可能性を持っていること，⑤対売上高に占める研究開発費の比率が高い研究開発型企業であること，⑥未上場ではあるが株式公開を念頭に置いている成長志向の中小規模企業であること等，がある。日本の行政機関は，ベンチャー・ビジネスを「独自の新しい優れた技術や経営ノウハウを武器として，積極的に経営を拡大しようという企業家精神旺盛な自主独立の中小企業」（通商産業省「ベンチャー・ビジネス研究会中間報告」1984年6月）

と定義している。こうして日本経済おいてベンチャー・ビジネスはしだいに定着していったが,最近までに3度のベンチャーブームがあったといわれている。以下,その内容を紹介すると次のようになる。

第1次ベンチャーブーム：1970年～73年

高度経済成長終焉に伴う低経済成長期において知識集約産業といわれるハイテク産業,情報産業,ファッション産業が登場した時期のブームであり,ニッチビジネスがその主要部門であった。第1次ブームによってベンチャー・ビジネスが社会的に認知され,ベンチャー・キャピタルも創設されたが,第1次石油危機とそれに続く不況の中でブームは終了した。

第2次ベンチャーブーム：1983年～86年

石油危機後の不況を脱却し,低経済成長を基調とする日本経済が安定経済成長期に入った時期のブームであり,この次期にはハイテク産業をはじめとする先端技術分野における企業の活躍が見られた。さらに,店頭市場の公開基準の緩和や投資事業組合方式の導入により,企業創業支援のための制度的枠組ができつつあったが,1985年,プラザ合意に基づく円高不況によってブームは終了した。

第3次ベンチャーブーム：1993年～現在

バブル崩壊による景気の長期低迷下における日本企業の増加率鈍化傾向を背景として,企業の創業率を増加させることにより,企業間競争から生じる企業行動活力を増大させ,長期不況を脱却したいとする社会的要請の下で,マルチメディア等の情報・通信関連産業を中心としたニュー・ビジネス等によるブームであり,現在ではIT革命と呼ばれている。後に触れるが,政府の「中小企業基本法」改定をはじめとした創業化支援策が定着していく中で新たな日本経済回復のための待望論としてベンチャー・ビジネスが注目されている。

近年,長期不況下での日本経済の構造的転換という現実に対処するため各中小企業が経営戦略として重要視しているのは,独自に専有している技能を活用

した新技術・新製品開発である。つまり各中小企業は成長可能性を期待させるような製品開発・技術開発・商品アイデアによってニュービジネスという新分野に進出する戦略をとることを重要視しているのである。こうした中小企業をベンチャー・ビジネスと呼ぶことが可能であろう。

　さらに，従来の日本の「中小企業問題」の中心であった企業間関係について検討してみると，ベンチャー・ビジネスに発展しうるような下請中小企業も現れている。むろん，従来型のベンチャー・ビジネスの定義からすれば，一般に大企業との下請関係にあり，大企業に支配されている場合はその範疇には入らないわけではあるが，近年では下請関係にありながらもＲ＆Ｄ（研究開発）によって元受大企業に対する取引交渉力を発揮できるような新製品を開発することによって支配従属関係から脱却しつつある下請中小企業も見られるようになった。新しい企業間関係は従来とは異なり主体性をもった企業の対等な結合を特徴とするものであり，脱工業化時代においては中小企業であっても専門能力を有することが存立基盤安定の第一条件であり，能力本位で中小企業が育成・発展することが可能であると考えられる。

　日本におけるベンチャー・ビジネスの現状をアメリカの場合と比較すれば，成長のスピードが遅く，ハイテク産業のウエイトが低いことが指摘できる。この原因の１つには日本のベンチャー・ビジネスの資金繰りの困難さが挙げられる。この問題点を補填する意味で設立されているのがベンチャー・キャピタルである。一般に，企業を創業する場合，初期の段階において資金調達が困難となることが多い。ここで必要なのは研究開発費，商品開発費をはじめ，人件費，マーケティング経費等企業経営が安定期に入るまで安定的に，安価な資金を確保することである。しかし，日本のベンチャー・キャピタルの資金供給はすでに成長段階に達したベンチャー・ビジネス向け資金が中心となっており，ベンチャー・キャピタルの制度的拡充が必要となっている。このような趣旨に基づいていかにしてベンチャー・ビジネスの創業支援を可能とするのかが重要な経済政策上の今日的課題となっている。中小企業あるいはベンチャー・ビジネスが「活力ある大多数」としての役割を期待されているのである。

2 中小企業経営の新展開と中小企業政策

3度にわたるベンチャーブームによって,ベンチャー・ビジネスに対する創業支援策,成長振興策が体系化された上で運用され始めた。さらに近年の景気の閉塞状況の中で,日本の経済構造改革の起爆剤として,ベンチャー・ビジネスの起業が期待されている。中小企業政策もこの目標に沿って整備されてきた。すなわち,中小企業保護策から中小企業の自助努力を前提にした支援策への転換である。この前提として,中小企業の創造的開発プロセスが大企業に比べて有利であること,中小企業の小廻り性(組織内での迅速な意思伝達や市場及び技術の変化に対する柔軟性)や起業家としての企業家精神の存在が中小企業政策の根

図表4－4　1980年以降の主要な中小企業政策の流れ

年　次	政　策　事　項
1980年	「1980年代の中小企業のあり方と中小企業政策の方向について」(中小企業政策審議会意見具申)発表
1985年	「中小企業技術開発促進臨時措置法(中小企業技術法)」公布
1988年	「異分野中小企業者の知識の融合による新分野の開拓の促進に関する臨時措置法(中小企業融合化法)」公布
1990年	「90年代の中小企業ビジョン」(中小企業政策審議会)発表
	「90年代の中小企業政策のあり方(中小企業政策審議会企画小委員会中間報告)」発表
1993年	「中小企業政策の課題と今後の方向(中小企業政策審議会基本施策検討小委員会中間報告)」発表
	「特定中小企業者の新分野進出等による経済の構造的変化への適応の円滑化に関する臨時措置法(中小企業新分野進出等円滑化法:リストラ支援法)」公布
1995年	「中小企業の創造的事業活動の促進に関する臨時措置法(中小企業創造活動促進法)」公布
1998年	「新事業創出促進法」公布
1999年	「中小企業経営革新支援法」公布
	「中小企業基本法」改定
2005年	「中小企業の新たな事業活動の促進に関する法律(中小企業新事業活動促進法)」公布

拠となっている。図表4－4は1980年以降の代表的な中小企業政策をまとめたものである。1980年代になって，発展的志向企業群としてベンチャー・ビジネスが認識され，中小企業政策においても新時代における新産業分野への転換を目的とする産業調整策とベンチャー・ビジネス育成策が重視されるようになった。

　この方向性に基づいた具体的施策としては，1980年に「中小企業技術アドバイザー制度」が，1982年にのちの異業種交流政策に進展する「技術交流プラザ開催事業」が，1984年に「地域フロンティア技術開発事業」等の指導事業，研修事業が発足した。さらに1985年には「中小企業技術開発促進臨時措置法」（中小企業技術法）が制定され，先端技術・システム技術を活用した技術開発力の向上を目指す新技術開発，企業化及び事業化，技術情報提供等に対して施策が制定された。「中小企業技術法」では，従来の技術開発制度に見られたように技術開発の成果のみを企業に導入しようという政策から技術開発を企業が独自で行うという政策への転換が図られている。

　さらに，1980年代に入って定着したのが異業種交流である。中小企業単独では，経営資源は一般に不足しており，情報収集や新製品開発において大企業能力との企業間には明白な格差があった。そこで，企業単独ではなく，異業種分野の中小企業が連携して新分野への進出を図ろうとする動きが見られた。これが異業種交流あるいは異企業間連携と呼ばれる。そもそも異業種交流は，1972年に「共同化・異業種間連携を通じての知識集約化」が『中小企業白書』にとりあげられたのが施策のはじまりである。同じく1974年の『中小企業白書』に「産業活動のシステム化の推進」として異業種交流がとりあげられている。その後，1981年に中小企業事業団による「技術交流プラザ」が発足した。こうして異業種交流は一般的な中小企業の技術開発のための戦略的方法として定着していった。異業種交流が中小企業政策として体系化されたのは1988年に制定された「異分野中小企業者の知識の融合による新分野の開拓の促進に関する臨時措置法（「中小企業融合化法」）」による。これは企業・業種の枠を超えての企業間交流・異業種交流を図って，情報交換を交流によって奨め新分野への進出を促

し，組織化を推進して組合を設立し，研究開発，開発成果の製品化，需要開拓を奨め，事業化し，市場展開していくという総合的な施策であった。長期不況経済に移行し，ベンチャー・ビジネスの役割が社会的に認識されるにつれ，異業種交流・融合化による経営の効率化，システム化，創造化が実施された。さらに大企業との技術連携や大企業の社内ベンチャー，子会社のベンチャー企業化等が展開され始めた。こうして従来では，経営連携できないような業種とも経営指導対策的な複合的ネットワーク組織を形成し，融合化していった。

　1990年代に入り，中小企業政策審議会「90年代の中小企業ビジョン」が発表された。ここでは「自由な市場経済は創造性を育む等経済社会の進歩と発展の基礎をなすものであり，中小企業がこうした要請に応えるためには，市場経済における独立多数の競争の担い手として活躍できることが不可欠である。」とし，中小企業政策を展開する際には，市場経済を原則とした自助努力支援政策を基本にして，ネットワーク化やソフトな経営資源を充実させ，創業を促進していくことが政策の基調に置かれた。さらに「中小企業政策の課題と今後の方向（中小企業政策審議会基本施策検討小委員会中間報告）」が1993年7月に発表され，従来型の中小企業政策の転換と現時点で実施されている政策の体系化がなされた。従来型の政策とは，1963年に「中小企業基本法」が制定されて以来の「近代化」と「不利是正」による存立基盤強化・経営安定化策のことである。こうした政策を市場経済を基調とする経営基盤強化策と構造改革支援策へと整理・転換させたわけである。これによって政策の重点がベンチャー・ビジネス，先端産業，起業促進へと移行したことになる。具体的施策として，「特定中小企業者の新分野進出等による経済の構造的変化への適応の円滑化に関する臨時措置法（中小企業新分野進出等円滑化法：リストラ支援法）」が1993年に，「中小企業の創造的事業活動の促進に関する臨時措置法（中小企業創造活動促進法）」が1995年に制定された。今日は第3次ベンチャーブームと呼ばれているが，日本経済においてバブル経済が崩壊し，産業空洞化に伴う長期不況局面に陥った時期でもある。したがって，需要に即応した小廻り性を持ち，企業家精神による技術革新が展開でき，裾野が広いため雇用拡大にも貢献できる中小企業（ベンチャー・ビジネ

ス）に経済成長への期待が寄せられるようになった。

　これらの諸施策は日本企業の廃業率が開業率を上回り，企業数が減少傾向を見せたことに対する危機意識を前提にして制定された政策である。図表4－5は日本企業の開業率・廃業率の推移を表わしたものである。近年の推移を見ると廃業率が開業率を上回り，企業が減少傾向であることがわかる。「中小企業創造活動促進法」は新規開業率低下に対応するための政策である。この制度では「企業家精神に富み，小回りの利く中小企業者や創業者」としてベンチャー・ビジネスを定義し，ベンチャー・ビジネスを「創造的事業活動」の担い手であると認知している。こうして企業家を育成し，企業間ネットワークを形成することにより，企業規模が中小であるが故に生じる不利な状況を補完し

図表4－5　日本の業種別開廃業率の推移（事業所ベース，年平均）

	年	66〜69	69〜72	72〜75	75〜78	78〜81	81〜86	86〜89	89〜91	91〜94	94〜96	96〜98	99〜01	01〜04
非一次産業全体	開業率	6.5	7.0	6.1	6.2	6.1	4.7	4.2	4.1	4.6	3.7	4.1	3.8	4.2
	廃業率	3.2	3.8	4.1	3.4	3.8	4.0	3.6	4.7	4.7	3.8	5.9	4.2	6.4
製造業	開業率	6.0	5.6	4.3	3.4	3.7	3.1	3.1	2.8	3.1	1.5	1.9	1.6	2.2
	廃業率	2.5	3.2	3.4	2.3	2.5	3.1	2.9	4.0	4.5	4.0	5.3	4.1	5.7
卸売業	開業率	6.5	8.1	8.0	6.8	6.4	5.1	4.8	3.2	5.0	3.3	4.9	3.1	3.9
	廃業率	6.5	3.8	5.3	3.7	3.8	3.7	4.1	3.2	5.0	5.3	7.4	7.2	7.0
小売業	開業率	5.0	4.9	4.3	4.8	4.4	3.4	3.1	2.8	3.9	3.6	4.3	3.9	3.9
	廃業率	2.1	3.3	3.6	3.2	4.0	4.0	3.4	6.4	4.3	4.6	6.8	4.4	6.7
サービス業	開業率	6.3	6.7	6.1	6.1	6.4	5.3	4.9	4.7	5.0	3.8	4.2	4.0	4.4
	廃業率	3.8	4.0	3.8	3.3	3.1	3.2	3.6	2.9	4.2	2.8	4.8	2.9	5.5

注1）　中小企業庁『中小企業白書（2006年版）』による（総務省「企業統計調査」による）。
　2）　事業所を対象としており，支所や工場の開設・閉鎖，移転による開設・閉鎖を含む。
　3）　91年までは「事業所統計調査」，94年は「事業所名簿整備調査」として行われた。
　4）　01〜04年間の年平均開廃業率は2002年3月改定の日本標準産業分類に基づいて算出した。
　5）　01〜04年間の「サービス業」は「サービス業（他に分類されないもの）」である。

て，中小企業が独自に保有する経営資源を活用するための自助努力誘導策へと変化してきた。

さらに1999年，「中小企業基本法（「新基本法」）」が35年ぶりに改定された。この改定は従来型の「近代化」と「不利是正」を柱とした中小企業の育成・振興策から「創業化」と「競争条件の整備」を柱とした中小企業起業化政策への転換を目指したものである。こうした制度的整備に基づいて，中小企業経営革新支援法，新産業創造プログラム・キャピタル，人材高度化支援事業等の諸施策が整備されるに至った。元来，ベンチャー・ビジネスの弱点として3Mがよく指摘される。3Mとは，manpower, money, marketingである。なかでも，資金調達と人材確保が問題の中心となる。資金調達の面で見ると，ベンチャー・ビジネスの設備投資額は一般中小企業の約4倍程度であるといわれているわりに，財務基盤が弱く，担保力もない。したがって，創業にあたって何らかの資金調達が課題となってくる。人材確保の面で見ると，日本的経営と呼ばれる終身雇用制やメインバンク制，リスク回避の雇用行動等により，新製品・新技術開発に必要である優秀な人材がベンチャー・ビジネスでは確保できない状況が存在する。このため「中小企業基本法」改定（「新基本法」）をはじめとする政策転換が急がれることになった。そこで指摘される振興策としては，①ベンチャー・キャピタルと公的資金の充実，②サイエンス・パーク（リサーチ・パーク）の整備，③インキュベーターの活用・支援，④直接金融市場の創設等が考えられる。

ベンチャー・キャピタルは，「ベンチャー・ビジネスに資金を供給するとともに，経営ノウハウ等の専門知識，マーケット情報，をはじめとするさまざまな情報を提供し，その成長を支援する機能を営む会社」（「ベンチャー・キャピタルに対する独占禁止法第9条の規定の運用についての考え方」1994年7月）と定義されている。すでに示したように，企業を創業する場合，資金調達が困難になり，企業経営が安定期に入るまで，研究開発費，商品開発費，人件費，マーケティング経費等の資金を安定的に安価に確保することが課題となる。こうした場合に役割を果たすのがベンチャー・キャピタルである。日本の場合，大部分のベ

ンチャー・キャピタルは銀行・証券・保険等大規模金融企業の子会社である。また政府出資のベンチャー・キャピタルとして，中小企業投資育成株式会社がある。中小企業投資育成株式会社は東京，大阪，名古屋に設置され，資本市場を通じて中小企業の新株発行・転換社債発行の引受けを行っている。

　サイエンス・パーク（リサーチ・パーク）は，ベンチャー・ビジネスの育成・支援の場として，計画敷地内に知識集約型企業，研究開発型企業，ハイテク型企業等を集積させた地域のことをいう。ここでは，大学・研究所・企業の効果的な連携を図ることを理想とし，アメリカのシリコンバレー（カリフォルニア州サンフランシスコ近郊）がその典型といわれている。日本でも，かながわサイエンス・パーク，京都リサーチ・パーク等があり，知識・情報によるベンチャー・ビジネスの自然的・政策的集積が行われている。

　インキュベーターは，卵の孵化期，早産児の保育器のことであり，新事業や新企業を育成する組織のことをいう。日本の場合，自治体等公的機関が創業者に期限付きで部屋を貸し，研究開発，製品開発，試作製作のために設備・機械・研究室等を利用できるようにし，また創業者間の交流を通じて，新企業を育成しようという制度であるが，日本では欧米ほど普及していない。

　直接金融市場の創設は，ベンチャー・ビジネスの投資回収を目的としたものであり，近年，株式公開により，投資の回収を行うという直接金融市場が注目されている。アメリカには中小企業を対象とした直接金融市場である1971年に創設されたNASDAQ（店頭銘柄気配自動通報システム・National Asso- ciation of Securities Dealers' Automated Quotation System）があり，株式公開により一般の投資家から資金を集めることができる。日本においても日本版金融ビッグバンに対応するための規制緩和により，1999年11月に東京証券取引所にMothersが開設され，2000年6月にNasdaq Japanが開設された。これにより，設立間もないベンチャー・ビジネスを対象にした，従来よりも上場基準が緩和された直接金融市場が開設されたことになり，日本経済再生への貢献が期待されている。

　21世紀における中小企業は，社会政策の対象となるような二重構造上の弱者として把握されるのではなく，多様で活力ある独立した主体，すなわちVital

Majority として把握されるに至っている。そのため,「新基本法」では経営資源不足という新しい中小企業の現状を踏まえ,競争条件を整備し,創業や経営革新に向けての中小企業の自助努力支援を行い,セイフティネットを整備し,市場の失敗を補完していくことが重要であるとの認識の下に振興策が整備されている。新時代における新しい中小企業の競争力に期待して,今後の日本経済の活力の源泉としての役割がベンチャー・ビジネスをはじめとする中小企業に求められているのである。

(問題1) 現代中小企業像を検討することにより,今後の中小企業の地位と役割についてまとめなさい。

(問題2) ベンチャー・ビジネスに対する期待が高まっているが,その背景について検討し,ベンチャー・ビジネスが成長・発展するための条件についてまとめなさい。

〔解法のためのキーワード〕

中小企業基本法／適正規模／下請制／企業系列／社会的分業／二重構造／有効競争／隙間市場／中小企業問題／地場産業／中小企業政策／技術革新／企業間ネットワーク／ベンチャー・ビジネス／ベンチャー・キャピタル／組織化／融合化

第5章 経営管理

第1節 経営管理の意味と出現背景

1 経営管理の意味

(1) 経営管理の重要性

　現代経済社会，特に企業経営の実践において経営管理のはたす役割とその技術的有効性について，今日誰も否定することはできない。資本主義社会における企業が，営利的商品生産を目的に設立された意識的組織体であり，その活動は，常に企業を取り巻く環境の変動と他企業との企業間競争に直面せざるを得ないことを思えば，企業にとって何よりも重要なことは，企業の目的をより良く達成するために，変化する環境のなかで企業間競争に打ち勝つにたる競争力を築きあげることである。企業の競争力の維持と強化をはかる一連の企業活動から実践的に具体化したのが経営管理であったと言える。そして，一連の企業活動の合理化を意味するものが，企業活動を構成する各種の部分的活動の個別的な合理化をその内容とするだけでなく，そうした個別部分的な諸活動の合理化を企業目的のより良い達成に向けて意識的にかつ全体的に調整し，統制する体系的な合理化を不可欠とするとき，経営管理は，ますます内包的充実と外延的発展を示すことになる。こうした経営管理のはたす役割とその重要性を最も顕著に示したのがアメリカ企業であった。

　ところで，現代の経営管理に関する内容は，その言葉そのものの普及度や重要性の主張ほどには明確に理解されているとは言えないのである。他方，論理的に体系化された経営管理論の発展は，その目覚ましい展開の反面，R・クーンツの"Management Theory Jungle"の言葉に代表されるように，ますます

内容・意味の多様性とともに混乱を加速させているのが現実である[1]。こうした経営管理に関する現実の状況を踏まえた上で，経営管理という活動とそのはたす役割の重要性を歴史的に再確認することから，現代の経済社会における経営管理の構造と特徴を改めて理解することが求められているのである。

(2) **経営管理の意味**

現代は組織の時代であり，管理の時代であると言われる。それは経済活動や社会活動の大半が，大規模化した組織を通しておこなわれるからである。組織の機能するところで，目的を組織的に達成しようとする場合，組織の効率に依存することから管理の問題を生ずるのである。経営管理の重要性は，ますます大きくなってきている。そこで，経営管理をこれまでどのように定義し，説明されてきたかをまず指摘しておきたい。

① 管理とは，個人的な能力と経営的な能力とが混ざりあったものであり，企業の実際面において実証しうる一般的な原理に基礎をおいた体系的な知識の集まりである。

② 経営管理は，企業が一定の目標を有効に達成するための最も合理的な活動を言う。

③ 管理とは，組織化した集団で活動する人々が，仕事を完遂するために好適な条件を作ることによって所与の目的を達成すること。

④ 管理とは，一般にある対象を主体の意図する状態や方向にもたらそうとする活動である。そこには，物の管理と人の管理が区別される。

⑤ 管理とは，組織の目的をより良く達成し，組織を構成する人々の動機をより良く充足して，組織の長期的存続をはかる専門的な作用である。

以上のような経営管理の定義を基礎に，ここでは"経営管理とは，個別企業において経営目的をより良く達成するために，経営者あるいは管理者が意識的かつ計画的に遂行する経営活動の総称である"としたい。この場合の経営目的とは，営利原則を指導原理とした商品生産であり，経営目的の達成に必要とされる諸行為ないし諸活動が経営職能と呼ばれるものであるとすれば，経営管理とは，"営利的商品生産のための意識的な経営職能の合理的遂行である"と言

い換えることができる。そして，経営職能の合理的遂行は，経営職能の水平的分化と垂直的分化による立体的構造関連に依存することになる。このように見れば，経営管理の内容は，経営職能との関連においてより良く理解することができるのである。

2 経営管理の出現背景
(1) 経営管理の生成と能率増進運動

経営管理の生成に関しては，従来，能率増進運動にその起源を置いた説明が指摘されている。そこでは，「能率増進運動」の出現をいかなる視点から認識するかによって，経営管理の生成過程に相違をもたらせている。

① 独占企業体の形成との関連性[2]

ここでは資本主義の発展過程が，産業資本主義から独占資本主義へと転化することから，資本蓄積の進行による資本の有機的構成の高度化が独占を形成させ，独占価格の設定や余剰価値率の増大をもたらす一方で，反作用の利潤率の低下傾向を強めることから，技術革新による労働生産性や単位時間当たりの密度の強化を目指した能率増進運動を展開することになったとする。そして，独占の形成と結びついた能率増進運動の管理手法として出現したのが「体系的管理」であり「科学的管理」ということになる。

② 労働運動との関連性[3]

能率増進運動の出現契機を労働運動，なかでも労働組合による組織的怠業に求め，この組織的怠業による不能率を解消するために能率増進運動，さらには管理運動の生成と展開をもたらせたとする。しかしながら，組織的怠業の原因となった賃金の切下げや労働強化の背景には，独占の形成と資本の有機的構成の高度化による利潤率の低下傾向が存在している。その意味では，先の独占企業体の形成との関連性で主張されたものの同一延長線において理解することができる。

③ 生産力の進展との関連性

ここでは経営管理の問題が意識的に取り上げられるのは，産業革命後の近代

的経営においてであり,そこでの経営的生産は,物的生産力を媒介とした人々の協働的生産にほかならないことから,それが「管理」と「作業」に分化するためには,産業革命による生産の機械化と近代化を必要とすることが指摘される。すなわち,生産の機械化が高度に進展することによって,熟練労働者は個別的な作業を担当する単純労働者へと質的に変化することから,個別的作業の全体的調整の問題を重要視させ,作業職能とは区別される管理職能を明確に意識することになるとしている。こうした状況を能率増進運動さらには管理運動として捉えている。

(2) 経営管理と経営職能の相関[4]

「能率増進運動」との関連から指摘された経営管理の生成に関する説明は,それぞれに論理的であり,経営管理の生成の契機を納得させるものであった。しかしながら一方で,疑問や欠点の存在を否定できない。というのも,経営管理が,個別企業における経営目的を達成するために経営者・管理者が意識的かつ計画的に遂行する経営活動の総称であるとすれば,いかに論理的で説得力があるとしても,特定時期の特定領域に焦点を置いた主張であり,背景である経済的・社会的・技術的環境の分析と説明が不十分では,経営管理の真の姿を理解することにはつながらないと言える。企業環境の変化と企業活動の矛盾から発生する経営問題を,企業目的を基盤に意識的に認識し,解決しようとする実践的経営活動から具体的に体系化されるものが経営管理であった。言い換えれば,経営管理の真の理解は,経営管理の生成,発展,変容の過程が,歴史の流れとともにいかに変化し,それがどのように達成されてきたかを探ることから始めざるをえないのである。まさに,経営管理を企業目的の達成に必要とする諸行為ないし諸活動である経営職能の歴史的な内容変化との関連において把握することである。

第2節　経営管理と経営職能の分化

1　経営職能論と管理職能の指摘
(1)　経営活動と経営職能の相違

経営管理は，経営職能の構造的明確化によって理解されるのであるが，経営活動と経営職能との区別をしておく必要がある。「経営職能は，なさるべき仕事」を意味するのに対して，「経営活動は，なされている仕事，あるいは，なされた仕事」を意味している。すなわち経営職能は，企業の規模，種類のいかんにかかわらず全ての企業に共通して存在するものであり，それは常に企業目的との関連において理解される，いわば企業活動の一般的骨組みを示すものである。企業目的をより良く追求するために"なさるべき仕事"を"なされている仕事"に現実化することは，自然発生的であるというよりも，意識発生的であることから，経営者や管理者の経営職能に対する意識の対象と度合いによって経営活動に多様性をもたらせるとともに，管理の生成と構造に大きな影響を与えることになるのである。こうした経営管理を理解する基礎である経営職能を，作業の監督者段階ではあれ，指摘したのがF.W.テイラーであった。

(2)　F.W.テイラーの職能別職長制度[5]

F.W.テイラーの職能別職長制度は，職場でのあらゆる問題に権限と責任をもつ職場長のはたすべき職能を明確にし，意識的に分割したのである。一人の職場長のもとに未分化のまま遂行されていた職務は，8つの職能（仕事の順序および手順係，指図書係，時間および原価係，工場規律係，準備係，速度係，検査係，修繕係）に分化され，それぞれを専門とする職長がその職務を遂行することによって，工場の生産活動の合理化が追求されることになった。作業の監督者段階での経営職能を意識的に認識し，指摘したことは，経営活動を合理化するだけでなく，管理の対象領域をも明確にしたのである。このように，企業規模の拡大，企業環境の変化に対応すればするほど，経営職能に対する認識の度合いを深め，かつ，分化の度合いを拡大することになる。このことは，同時に，管

理の対象領域の分化と拡大を意味することから，結果として経営管理の内包的充実と外延的拡大をもたらすことになるのである。F.W.テイラーの職能別職長制度による経営職能の意識的指摘は，経営職能の構造を理解する上で，重要な意味を持っていたのである。

(3) H.ファヨールの経営職能論[6]

企業経営における経営職能と経営管理の関連をF.W.テイラー以上に明確にしたのが，H.ファヨールであった。H.ファヨールは，企業経営において，その企業が小規模であれ，大規模であれ，また，単純なものであれ，複雑なものであれ，6つの本質的職能を見いだすことができるとしている。すなわち，①技術的職能，②商業的職能，③財務的職能，④保全的職能，⑤会計的職能，⑥管理的職能であった。これら6つの本質的職能の相互依存関係を前提にして，企業を経営するということは，企業が自由に処分できる全ての資産から，可能な限りの最大利潤を引き出すように努力しながら，企業をそうした目的に導くことであるから，そのためには6つの本質的職能の運営を確実に行わなければならないと説明している。そして，本質的な職能を確実に運営するためには，6つの職能の一つである管理的職能を他の5つの職能とは質的に区別し，管理的職能の役割と重要性を強調している。こうしたH.ファヨールの主張は，"なさるべき仕事"としての職能に"いかになすべきかの仕事"としての職能，すなわち管理職能を強調することによって，経営管理を"経営職能の管理"として位置づけるものであった。

2 R.C.デイヴィスの経営職能進化論

(1) 職能分化の意味と原因

H.ファヨールの経営職能論を超えて，現代経営管理の構造と特徴を理解する基礎を与えているのが，R.C.デイヴィスの経営職能進化論である[7]。経営職能進化論の背景には，大規模に発展した企業経営は，一挙にしてそのように高度な分業組織を形成したのではなく，必ず歴史的発展過程を経過してきているとの考え方が存在している。小規模で単純な企業経営から大規模で複雑な企

業経営に発展する過程での職能体系，経営の分業組織の歴史性に注目するのである。企業経営における分業の発展は，職能体系の発展であり，言い換えれば，職能分化の過程にほかならないのである。経営職能が分化する原因に，2つの要因が指摘される。第1は，経営活動量の増大（量的要因）である。第2は，経営活動の専門化（質的要因）である。これらの要因が単独で，また相互に作用することから職能分化を起こすことになる。それも職能の担い手の能力の限界に依存して，担い手の量的限界を超えた時には，その職能はさらに他のひとにより分担され，各個人の能力の質的限界を超えた時には，それを他の種の能力を持った人物に担当させることになる。こうした経営職能の分化が促進されることは，細分化され，専門化された"なさるべき仕事"をいかに合理的に実行するかという経営問題を必然的に伴うことになるのである。まさに経営職能の分化が進めば進むほど，管理の対象を増大させ，各種経営職能の管理を生成させることになる。

(2) **経営職能の第1次的分化と第2次的分化**

R.C.デイヴィスの職能進化論は，現代経営管理の構造と特徴を理解する上で非常に有益な提示をしている。R.C.デイヴィスは，経営職能を基本職能と補助職能にまず区分している。そして，基本職能をライン職能と考え，第1にライン職能内部での職能分化と発展が起きることを指摘している。ライン職能が，経営活動の基本であり，この第1次的な基本職能の分化に生産，販売，財務の諸機能が含まれることになる。こうしたライン職能の分化を基盤に，補助的職能としてのスタッフ職能が進化するとしている。それゆえ，スタッフ職能は，ライン職能からの職能的進化であり，ライン職能の発展に基礎を置きながら展開される第2次的なものとしている。そうしたスタッフ職能には，会計，労務の職能が含まれている。R.C.デイヴィスは，経営職能の分化をライン職能の分化から，スタッフ職能の分化への職能的進化として捉え，経営活動を経営職能の立体的関連性によって説明している（図表5-1）。こうしたR.C.デイヴィスの職能進化論に，H.ファヨールの主張する管理的職能を結合させるとき，経営活動の全体系の中での経営諸職能の位置と相互関係にとどまらず，職能管

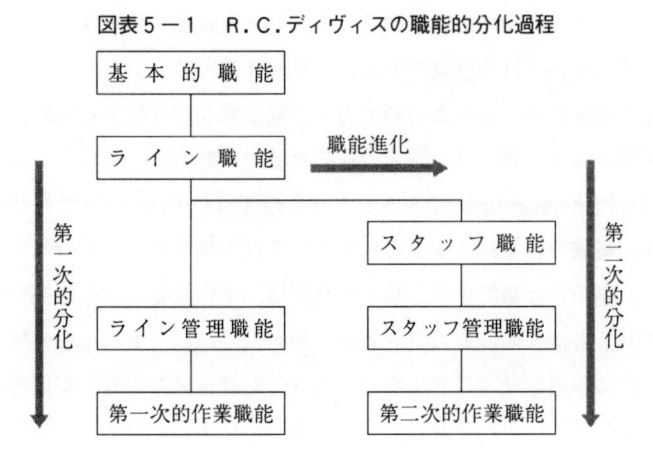

図表5－1　R.C.ディヴィスの職能的分化過程

```
        ┌─────────────┐
        │ 基 本 的 職 能 │
        └─────────────┘
              │
        ┌─────────────┐    職能進化
   ↓    │ ラ イ ン 職 能 │ ────────→          ↓
 第     └─────────────┘                     第
 一            │              ┌─────────────┐ 二
 次                            │ スタッフ職能 │ 次
 的                            └─────────────┘ 的
 分     ┌─────────────┐   ┌─────────────┐ 分
 化     │ ライン管理職能 │   │ スタッフ管理職能 │ 化
        └─────────────┘   └─────────────┘
              │                 │
        ┌─────────────┐   ┌─────────────┐
        │ 第一次的作業職能 │   │ 第二次的作業職能 │
        └─────────────┘   └─────────────┘
```

理の対象とすべき職能領域の確認と位置づけをも可能にすることになる。こうした職能の分化過程が高度に促進されることによって，現代経営管理の構造と特徴が形づくられてくるのである。

第3節　現代経営管理の構造と特徴

1　分業の促進と伝統的管理

(1)　能率増進運動と生産単位の統合化

　経営活動は，当初から職能的に分化され遂行されてきたのではなく，生産活動の中に未分化の状態で内在化させてきた。いわゆる経営活動＝生産活動と考えられ，生産活動の合理化は，職能の分化ではなく分業の促進に依存したのである。アダム・スミス以来の分業の利点を強調することから，細分化された各生産単位は，ごく普通の労働者が，限定された作業工程の技術と経験を基に学習能力を発揮し，能率を向上させたのである。そして，分業化された各生産単位のそれぞれが最善の能率を実現することが，おのずと生産工程全体の能率の向上を実現することになった。こうした分業による生産効率の向上は，一方で分業の欠点を表面化させるのである。分業化された生産単位の増加は，自然発生的に増大した生産単位の結合を困難にさせ，無駄を発生させることから，意

識的に，かつ計画的に増大する生産単位を結合させ，生産活動全体の能率を調整し，統制する必要が生まれるのである。生産活動の合理化という限られた領域ではあれ，分業化された生産単位を管理の対象として合理化しようとしたのが能率増進運動であった。分業された生産単位を統合するために，①生産工程の流れに従って各生産単位を水平的に結合する生産・在庫管理制度，②水平的に結合される生産単位を生産工程の全体の視点から垂直的に統制する原価計算制度，③生産・在庫管理制度と原価計算制度の適正な遂行を目的とした刺激的賃金支払い制度が考案された。いわゆる能率増進運動における体系的管理である[8]。しかしながら，体系的管理は，いまだ生産活動に未分化のまま内在する職能を意識していなかった。特に，生産活動を構成する物的資源と人的資源の区別を明確にしていなかったことが，労働者の自由裁量権を基礎とした賃率の切下げに対する組織的怠業を引き起こしたのである。こうした状況のもと，組織的怠業の解決を最重点に生産活動における人的資源と物的資源の相違を意識し，体系的管理を成行管理として批判することから主張されたのがF.W.テイラーに代表される科学的管理であった。

(2) 科学的管理と課業管理

分業化された生産単位を結合し，生産活動の合理化を追求する考え方は同じであるが，組織的怠業の原因を賃金の支払い方法ではなく，賃率の決定方法に求め，物的資源に対する人的資源の相違を意識しながら，労働者個人を管理の対象の中心に位置づけたのが科学的管理であった。経験と労働者の意思に依存するのではなく，適正な1日の仕事量を科学的に決定することによって労働者の自由裁量権を極端に減少させ，組織的怠業の解消をはかったのである。時間研究と動作研究から構成される課業管理は，作業の要素分析と作業要素の時間測定の蓄積から労働者が担当する各生産単位の作業時間を計算し，結果として労働者が行うべき1日の仕事量を科学的に決定したのである。1日の適正な仕事量を科学的に決定することは，これまで労働者に存在した生産に関する自由裁量権を著しく減少させ，組織的怠業の解決を意味するのであるが，その実践と効果を確実にする方法が，差別的賃金支払い制度と職能別職長制度であった。

まさに，生産活動における物的資源とは区別される人的資源，すなわち労働者の個人的活動に管理の対象を置き，労働者個人の労働力を生産のなかで無駄なく能率的に発揮できるよう計画，組織，調整，統制しようとしたのが，科学的管理であった。しかしながら，科学的管理の最重要課題が組織的怠業の解決であったことは，物的資源に対する人的資源の質的相違を意識しながらも，生産活動の合理化の中で物的資源と同じ役割評価をはたすものとして人的資源を取り扱い，位置づけることになった。このことが，後に人間性の無視という批判をもたらし，生産活動領域に止まらず経営活動全体における生産と労務の職能分化を促進させ，新たな職能管理を出現させることになるのである。このように，科学的管理は，経験に基づいた成行管理にかわる科学的な手続による管理を指摘したことにとどまらず，生産活動に内在する物的資源と人的資源の質的相違，さらには未分化な状態にあった生産・労務職能を分化させる契機となる重要な経営管理であった。

2 経営環境の変化と経営職能の分化

(1) 「規模の経済」と職能分化

生産規模の拡大が，そのまま企業規模の拡大を意味する限りにおいては，分業概念を基礎とした生産単位の統合化という伝統的管理が，重要な役割をはたしてきた。しかし，企業規模の拡大が，生産活動をも含んだ経営活動の規模を意味するようになるとき，経営管理の対象は，生産活動における生産単位から経営活動における職能単位へと焦点が移ることになった。規模の拡大が量的変化にとどまらず，質的変化をももたらすとすれば，この量的・質的変化を方向づけるものが，経営環境の変化とその特徴であった。経営環境には，さまざまな要素が含まれるのであるが，経営環境変化の特徴を端的に捉えたものとして，まず「規模の経済」を指摘することができる[9]。「規模の経済」は，単一の製品を生産したり，流通したりする単一の業務単位の規模を大きくすることによって，生産や流通の単位費用が引き下げられるときに生ずる経済性と定義される。こうした「規模の経済」を基盤とする経営環境のもとで，費用の減少と

効率的な経営資源の利用によって企業の競争力を高めるためには，①規模の経済を充分に利用できるだけの大規模な生産設備への投資，②全国的，国際的なマーケティングと流通網への投資，③先の2つの投資から十分な利益を得るためのマネジメントへの投資を必要としたのである。こうした生産，流通，管理への投資を具体的な経営活動として実践する時，企業規模の拡大が進めば進むほど，生産活動に焦点を置いた分業による生産単位の統合化という伝統的管理を超えて，経営活動を効率化するための職能の分化と管理化を意識せざるを得ないのである。拡大する物的資源と人的資源の集合体を，部分の総和以上のものになるように統合すること，言い換えれば，独自の設備と人材を調整，統制，配分する職能単位の集合体として経営活動を管理することが求められることになった。「規模の経済」の追求が，経営職能の水平的・垂直的分化を促進させ，経営職能管理の生成をもたらす大きな契機となるのである。

(2) 「範囲の経済」と補助的・要素的職能分化

企業規模が，ある程度確立され，輸送やコミュニケーションの新技術による市場の広範化と国際化が進むとき，「規模の経済」を強化するだけでは，企業の競争力を維持できない経営環境が出現するのである。たとえば，①消費者ニーズの多様化，②商品のコモディティ化，③国際競争によるグロウバルな価格低下圧力など，「規模の経済」では対応できない問題が発生してきた。こうした経営環境の変化を「規模の経済」から「範囲の経済」への移行として特徴づけることができる。「範囲の経済」は，単一の事業単位内の諸過程を，複数製品の生産，流通に利用するときに生じる経済性と定義される。変化する技術的・市場的機会に対して，いかに管理者が職能別の設備とスキルを維持し，また，経営者が企業内の諸活動を効果的に監視することによって，「規模の経済」のもとで高度に蓄積された経営資源や管理技術をさらにより有利に利用するかが要求されるのである。「範囲の経済」では，多くの場合，多角化戦略が採用され，新しくて有利な市場向けの製品を開発する製品開発能力と既存の生産，流通，管理，そして研究の設備や人材を効率利用する機会を手に入れることが不可欠の問題であった。そこに，多角化された事業別単位の中で，管理者は，

「規模の経済」を基盤に発達してきた職能別管理を合理的に利用する一方で，経営者は，事業別単位の活動を監視し，統制することによって，「規模の経済」では対応できない経営環境に対して企業の競争力，さらには企業の存続と発展を可能にしようとしたのである。こうした「範囲の経済」は，経営職能の水平的・垂直的分化による過程的職能管理に，研究開発，調査，企画などのスタッフ職能の分化と管理化を促進させることになる。さらには，すでに確立された職能管理を構成する要素を新たに分化させることから，要素別管理の出現をもたらせ，現代経営管理の構造を発展的に形成してゆくことになる。

(3) 「スピードの経済」と経営要素としての「時間」

「規模の経済」にしろ「範囲の経済」にしろ，本質的には企業規模の大規模化を基礎に経営資源の効率的利用を追求する経営環境であった。その方法に相違はあれ，大規模企業が独占的な競争力と支配力を維持できた理由でもあった。ところが，その後の急激な技術革新と国際化は，高度に多角化した大規模企業に，①革新的なイノベーションの追求，②飛躍的に向上した情報伝達速度への対応，③到来する知識社会への適応を要求することになった。「規模の経済」・「範囲の経済」によって，①コア競争力の喪失，②研究開発投資の巨大化，③不採算事業部門の温存，④収益低下による株価の低迷に直面した大規模企業にとって，これまでとは異質の経営環境の到来であった。そこでは，大規模企業は，過度の多角化によって不明確になった事業領域の再構築をはかり，人員の削減をはじめ，設備や経営資源の効率的な利用を追求するための構造的変革を不可欠とするのである。こうした経営環境を「スピードの経済」として特徴づけることができる[10]。

"スピードの概念"は，経営活動，特に生産活動内を通過する流れの速度を意味するものとして，「規模の経済」や「範囲の経済」を構成する一要素としてすでに存在していた。しかしながら，新たな経営環境を特徴づける「スピードの経済」は，そうした通量の領域を超えて，企業環境の変化と経営活動の対応を経営要素としての「時間」を基礎に認識し，行動する速さから生まれる経済性を示す概念なのである。まさに，経営要素としての「時間」を基礎とした

スピードが企業の競争力の源泉であり，経営活動の全ての側面においてスピードこそが企業の存続と発展を決定する経済性をもたらせるのである。そこでは，規模を基礎としたこれまでの経営構造や管理構造とは根本的に異なる経営構造と管理構造を模索することからも，時間，情報，リスクといった経営の要素的職能を新たな管理の対象領域とした管理の発生が，企業の存続と発展に重要な役割をはたすことになるのである。

3　経営職能管理の発展と現代経営管理の構造
(1)　経営の過程的・補助的職能管理の発展

　企業環境と経営活動の矛盾から発生する経営問題を意識的に解決するところに，経営職能の分化と管理化がおこなわれ，経営職能管理の出現を見ることになる。そして，経営活動を生産活動に同一視し，生産職能に全ての経営職能を包含させて生産活動の合理化をはかったのが，能率増進運動と科学的管理であった。しかしながら，「規模の経済」を基礎とした企業環境が確立されるに伴い，円滑な経営活動を遂行するためには，生産職能に内包された経営職能の分化が不可欠であった。すなわち，経営的生産の進行過程に従って，生産活動に内包された生産，販売，財務といった諸職能を水平的に分化させることになる。これを経営職能の過程的分化と呼ぶのであるが，職能の過程的分化を管理の対象に垂直的分化による立体的構造関連から形成されるものが，過程的職能管理であった。こうした経営職能の過程的分化と管理化を論理的に主張したのが，H.ファヨールの管理論であったことは先に指摘したところである。さて，経営職能の過程的分化は，経営活動の基本的職能を過程的に分化するだけでなく，2つの異なる職能分化を促進させることになる。「規模の経済」の追求は，企業規模の拡大にとどまらず，経営活動の複雑化という質的問題をもたらすことから，第1には，過程的に分化された基本的職能が円滑に実行できるよう補助的役割をはたす職能の分化を促すのである。これが，ライン職能（基本的職能）に対するスタッフ職能（補助的職能）の分化であった。スタッフ職能の例としては，人事，研究開発，調査，企画などの職能をあげることができる。こう

したライン職能とスタッフ職能の分化と管理化を第1次的分化から第2次的分化という職能進化の過程で説明したのが，R.C.デイヴィスの職能進化論であった。以上のような過程的・補助的職能分化は，つまるところ広義の生産職能を形づくるものであった。企業規模の拡大と経営活動の質的変化は，こうした広義の生産職能を担当する労働者を物的生産力と同じ労働力としてのみではなく，労働力を所有する人間として理解し，労働者の積極的な労働意欲を高め，自発的協力を確保することが不可欠の問題とすることになった。第2には，こうした状況の中で生産職能とは性格を異にする労務職能の分化をもたらすのである。この労務職能も管理職能との立体的構造関連を持つことによって，労務管理として成立するのである。このように「規模の経済」から「範囲の経済」への企業環境の変化は，経営活動の量的・質的問題を解決する過程で経営職能を過程的・垂直的に分化させ，その立体的構造関連において，過程的職能管理（生産管理，財務管理，販売管理，購買管理など），補助的職能管理（人事管理，研究開発管理，調査管理，企画管理，事務管理など），さらには広義の生産管理とは性格を異にする狭義の労務管理を出現させてきたのである。

(2) 職能管理と要素別管理

　企業環境に対応した経営活動の合理的・能率的な遂行を円滑に行うために，"なされるべき仕事"である職能が意識され，過程的・垂直的に分化されるところに，今日的な経営管理の形成される姿をみることができる。ところで，それぞれの職能管理が，それぞれに無駄を省いた管理行動を追求するとき，より良い職能管理の実行のためには，さらなる職能の構成要素の分化に目を向けることになった。たとえば，生産職能には，その構成要素として，工程，運搬，品質，環境，機械設備などの業務を内在させている。こうした構成要素が，生産職能の合理化との関連において分化され，管理化されることによって，工程管理，運搬管理，品質管理，環境管理，機械設備管理などを出現することになる。こうした職能の要素別管理は，購買職能，財務職能，販売職能にも同様に出現するのである。また，狭義の労務管理においても，管理の対象を個別的な人間に置くか，組織的人間に置くかによって，モチベーション論，人間関係論，

第5章 経営管理

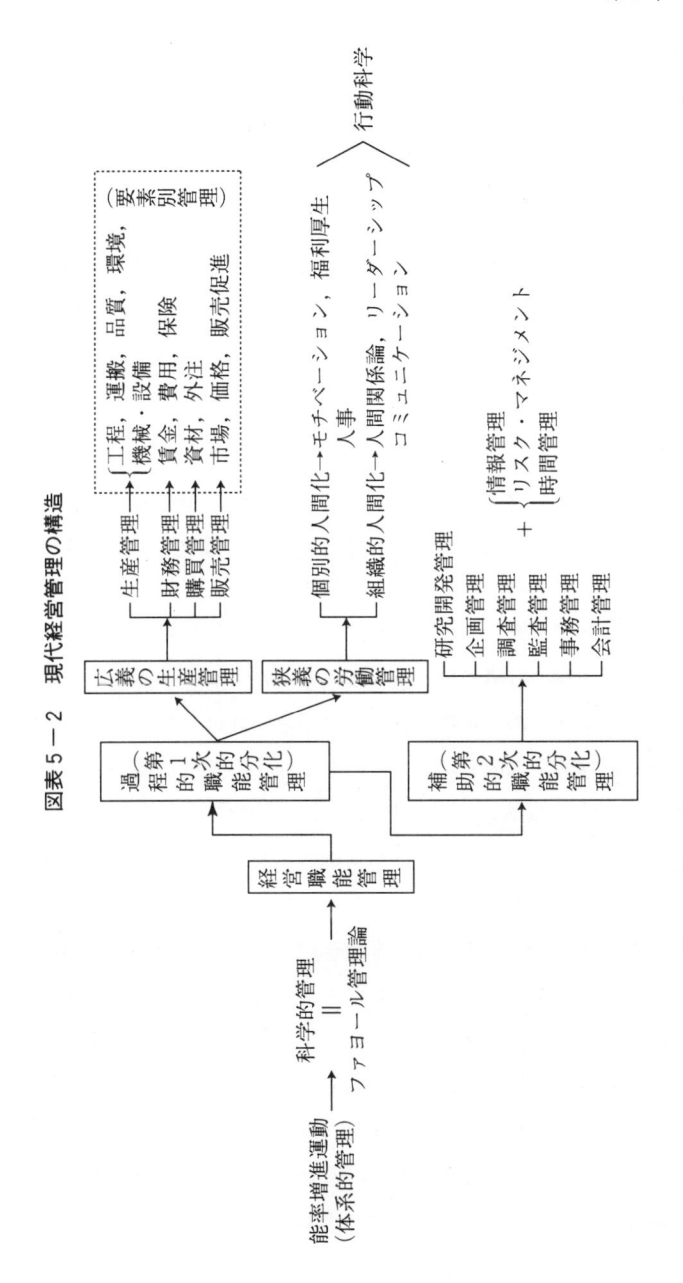

図表5-2 現代経営管理の構造

リーダーシップ論，コミュニケーション論，さらには行動科学といった労務職能の要素別管理を発生させるのである。こうした過程的職能管理，補助的職能管理，狭義の労務管理，そして，職能の要素的管理の関連を示したのが，（図表5－2）である。

(3) 総合管理と経営組織の変遷

現代の経営管理は，各種の職能管理とそうした職能管理を前提とした要素別管理によって構成されている。しかしながら，経営管理の構成を単なる職能管理と要素別管理の集合体とすることは，非現実的である。企業の経営活動が，企業目的の達成を目指すものであることを思えば，そうした職能管理と要素別管理をさらに企業目的の達成に向けて統合化する総合管理を必要とするのである。まさに現代の経営管理を構成するのは，各種の職能管理と要素別管理であり，そうした管理を統合化させ現代経営管理の構造的特徴を形づくる総合管理の具現体が，経営組織なのである。ところで，構成物を統合して構造物にするためには，なんらかの媒体が必要である。歴史的に見て，企業環境と経営活動の矛盾から発生する経営問題の特徴の中に，媒体役をはたすものが存在してきた。規模のメリットを基盤とする「規模の経済」・「範囲の経済」では，大規模に蓄積された経営内部の物的・人的資源をいかに無駄なく合理的に使用するかに焦点が置かれたことから，媒体役をはたしたのは，"時間"と"費用"という経営の要素であった。"時間"は，経営内部の活動の流れるスピードを意味し，"費用"は，そのスピードに依存するコストとして理解されている。この"時間"と"費用"を基本理念に各種の職能管理を統合化するとき，「規模の経済」では，職能別部門組織，さらにはライン・アンド・スタッフ組織が形成され，「範囲の経済」では，事業部制組織が形成されたのである。ここに大規模企業における現代経営管理の構造と特徴の典型的な形態を見ることができる。ところが，「スピードの経済」を特徴とする企業環境の到来は，規模のメリットを基盤に"時間"と"費用"を媒体に経営内部の経営資源を無駄なく合理的に使用する経営管理の構造では，対応できないことを意味していた。「スピードの経済」においても，スピードの基準は"時間"であるが，この"時間"は，「規

模の経済」・「範囲の経済」でのように経営内部における活動の流れの速さと量（通量）を意味するのではなく，企業環境の変化に対する経営活動の対応行動の速さを示している。すなわち，経営内部の合理化に焦点を置くのではなく，経営外部の環境との迅速な適合性に焦点を置くのである。こうした「スピードの経済」において，各種の職能管理を統合化するとき，「規模の経済」や「範囲の経済」での"時間"と"費用"を媒体とすることはできず，"新たな時間"，"情報"，"リスク"といった新たな経営の要素を媒体とせざるを得ないのである。媒体役の変更は，総合管理の具現体である経営組織をも変革することになる。これまでの大規模企業に基礎を置いた経営管理の構造と特徴は，ベンチャー・ビジネスの出現や戦略的分社化の採用によって，大きな転換期を迎えているのである。そして，そこでは情報管理，リスク・マネジメント，経営戦略などを軸に，「スピードの経済」という企業環境に対応した経営管理の構造と行動を模索しているのが現在の姿なのである。

（問題1） 経営管理と経営職能との関連を説明しなさい。
　　　　　経営職能の水平的分化と垂直的分化による立体的構造関連から経営管理が発生する過程を説明する。

（問題2） 現代経営管理の構造と特徴を説明しなさい。
　　　　　過程的職能管理，補助的職能管理，要素別管理を構成要素に，現代の企業環境変化に対応していかなる総合管理を追求しているかを説明する。

（注）
1） R. Koontz, Toward a Unified Theory of Management, 1964.（鈴木英寿訳『経営の統一理論』ダイヤモンド社，1971年）
2） 野口　祐『改訂版　経営管理論史』森山書店，1975年を参照。
3） 佐々木吉郎稿「わが国経営学を思う」PR，第7巻第2号，1956年を参照。
4） 藻利重隆『経営管理総論』千倉書房，1969年，187～190ページ。
5） F. W. Taylor, に関しては，"A Piece-Rate System, Being a Step Toward Par-

tial Solution of the Labor Problem," Transactions of A.S.M.E., Vol.16, 1895. "Shop Manegement," Transactions of A.S.M.E., 1903. を参照。

6) H.Fayol, Administration Industrielle et Générale, 1916. (佐々木恒男訳『産業ならびに一般の管理』未来社, 1972年を参照。

7) R.C.Davis, The Fundamentals of the Top Manegement, 1951. を参照。

8) 体系的管理に関しては, J.A.Litterer, "Systematic Manegement : The Search for Order and Integration,"Business History Review, Vol.35, 1961. "Systematic Management : Design for Organization Recoupling in American Manufacturing Firms," Business History Reviw, Vol.37, 1963. を参照。

9) 「規模の経済」と「範囲の経済」に関しては, 次のものを参照。A.D.Chandler, Jr., The Visible Hand : The Managerial Revolution in American Business, 1977. (鳥羽欽一郎・小林袈裟治訳『経営者の時代』東洋経済新報社, 1979年) Scale and Scope, 1990. (安部悦生・川辺信雄他訳『スケール　アンド　スコープ』有斐閣, 1993年)

10) 野村総合研究所「米国ベンチャー企業経営に学ぶ──21世紀の産業活性化に向けて──」, 1996年を参照。

第6章 経営戦略

第1節 経営戦略研究の生成と発展

　経営学において経営戦略の研究がはじまったのは，1960年代の前半である。まず多角化戦略が問題とされ，次いで1970年代には多角化して複数の事業をもつようになった会社の全社的な戦略問題が考察された。そして1980年代以降は，個々の事業の経営戦略すなわち競争戦略を中心に研究が展開されている。

　本章では，競争戦略論を中心に議論するが，競争戦略の理論は多角化戦略や全社戦略の研究にとっても基礎となる。

第2節 経営戦略の概念

1　経営戦略の定義

　経営戦略とは，「競争優位の獲得と持続をめざして，企業が環境適応的にその営むべき事業活動を決める，整合的な一連の基本的な意思決定」である。

　すなわち，(1)経営戦略とは競争優位を獲得・持続するように企業の営むべき事業活動を決定することであり，(2)その決定は環境変化に対して適応的に行われるものであり，(3)それは整合的な一連の基本的な決定からなっている。

　本節では上記の(1)(2)(3)のそれぞれの意味内容について，そこに含まれている中心概念と関連概念を説明することによって明らかにする。そして次節では事例分析を通してそれらの概念をさらに明確にする。

2　企業の事業活動と競争優位

(1) 事業活動

　企業は経済学的には市場経済のなかで特定の事業活動を営む1つの経済単位であり，その事業活動は図表6－1のように表すことができる。すなわち企業は，資源市場から，労働力や物的資源（土地，建物，機械，設備，素材，原材料，部品など），資本，情報という資源を入手し，それらを活用して商品（製品やサービス）を創りだし，それを商品市場において競合企業との競争のなかで顧客に販売するという活動を行っている。これらの一連の活動が企業の事業活動をなしている。

図表6－1　企業の事業活動

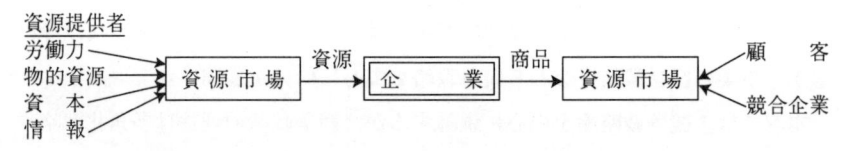

```
資源提供者
労働力 ＼
物的資源 ─→  資源市場  ──資源──→  企　業  ──商品──→  資源市場  ←── 顧　客
資　本 ／                                                        ←── 競合企業
情　報
```

(2) 競争優位

　企業の存在意義は，このような事業活動を通じて価値を創りだすことにある。企業の創出する価値の大きさ，あるいは企業経営の成功の度合いは，財務的には売上高や利益率，付加価値，市場価値などを基準にして判定されるが，経営戦略論では，「競争優位」(competitive advantage) という概念を中心にして研究が進められている。

　競争優位とは，商品市場における顧客の獲得をめぐる企業間競争において，自社が競合他社に対して優位にたっている状態を意味する。競争優位の獲得とは，簡単にいえば，自社の商品を購入してくれる顧客を獲得することである。より具体的にいえば，自社の提供する商品が，顧客の観点からみて，競合他社のそれとは異なっており，しかもより高い価値をもつと評価され，購入されるとき，企業は競争優位を獲得できる。

(3) 顧客にとっての商品の価値

　それでは，顧客にとって，商品の価値とは何か。

顧客がある商品を購入するのは，基本的には，その商品を入手することによって，未充足のニーズを満足させたり，抱えている問題を解決するという便益を享受するためである（なお，そのニーズや問題を顧客自身が認識しているとは限らない）が，その決定には，商品そのもの以外の要因，例えば，品揃えや企業の信用などの要因も影響を与える。また，当然に商品の入手と利用に要する費用も考慮される。かくて，顧客にとっての商品の価値は，次式で示すように，顧客が享受する便益と負担する費用との差として算定できる。

商品の価値＝商品の入手・利用によって顧客が享受する便益
－商品の入手・利用・廃棄などのために顧客が負担する費用

便益の大きさを決めるのは，商品そのものの属性（性能，品質，デザインなど），品揃え，納期，付帯ソフト，アフター・サービス，ブランド，企業そのものの評判や信用などの要因である。

他方，費用としては，購入のために支払う代価（価格）だけでなく，取引に要する手間，商品を利用するにあたり必要な経費（自動車のガソリン代，家電品の電気代など），さらには商品を廃棄する費用も考慮されるであろう。

顧客は，商品の購入決定にあたって，その便益や費用を規定するこれらのさまざまな要因を考慮するであろうが，それらの要因の相対的な重要度は，それぞれの顧客のニーズや抱えている問題の種類や性質によって異なるであろう。また，同じ顧客でも，時間の経過につれてニーズや問題が変化すれば，商品の価値評価にあたって考慮する要因の相対的重要度は異なってくる。

(4) 競争優位獲得のための中核的決定問題

顧客にとっての商品の価値をこのように捉えると，企業が競争優位あるいは顧客を獲得するにあたっては，次の問いに関する決定をしなければならない。

① 自社が標的とすべき顧客はだれか
② その顧客が商品の価値評価にあたって重要視している要因は何か
③ 価値が大きいと評価される商品をどのようにして顧客に提供するか

企業の営むべき事業活動を決定するというのは，これらの問題に関する意思決定を行うことなのである。

3 環境変化と企業の適応行動

(1) 企業環境とその変化

　企業の事業活動は環境のなかで営まれる。企業にとっての環境とは，企業の行動や業績に影響をおよぼす企業外部にあるさまざまな要素の集まりをさしている。この企業環境は通常，事業環境と一般環境とに分けられる。

　事業環境とは，企業がその事業活動の遂行にあたって直接的な関係をもつ，あるいはその可能性のある，諸要素の集まりである。具体的には，図表6－1に示した資源市場における供給業者や商品市場における顧客と競合他社が重要な環境要素となる。そして一般環境とは，企業と事業環境をとりまくその他の環境要素であり，それはさらに，政治法律環境，経済環境，社会文化環境，技術環境という下位環境に分けることができよう。

　一般環境の各下位環境の変化はその他の下位環境を変化させるとともに，事業環境にも変化をもたらす。例えば，法的規制の緩和は後述する参入障壁を低くし，その結果として商品市場への競合企業の参入を誘発し，企業間競争を激化させる。人々の所得水準の上昇はそのライフスタイルに影響をおよぼし，そして所得水準の上昇やライフスタイルの変化は顧客ニーズを変化させる。人口構成に占める高齢者層の増大は高齢者向け商品の需要増となってあらわれる。科学技術の革新的変化は価格性能比の優れた代替品の登場を促し，既存製品を陳腐化させる。また商品の流通や取引に関係する交通や通信の技術の革新は，商品の流通費用の削減，商品配送や取引処理のスピードアップ，顧客情報の的確でスピーディな収集を可能にし，かくて事業活動のやり方に大きな影響をおよぼす。

　他方，事業環境を構成する各要素は，一般環境の変化を生み出す主体ともなる。例えば，技術環境の変化は，事業環境を構成する各企業における技術開発の結果として生まれるのである。

　また，事業環境を構成する供給業者や競合企業や顧客の行動が自社の事業活動に影響をおよぼすだけでなく，自社の側からも供給業者や競合企業や顧客に影響をおよぼすことができる，という相互作用的な関係がある。

(2) 企業の環境適応行動

　環境は変化するから，企業の事業活動を決定するということは，将来の環境変化を予測し，その予測された将来の環境条件に適合するような事業活動を決定することを意味する。将来の環境条件に「適合」(fit) するように，現行の事業活動を変革することを「適応」(adaptation) という。企業の環境「適合」と環境「適応」は図表6－2のようにイメージすることができる。

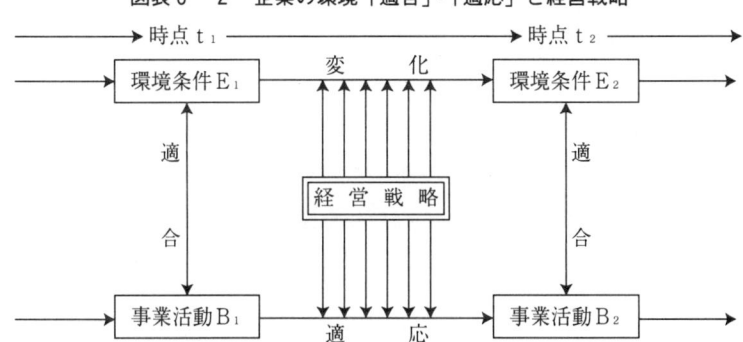

図表6－2　企業の環境「適合」・「適応」と経営戦略

```
──→ 時点 t₁ ──────────────── →時点 t₂ ────────
 ┌─────────┐    変    化    ┌─────────┐
─│ 環境条件E₁ │ ↑↑↑↑↑↑↑    │ 環境条件E₂ │──
 └─────────┘ ↓↓↓↓↓↓↓    └─────────┘
     適          ┌─────────┐         適
     │          │ 経 営 戦 略 │         │
     合          └─────────┘         合
                ↑↑↑↑↑↑↑
 ┌─────────┐ ↓↓↓↓↓↓↓    ┌─────────┐
─│ 事業活動B₁ │    適    応    │ 事業活動B₂ │──
 └─────────┘                └─────────┘
```

　この図では，時点 t_1 では企業の事業活動 B_1 は環境条件 E_1 と「適合」していると仮定しているが，不適合の場合もありうる。なお適合とは，企業がその事業活動によって競争優位を獲得していることを意味する。いま，将来の時点 t_2 における環境条件が E_2 に変化すると予測されたとする。このとき，事業活動が B_1 のままであれば，それは環境条件 E_2 と不適合をおこす。したがって企業は，予測される新しい環境条件 E_2 に適合するように事業活動 B_1 を B_2 に変革しなければならない。このように，企業がその営むべき事業活動を決定するということは，予測される新しい環境条件に適合するように事業活動を変革すること，つまり「適応」することを意味しているのである。

　なお，環境の変化は，自社の外部の要因によって生じるだけではない。自社の側から環境を変化させることもできる。したがって，企業の環境適応とは，外部要因が生み出す環境変化に対応して自社の事業活動を変えるだけでなく，自社の側から環境を変化させることも含む概念として捉えねばならない。

かくて，経営戦略を構成する意思決定は，基本的には事業活動をB_1からB_2へと変革するものであるが，それとともに環境条件をE_1からE_2へ変化させる一つの要因ともなりうるものなのである。

4 整合的な一連の基本的な意思決定

(1) 基本的な意思決定

企業の意思決定のなかには，事業活動の内容に長期的な影響をおよぼすもの，あるいはその意思決定を撤回するのが容易でない（例えば決定の結果として巨額の設備投資がなされ，それを廃棄ないし売却するとかなりの損失を被る）ものと，その影響が短期的で，簡単に変更できるものとがある。経営戦略を構成する「基本的」な意思決定とは，前者の性格をもつものをさしている。

例えば，どんな顧客に対してどんな商品を提供するかという事業活動の基本構造に関わる意思決定は，それが実行に移されると，簡単に撤回することはできない。顧客の開拓や顧客との関係構築には時間がかかるし，商品の提供に必要な設備や人的能力を簡単に変えることはできないからである。

前項では，事業活動を変えることに焦点をあてて経営戦略の意義について考察したが，もしその事業活動が長期間にわたって営まれてきたものであれば，それを変革することには抵抗があり，変革は必ずしも容易ではない。

(2) 一連の意思決定とその整合性

すでに2(4)で明らかにしたように，事業活動の決定の中核問題は，①どんな顧客に対して，②どんな価値のある商品を，③どのような方法によって提供するか，である。③はさらに，(a)その商品を提供するのに必要なさまざまな活動のうち，自社はどの活動を担当するか，(b)その他の活動を遂行する他の経済主体とどのような取引関係を構築するか，に分けることができる。③は，最近では，事業システムないし事業の仕組みの問題として研究されている。

このように，事業活動を決めるには，一連のさまざまな意思決定が必要なのである。いうまでもなく，これらの意思決定は整合していなければならない。

以上の意思決定は事業活動をかなり個別的・具体的なレベルで決めるもので

あるが，事業活動をより包括的・概念的なレベルで決めることも必要である。経営理念，ビジョン（自社の将来の理想像），企業ドメイン（自社の事業領域についての概念的把握），事業コンセプト（事業のやり方を概念的に示したもの）といわれるものの決定である。これらの包括的な事業概念の決定は，不確実性の高い変化する環境のなかで，自社の進むべき方向を示したり，組織成員の努力の集中を促したり，組織行動に一貫性を与えるのに重要な役割を果たすのである。

　いうまでもなく，包括的・概念的なレベルの事業決定と個別的・具体的なレベルの決定とは整合的でなければならない。

第3節　㈱ミスミの事例とその分析

1　ミスミの事業展開の過程

　㈱ミスミという企業の戦略展開の事例を分析することによって，上述した経営戦略の概念をより明確にしよう。

　この企業は，某総合商社が輸入していた水道の自動栓を主力商品とする販売会社としてスタートしたが，この商品がトラブル続きで利益を生み出すことができなかったために，創業者の1人のかつての仕事であったベアリングの販売も行うようになった。そのうちに，顧客からの注文にヒントをえて，ベアリング用のロールをプレス金型用の部品として販売しはじめ，やがてそれを同社の主力商品とするにいたった。

　1969年に社長となった田口氏は，プレス金型部品の販売事業をさらに発展させるために，「生産財の流通革命」を同社の使命として掲げ，それを実現するために「商物分離」と「標準化」を唱えて実行していった。

　「生産財の流通革命」とは，生産財の流通過程に革命を起こそうとするものである。「商物分離」とは，顧客に商品に納める物流の仕事は運送会社にまかせ，営業マンは顧客の開拓に専念するやり方をさしている。生産財の流通革命を実現するために，そしてミスミが競争優位を獲得するためにより重要なのは「標準化」である。

「標準化」とは，特注品が中心であった金型部品市場において，標準品を普及させ，それによって新しい市場を開拓しようとする方策である。金型部品市場の中心をなす特注品についてはすでに強力な先発企業があるので，後発企業のミスミがそれらに対抗するのは容易でないが，それらの企業が軽視していた標準品の市場であれば，競争優位を獲得することは可能である。

そして標準化の追求は，論理的に考えて，実現可能性のある方策であった。なぜならば，金型部品は特注品の性格をもっているが，その規格はメーカー間でわずかに違うだけである。もしそれを標準品で代替できるならば，ユーザーは，量産効果による部品価格の低下とともに，調達期間の短縮というメリットも享受できる。このように標準化はユーザーにとってメリットのあることであるから，標準品市場の開拓は可能であると考えられたのである。

しかし，標準品市場の開拓は必ずしも容易ではなかった。

まず，営業マンの行動パターンを変える必要があったが，営業マンはそれに抵抗したのである。それまで特注部品を使い慣れていたユーザーに標準部品を使ってもらうために，田口氏は営業マンに対して，「標準化の宣教師」となってユーザーに標準化のメリットを説いてまわることを指示した。しかし，それまで営業マンは，いい得意先を確保して，そこに張りついて特注品を受注することによって業績をあげるという方法をとっていたのであり，そのような仕事のやり方にこそかれらの腕の見せ所があったので，標準化の宣教師という仕事には抵抗したのである。

田口氏は，営業マンを標準化の宣教師に仕立てた後，得意先ユーザーの開拓にあたっては頂上作戦をとっている。金型部品の大量需要があるのは，自動車と家電であるので，そのトップ・メーカーであるトヨタや松下電器に標準部品を使ってもらうための営業活動を展開したのである。実際に注文をとるまでにはかなりの努力が必要であり，例えば1973年に開設した名古屋営業所がトヨタから注文をとるまでには1年余を要している。

なお田口氏は，標準品市場の開拓の過程で，代理店販売をやめて，部品メーカーから直接仕入れて，ユーザーに直接販売する「直販体制」へ切り換え，そ

れとともに「購買代理店」という事業コンセプトを提唱しはじめた。従来の商社はメーカーに代わって販売する「販売代理店」であったが，生産財の流通革命を実現するには，「購買代理店」すなわち「ユーザーが求めているものをユーザーに代わって調達し，供給責任を果たす流通商社」でなければならないと主張したのである。

1973年末に発生したオイルショックは，ミスミにとって追い風となった。オイルショックによって合理化をせまられたユーザー企業は，それまで内製していた部品を外注したり，コストの安い標準品を積極的に利用するようになったからである。しかしユーザーからの注文の増大は自社の在庫の増大という問題を生み出した。この問題を解決するためにミスミは，1975年にハーフメイド方式というものを考えだしている。これは，半加工した部品を用意しておき，ユーザーの要求する仕様に合わせて追加加工して納入する方式である。なお，この方式を実現するにあたってミスミは，そのような部品加工のやり方に応じてくれる協力メーカーの開拓に苦労している。

次に，営業マンがユーザーを訪問営業するという方法では，新規ユーザーの開拓にはおのずと限界がある。そこでミスミは，この問題を解決するために，1977年にはカタログ販売方式を導入している。営業マンの説明に代わりうる十分に詳細な情報が掲載された商品カタログをユーザー企業の資材発注者や設計担当者のそれぞれに配布し，それを見て発注してもらう方式である。しかし，この方式も，発注者が営業マンに価格などの交渉をする従来のやり方とは異なるために，当初は顧客の反発を招いている。

次に，営業マンによる訪問販売からカタログ販売方式に転換すると，営業マンを通じて収集していた，商品への苦情や新商品の要望などの顧客情報が入ってこなくなる。そこでミスミは，この方式に転換するとともに，営業マンに代わってユーザー情報を収集するために，2系統7種類のカードを用いた顧客情報収集システムを構築している。

このようにして，プレス金型用標準部品をカタログを通じて販売するというミスミの事業活動は形成されたのである。

2 事例分析

上述のミスミの事例を経営戦略論の枠組みにしたがって整理すると，図表6－3のようになる。

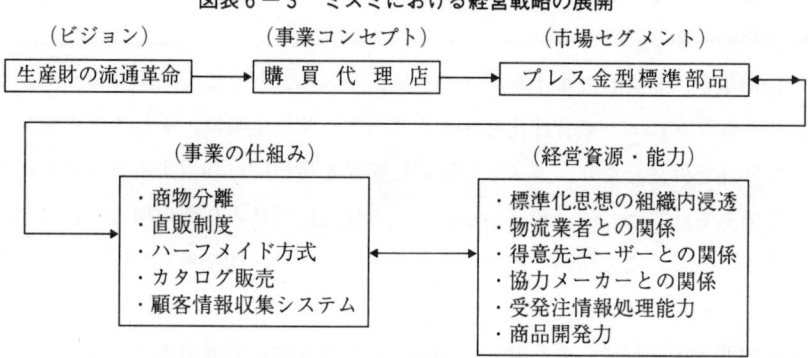

図表6－3 ミスミにおける経営戦略の展開

```
（ビジョン）          （事業コンセプト）         （市場セグメント）
生産財の流通革命  →   購買代理店        →    プレス金型標準部品  ←┐
                                                                    │
         （事業の仕組み）            （経営資源・能力）               │
    ┌─ ・商物分離              ・標準化思想の組織内浸透 ─────────────┘
    │  ・直販制度              ・物流業者との関係
    │  ・ハーフメイド方式      ・得意先ユーザーとの関係
    │  ・カタログ販売          ・協力メーカーとの関係
    │  ・顧客情報収集システム  ・受発注情報処理能力
    │                          ・商品開発力
```

ミスミは，包括的で将来展望的な事業概念として，「生産財の流通革命」というビジョンと「購買代理店」という事業コンセプトを掲げて，それらを企業の内外に主張し，浸透させている。そして具体的に，①どんな顧客に，②どんな価値のある商品を提供するかについては，「プレス金型用標準部品」という市場セグメントを標的とする戦略をとっている。つまりプレス金型用部品を必要とする顧客を対象にして，標準化のメリットという価値をもつ商品を提供する事業に特化したのである。

この市場においてミスミが競争優位を獲得することができた理由の1つは，特注品に代えて標準品を使うことのメリットをユーザーに説いてまわって，この市場をミスミ自らが開拓したことに求めることができるだろう。標準部品市場ではミスミが先発企業となったからである。そして，それとともに，標準部品を供給するためにミスミが築いたカタログ販売方式を中心とする独自の「事業の仕組み」が，その競争優位に貢献していることは明らかである。

なお，事例解説のなかでもその一部に触れたが，ミスミがもつ独自な「経営資源・能力」が同社の事業の仕組みを支えていることに注意しなければならない。これに関する基礎理論は，第5節で述べる。

第4節　市場ポジショニング視角

1　持続的競争優位の源泉

　以上においては，競争優位の獲得の側面を中心にして，経営戦略の概念を明らかにした。しかし上述のように，経営戦略はいったんそれを実行すると簡単には撤回できない性質のものである。したがって経営戦略の決定にあたっては，競争優位の獲得とともに，その持続可能性も追求しなければならない。
　これは，「持続的競争優位の源泉」は何かという問題であり，大別すると，「市場ポジショニング視角」と「資源ベース視角」という2つの視角から研究が展開されている。

2　5要因モデル

　市場ポジショニング視角は，ポーター（M.E.Porter）の「5要因モデル」に代表される。それは，産業間の資本利益率の持続的な格差の源泉をその市場構造特性の違いに求める，産業組織論の「構造－行動－成果」パラダイムに依拠して，企業の持続的競争優位の源泉を追求したものである。
　すなわち，ポーターによれば，産業ないし業界の資本利益率を規定しているのは図表6－4に示す5つの要因である。業界の利益率は，(1)業界内の既存企業間の競争が激しくないほど，(2)新規参入の脅威が小さいほど，(3)代替品の脅威が小さいほど，(4)買い手の交渉力が弱いほど，(5)売り手の交渉力が弱いほど，高くなる。したがって，企業が高い資本利益率を持続的に達成するためには，これらの(1)～(5)のような条件が成立する業界で事業を展開すればよい。あるいは，そのような条件を創りだすように経営戦略を展開すればよい。
　より具体的にいえば，(1)業界内の既存企業間の競争の激しさは，基本的にはその業界の需給バランスによってきまるが，競争優位を持続するには，製品差別化によって自社に対するロイヤルティの高い顧客を確保することが重要である。業界の需給バランスを崩すのは，(2)他産業からの参入（既存企業と同じ技術

によるもの）と，(3)代替品（既存企業とは異なる技術に基づくもの）であり，供給過多になれば業界の利益率は低下する。それに対抗するためには，他産業からの参入を阻止する参入障壁を築くとともに，価格性能比において自社商品が代替品に対して優位を保つように努力しなければならない。また利益マージンは，原材料や部品の購入価格と自社商品の販売価格に大きく規定されるから，(4)買い手や，(5)売り手に対する交渉力を強めるようにしなければならない。

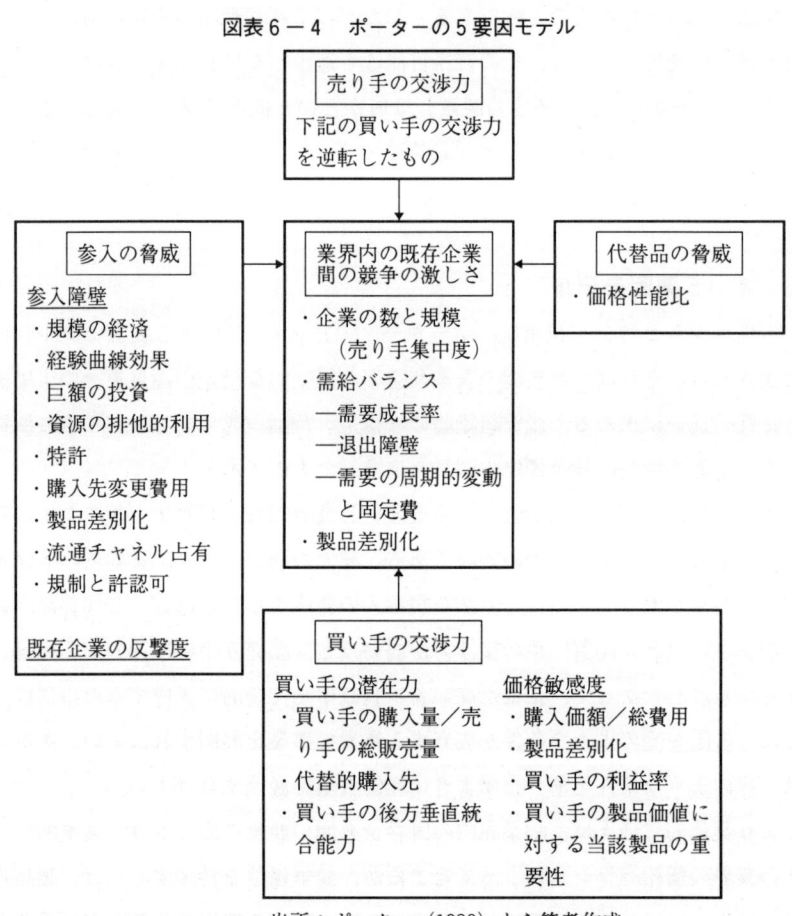

図表6－4　ポーターの5要因モデル

売り手の交渉力
下記の買い手の交渉力を逆転したもの

参入の脅威
参入障壁
・規模の経済
・経験曲線効果
・巨額の投資
・資源の排他的利用
・特許
・購入先変更費用
・製品差別化
・流通チャネル占有
・規制と許認可

既存企業の反撃度

業界内の既存企業間の競争の激しさ
・企業の数と規模
　（売り手集中度）
・需給バランス
　―需要成長率
　―退出障壁
　―需要の周期的変動
　　と固定費
・製品差別化

代替品の脅威
・価格性能比

買い手の交渉力

買い手の潜在力
・買い手の購入量／売り手の総販売量
・代替的購入先
・買い手の後方垂直統合能力

価格敏感度
・購入価額／総費用
・製品差別化
・買い手の利益率
・買い手の製品価値に対する当該製品の重要性

出所：ポーター（1980）から筆者作成。

第5節　資源ベース視角

1　市場ポジショニング視角の限界

　5要因モデルを構成する諸要因が業界の資本利益率を高める特性をもつものになるかどうかは，各業界そのものの特性に大きく左右される。例えば，需給バランスはいうまでもなく，参入障壁となる規模の経済や投資額の大きさ，特許による保護を享受できる程度といった要因は，業界によって本来的に異なっている。5要因モデルの依拠する「構造-行動-成果」パラダイムはもともと，そのような市場構造特性を解明しようとするものなのである。

　しかし最近の実証研究によれば，企業（あるいは事業単位）間の資本利益率の格差は，業界間よりも業界内のほうが大きいことが発見されている。この発見は，企業の持続的競争優位の源泉を企業外部の市場構造特性だけに求めるのは適切でないことを示唆している。

　そこで，市場ポジショニング視角に代わって，あるいはそれを補完するものとして，「資源ベース視角」とよばれる研究が盛んに展開されるようになっている。この視角では，各企業の保有する独自な経営資源こそが持続的競争優位の源泉になるという考え方がとられる。

2　持続的競争優位の源泉になる経営資源の属性

　まず，資源ベース視角では，どんな属性をもつ経営資源が持続的競争優位の源泉になるかを研究し，(1)有価値性，(2)模倣困難性，(3)耐久性，(4)専有可能性，(5)非代替可能性という属性が重要であることを明らかにしている。

　(1)有価値性とは，価値を生み出すこと，すなわち自社商品を差別化し競争優位を獲得するのに貢献する属性を意味する。その上に，競争優位を持続するためには，(2)競合他社が簡単には模倣（入手，学習）できない（模倣困難性），(3)時間が経っても簡単には消失しない（耐久性），(4)組織そのものに帰属するものであって個々の組織参加者が組織を去っても消失しない（専有可能性），(5)競合他

社が他の資源で代替することが難しい（非代替可能性），という属性をもつことが必要なのである。

3　組織能力と組織知識

次に，資源ベース視角にたつ研究は，上記の属性をもつ経営資源として，具体的には，「組織能力」や「組織知識」が重要であると主張している。

上記の諸属性を基準に分析すると，市場を通じて比較的容易に入手できる機械・設備や資金や情報（模倣が容易），あるいは個々の組織成員の専門知識や技能（専有できない）といった資源は，企業の持続的競争優位の源泉にはなりにくい。資源ベース視角では，これらのヒト・モノ・カネ・情報という資源を多人数の協働システムである組織を通じて調達・動員し，調整，統合する，という組織的な能力こそが，持続的競争優位の源泉になると捉えられている。

さらに，最近では，資源ベース視角は知識ベース視角へと進化しており，そこでは，組織能力を通じて，環境の変化に適応しながら，自社の独自な組織知識を創造していくことが重要であると主張されるにいたっている。

（**問題1**）　事例としてあげたミスミについて，同社の競争優位は何か，それを持続させているのは何かを分析しなさい。

（**問題2**）　諸君の関心のある企業について，その成功または失敗の理由を，競争優位の獲得と持続という観点から分析しなさい。

〔参考文献〕
　本章で論じたことのより詳細な説明と参考文献については，次を参照のこと。
柴田悟一・中橋國藏編著『経営管理の理論と実際』東京経済情報出版，1997年。

第7章　組織の構造

　組織の構造とは何だろうか。それは現実の企業組織にどのような影響をおよぼしているのだろうか。これらの問いに答えていくことが本章の基本目的であるが，以下ではまず，そもそも組織とは何かを明らかにし，そのうえで組織構造の問題について述べることにしよう。

第1節　組織とは何か

1　組織の本質－協働

　われわれの生活は組織と切り離して考えることはできない。学生であれば，学校という組織に所属しているし，学校を卒業すると今度は企業や役所などの組織に勤めることになる。最近では，学校に通いながら，あるいは会社勤めをしながら，自分の趣味に合ったサークル組織に入ったり，地域のボランティア組織に参加する人なども増えてきており，この場合は同時に複数の組織に所属していることになる。このように，われわれは組織と密接なかかわりをもって生きている。したがって組織の本質を理解し，どうすればそれをうまく運営できるかを知ることは，組織社会に生きるわれわれにとって，きわめて重要になってくるのである。

　まず組織の本質を明らかにするために，そもそもなぜ組織が成立するのかを考えてみよう。結論から先にいうと，組織が生まれるのは一人ではできないことをなしとげるためである。それは，人間が欲求をもっていること，そして人間には能力の限界があることと関係している。いま，巨大な石がある人の行く手をさえぎっており，その石を何とかしなければ前進できないとしよう。ところが一人の能力（この場合は筋力）では巨大な石を動かすことはまず不可能であ

る。この例から明らかなように，人間はそれぞれの欲求を充足しようとして行動を起こそうとするが，そこには制約条件が存在することが多い。しかし一人では不可能でも，人を集めて彼らが意識的に協力し合うことができれば，たとえ大きな石であっても，それを動かすことができるであろう。換言すれば，多くの人間が石を動かすという目的に向かって協力し合うことによって，個人の能力の限界を克服しうるのである。

　このように複数の人間が意識的に協力し合うことを「協働」というが，それこそが組織の本質にほかならない。すなわち，一人では不可能なことであっても，意識的に協働すれば可能となる。ここに組織成立の契機があるといってよい。

2　組織の成立要件と協働の条件

　ただし大きな石を動かそうと複数の人間が集まっても，つまり協働しようとしても，意欲や力を出すタイミング，方向がバラバラでは石は動かないであろう。協働を有効に行う（石を動かす）ためには，石を動かすという共通の目的を明確にし，力を出すタイミングや方向を一致させるためのコミュニケーション（意思疎通・情報伝達）を十分に行い，目的達成に向かって頑張るという意欲を引き出す，ことが必要となる。この①「共通の目的」，②「コミュニケーション」，③「協働意欲」はすべての組織にみられる基本的要素であり，組織が成立するための必要条件といえる（バーナード）。

　この組織の成立要件について，協働の条件という観点から，もう少しくわしくみることにしよう。まず共通の目的とコミュニケーションは厳密に言えば，組織の基盤となる「枠組みの設定」に相当すると考えてよい（伊丹・加護野）。組織として何をなし遂げるのかという組織目的の提示と，それを組織のメンバーに周知するためのコミュニケーション・システムの設置は協働をうまくいかせる基盤（枠組み）となるからである。

　しかし枠組みの設定に含まれるのはそれだけではない。組織の中で分業をいかに行い，それを全体として調和させるための調整をどのように行うかという

分業と調整の枠組み（組織構造）を設定することや組織のメンバーを選び，彼らをグルーピングすること（人員配置）も組織の枠組みを決めることになる。そして協働意欲に関しては，リーダーシップとモチベーションが密接なかかわりをもつことになる。つまり，組織のメンバーにたいして協働がうまくいくように「影響」をあたえ（リーダーシップ），メンバー間で望ましい「相互作用」が起きやすいようにすれば，彼らの協働意欲を引き出す（モチベーション）ことが可能となるのである。

したがって，組織目的の提示，組織構造，人員配置，コミュニケーション，といった組織の枠組みを設定し，適切なリーダーシップの行使を通じて組織メンバーに影響をあたえ，彼らの相互作用を活発にすることが，協働の条件をつくり出すといえる（伊丹・加護野）。

なお本章は，上述した枠組み設定の中の組織構造が中心テーマであり，影響と相互作用（リーダーシップとモチベーション）の問題は別の章で取り上げることになる。

3　組織の存続要件―組織均衡

協働の条件をつくり出すだけでは組織は存続することができない。組織の存続は，組織に参加しているさまざまなメンバーが当該組織への参加をつづけるかどうかにかかっている。ではいかなる場合に，組織への参加が継続されるのだろうか。組織参加者はすべて何らかの形で組織目的の達成に「貢献」し，その見返りとして組織から「誘因」を受け取っている。この組織が提供する誘因が貢献に等しいかあるいはそれより大きい，すなわち貢献≦誘因であると組織参加者が評価するとき，彼らは組織への参加を継続し，組織は存続することができる。

この貢献≦誘因というバランスをはかり，組織参加者の満足をえることが組織の存続条件だととらえる理論は組織均衡論とよばれる。企業組織を例にとって，組織均衡についてみていくことにしよう。図表7－1に示すように，企業という組織への主要な参加者としては，顧客，従業員，株主，金融機関などの，

図表7-1 組織均衡

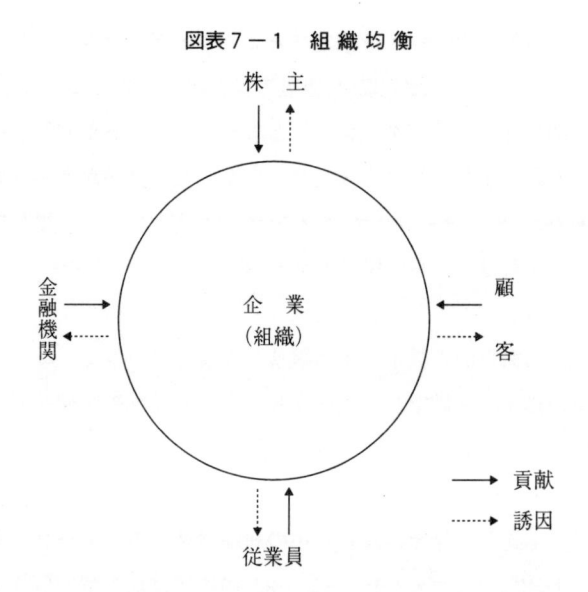

```
         株　主
          ↓↑

金融         企　業         顧
機関 →     （組織）    ←   客
   ⋯→                    ⋯→

              ↓↑
            従業員
```

→ 貢献
⋯→ 誘因

　いわゆる利害関係者（ステークホルダー）が考えられる。具体的にいうと，顧客は製品やサービスの購入，従業員は労働の提供，そして株主と金融機関は資本の提供という活動を通じてそれぞれ企業組織に貢献している。利害関係者がこうした貢献の価値に等しいか，それよりも大きい誘因を受け取っていると評価すれば，彼らは貢献を継続するであろう。言い換えると，利害関係者は当該組織が価値を創り出していると評価して，組織参加を継続するのである。

　ところで，誘因と貢献のバランスの実現には，誘因の原資を大きくして，それを組織参加者に適切に配分していくという2つの過程に注目する必要がある（占部）。まず誘因の原資を大きくするには，環境の変化に対して組織を全体的に適応させるという対外的均衡を実現して，組織目的の達成度（有効性）を高めなくてはならない。そのうえで誘因と貢献がバランスするように，誘因の原資を配分するという対内的均衡を実現して組織参加者の満足度（能率）を高める必要がある。すなわち，対外的均衡と対内的均衡からなる組織均衡の二元的側面に注目し，有効性と能率をよりよく達成することが組織の存続要件となるのである（中橋）。

第2節　組織構造とは何か

　組織構造とは，簡単にいうと組織における分業と調整の枠組みを示したものであり，組織の本質をふまえた丁寧な定義をすると「職務の割り当てと調整のための種々の構造的工夫によってパターン化される協働の構造的側面」(中橋)ということになる。ところで組織構造を決めるためには，何を決めなければならないのだろうか。組織構造の違いを識別するには，何に注目すればよいのだろうか。組織構造とはどのようなものかを知るために，これらの問題から出発してみよう。

1　組織構造の次元

　組織構造を決めるには，①分業関係，②部門化，③権限関係，④伝達と協議の関係，そして⑤個々人の仕事の進め方についての決定が必要であるといわれている(伊丹・加護野)。具体的には，組織における仕事の分担をいかに行うか，どんな役割同士をグループ化するか，役割の間の指揮命令関係，情報伝達関係と協議のあり方をどうするか，個々人の仕事の進め方をどの程度まで規則化するか，についての決定である。これらの決定にもとづいて組織構造が決められるといってよい。とすれば，そこに注目することで組織構造の違いを識別することが可能になる。

　たとえば，分業関係と部門化に注目すれば，組織内における分業の進展度(専門化)のちがいや何を基準にして部門がつくられているかが明らかになるだろう。また権限関係に目を向ければ，組織内で意思決定を下す権限が組織の上層部に集中している(集権化)のか，それとも広く分散している(分権化)のかがわかる。そして伝達と協議の関係では，コミュニケーションにあたって文書化の程度(公式化)がどれだけなのかを知ることができるし，仕事の進め方をみれば，手続きや規則化の度合い(標準化)を知ることもできる。この①専門化，②集権化，③公式化，④標準化という尺度は，組織構造の違いを識別する次元

として使われることが多い。以下では，これらの組織構造の次元に基づき，よく知られた官僚制組織の特徴をみることにしよう。

2 官僚制組織

周知のように，マックス・ウェーバー（Max Weber）は官僚制組織を精密機械にたとえ，もっとも合理的で効率的な唯一最善の組織ととらえた。それは，官僚制が組織から情実を排除し，能率よく安定した業務の遂行を可能にする，と考えたからである。官僚制組織の特徴に注目してみよう。

ウェーバーは官僚制の特徴として，①官僚制的規則，②官僚階層性，③文書にもとづく職務遂行，④専門的訓練を前提とした職務活動，⑤フルタイムでの職務遂行（兼職の禁止），⑥一般的な規則に従った職務遂行，の6つをあげている。要するに，はっきりした職務遂行のルールが存在し，職務が専門分化され，文書をベースに職務の遂行が行われる組織，そして階層制に基づき権限関係が明確になっている組織，それが官僚制組織である。上述した組織構造の次元でいえば，専門化，集権化，公式化，標準化が進んだ組織が官僚制組織といえる。官僚制組織のこうした特徴は，職務遂行の正確性・安定性・規律の厳しさ・信頼性などにつながる（沼上）。ゆえに，ウェーバーは官僚制組織を機械のように精確で，合理的な最善の組織と位置づけたのである。

しかしウェーバーの官僚制の議論には見逃されていた点があった（金井）。それは，官僚制には意図せざる逆機能（マイナスの効果）があること，そして環境，技術の特性，あるいは企業組織が採用する戦略などの諸条件によっては官僚制が適さないケースが存在することである。これらの問題について，以下でみていくことにしよう。

3 官僚制の逆機能

官僚制は予期しないマイナスの効果（逆機能）を生み出すことがある。それは集権化，公式化，専門化，標準化という官僚制組織の特徴と密接なかかわりをもっている。まず集権化によってあらゆる決定権限が組織の上層部に集中す

ることになるため,官僚制ではトップ・マネジメントの負担が過重になり,意思決定のスピードと質の劣化という問題が起きやすい。第2に,文書に基づく職務遂行(公式化)は情報伝達に時間がかかるという弱点をもっている。第3に,高度の職務細分化(専門化)が要請される官僚制では,部下の自由裁量の余地が小さくなり,彼らのモチベーションを損なうことになりかねない。第4に,官僚制は詳細な規則と手続きに従った職務遂行(標準化)を重視するが,規則や手続きに規定されていないような例外的事態が発生した場合,それへの対応が困難になってしまう。このように,官僚制は組織の硬直化をもたらしかねない構造特性をもっているのである。

これらの逆機能は環境変化が激しい場合,顕著になるであろう。変化が激しい環境下で,官僚制は意図せざる機能障害を生み出すのである。ではウェーバーが精密機械にたとえた官僚制組織は最悪の組織なのだろうか。そう理解すべきではない。変化の少ない環境下では,官僚制の特徴はウェーバーが指摘したようにプラスに作用するといわれている。したがって,官僚制が有効に機能するには条件(変化の少ない環境)が必要といえる。こうした知見が有名な組織のコンティンジェンシー理論へとつながっていくのである。

4　組織のコンティンジェンシー理論

ウェーバーが唱えた官僚制は唯一最善の組織が存在するとの前提にたつものであった。その後1960年代から70年代にかけて,これを否定する考え方が一世を風靡することになる。つまり,唯一最善の組織は存在せず,組織の有効性はさまざまな要因(たとえば,環境や技術の特性,あるいは戦略)にかかっているとみるのである。

まず,環境特性によって有効な組織が異なることを明らかにしたのは,バーンズとストーカー(Burns and Stalker)であった。彼らはイギリスの企業20社についての事例研究を通じて,安定した,変化の少ない環境では上述した官僚制に近い機械的組織が,また不安定な,変化の激しい環境のもとでは官僚制とは反対の特徴をもつ有機的組織がそれぞれ有効であることを発見している。高度

に変動的な環境においては，官僚制の逆機能が生まれやすいことはすでに述べたとおりであり，その場合は官僚制とは対照的な組織が要請されるのである。

　環境特性以外にも技術特性が組織構造を規定する要因となる。技術特性の識別にあたっては，その技術を採用したときに仕事で当面する例外（問題発生）の頻度と問題解決の難易度に注目するのも1つの方法である。例外の頻度が少なく，問題が発生したとしても簡単に対応できる場合は定型的（ルーティン）な技術特性をもつといえるし，反対に問題の発生頻度が高く，それへの対応も困難な場合は非定型的（ノン・ルーティン）な特性をもつとみなされることになる。技術特性をこのように大別すると，定型的な技術特性には機械的組織が，また非定型的な場合は有機的組織がそれぞれ適合することが確認されている（ペロー）。このことは，技術特性が比較的単純であれば集権化，専門化，公式化，標準化を進めてよいが，それが複雑になるとそれとは逆の組織編成を行う必要があることを意味している。

　さらに，企業が選択する戦略のタイプによっても求められる組織は異なることを指摘しておこう。これについては，20世紀初頭のフォード・モーター社（フォード）とゼネラル・モーターズ社（GM）のケースが好例となる。よく知られているように，フォードは低価格の自動車を志向する環境に適応すべく単品種大量生産戦略をとるとともに，この戦略を効果的に実行するために職能別に部門化した組織（職能別組織）を採用して成功を収めた。ところがその後自動車市場の成熟化という環境変化があったにもかかわらず，フォードは依然として同一の戦略と組織に固執したため，ライバルのGMに覇権を譲らざるをえなくなった。GMが成功したのは，市場の成熟化にともなう顧客ニーズの多様化という環境の要請に応えるため，「あらゆる財布と目的に合った」多様な車種を取り揃えたフルライン戦略を展開したからである。しかしそれ以上に重要なのは，この戦略に適合した製品（車種）別に部門化した組織（事業部制組織）を構築したことであろう。つまり車種が異なれば，車の開発・生産・販売のやり方も全く異なったものになると判断したのである。この事例からわかるように，環境の変化によって新たな戦略が要請され，同時にその戦略に適合した組織の

変更が求められる。すなわち,「組織構造は戦略に従う」(チャンドラー) のである。

このように,組織の有効性はさまざまな状況要因に条件づけられているととらえる理論を組織のコンティンジェンシー (条件適合) 理論という。

第3節　組織形態

公式の組織構造に注目すると,そこには明らかにかたちの相違がみられる。そうした組織のかたちは「組織形態」とよばれるが,本節では,代表的な組織形態をみていくとともに,職能横断的な組織や最近急増している新しい組織についても解説していく。まず,よく知られた3つの組織形態,すなわち職能別組織,事業部制組織,マトリックス組織を紹介する。つづいて,新製品開発などに強みを発揮するとされる職能横断的組織の代表例として,プロジェクトチームを取り上げる。また日本企業が積極的に導入をすすめているカンパニー制という組織についても説明を加えることにしたい。

1　職能別組織

職能別組織は,アメリカで1880年代から1890年代にかけて成立したといわれており,日本でも戦後ただちに導入されたとされる。その名前からわかるように,職能別組織の第1の特徴は,職能別の部門化,すなわち専門化にある (図表7-2)。そしてもう1つの特徴としてあげられるのが,意思決定の権限が組織のトップに集中しているという集権化である。この2つの特徴が職能別組織の長所と短所に密接に関係してくることになる。

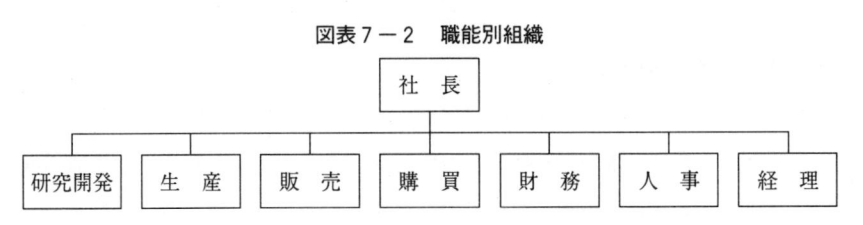

図表7-2　職能別組織

```
              社　長
    ┌─────┬─────┬─────┼─────┬─────┬─────┐
 研究開発  生産   販売   購買   財務   人事   経理
```

専門化がもたらす職能別組織の長所は、それによって専門的な知識の蓄積ができることである。その結果スペシャリストの育成が容易になってくる。また集権化という特徴により、職能別組織では意思決定の調整が行いやすくなる。強力なリーダーシップを発揮しうるトップがいる場合、このメリットはさらに大きくなるだろう。

他方、その短所として以下のものが考えられる。まず職能別の部門化の方法は部門間のコンフリクト（対立）につながりやすい。各部門がそれぞれの職能ごとに独自の考え方やものの見方をもつようになるためである。コスト志向の製造部門と売上増をめざす販売部門の対立が典型例であろう。コスト削減のため、製造部門が製品ラインの限定を求めるのに対して、販売部門は売上げを増やすべく品種の拡大を求め、そこでコンフリクトが発生しやすくなるのである。また職能別組織は、スペシャリストの養成には適しているものの、反対に全般的な視野をもった管理者（ゼネラリスト）はどうしても育てにくい。これらは、いずれも専門化の不利益といえる。

さらに、集権的な職能別組織では意思決定の遅延・マヒがどうしても生じやすい。トップが部門間の対立解消などの日常業務的決定に忙殺されるからである。それによってトップの本来の役割である戦略的決定がないがしろにされる恐れもある。

企業が多角化をせずに、単一事業でとどまっている場合は、これらの短所が深刻な問題を引き起こすことはそれほど多くない。しかし先に指摘したように、製品の種類が増えたり、事業活動の多角化が進むとそうはいかなくなる。実際、職能別組織は単一事業型の大企業、中小・中堅企業の多くで採用されているのである。

2 事業部制組織

多角化にともない、職能別組織に代わって、事業部制組織が採用されるようになるというのは日米の実証研究でも明らかにされている。職能別の組織編成では、事業ごとに違う市場と技術の要請をまとめあげるのが難しくなるからで

ある。先に紹介したGMの例にみられるように，製品や事業の違いは開発・生産・販売方法の違いに直結することになる。このような多角化によって深刻化してくる職能別組織の短所を克服しようとする組織形態が事業部制組織にほかならない。

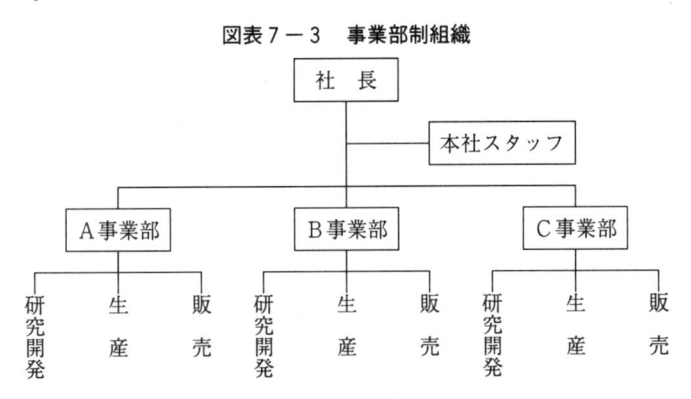

図表7－3　事業部制組織

```
                        社　長
                          │
                          ├──── 本社スタッフ
          ┌───────────────┼───────────────┐
        A事業部          B事業部          C事業部
       ┌──┼──┐        ┌──┼──┐        ┌──┼──┐
      研  生  販       研  生  販       研  生  販
      究  産  売       究  産  売       究  産  売
      開              開              開
      発              発              発
```

したがって，事業部制組織では製品別，地域別，顧客別といった部門化の基準が用いられる。これらの基準によって生まれる部門が「事業部」であり，それは企業のなかの企業と呼ばれるくらい，大きな自律性を有している。すなわち個々の事業部は，①トップに対して独自の利益責任を負う利益責任単位であると同時に，②その責任遂行に必要な職能部門を保有する自己充足的な組織単位でもある，そして③それぞれが担当する製品・市場・地域に関する意思決定権限が付与された自主的組織単位なのである（中橋）。

このように事業部制組織では，製品（あるいは地域，顧客）別の部門化が行われることになるが，これは次のようなメリットを生み出す。第1に，トップが全社的見地からの戦略的決定に専念できることである。第2に，各事業部はそれぞれの事業分野という限定された環境に注意すればよいため，環境変化に迅速に対応することも可能になる。

第3に，事業部制組織では事業部の業績評価を客観的に行うことが可能となるため，事業部間の資源配分を的確に行えるし，事業部間の健全な内部競争を促し，彼らの起業家精神を鼓舞することもできる。第4に，事業部長はゼネラ

リストとしてトータルなリーダーシップを行使することになるため，事業部制組織はゼネラル・マネジャーの育成にも力を発揮する。

しかし問題がないわけではない。まず事業部制組織では，各事業部がそれぞれ職能部門をもつことになるため，経営資源の重複投資が生じることになる。そのため，複数の事業部に共通する資源についてはそれらを統括する共通部門（たとえば営業本部）を設けて，そこで集約的に管理するというのがふつうである（金井）。したがって実際には，事業部は完全に独立した自己充足的な部門ではなく，事業部の自己充足性をどの程度にするかが検討される必要がある。

さらに事業部制組織では，事業部間に壁ができ，企業全体の利益よりも事業部の利益が優先される「局所的最適化」が生じやすい。事業部間での人材の異動が本社の自由にならないことはその最たるものであろう。有能な人材を事業部に囲い込んでしまうと，そうした人材をたとえば新しい事業機会で活用する道が閉ざされ，企業としての大きな成長が望めなくなることにもなりかねないのである（プラハラド＝ハメル）。

3　マトリックス組織

事業部制組織では先述したように，特定の市場への適応が重視されるため，職能別組織では可能であった，専門的知識の蓄積がおろそかになる傾向がある（沼上）。そこで，知識の蓄積も，市場への適応も重視したい，すなわち，職能別組織のメリットと事業部制組織のもつメリットを同時に追求したいという場合には，職能と事業をそれぞれ独立の軸とした，二元的な組織編成を行う必要がある。

この要請に応えるのが，図表7－4に示された組織形態であり，それは行列（matrix）のように配置されるところから，マトリックス組織とよばれる。この組織の最大の特徴は「2人ボス制」にあるといってよい。すなわち，図表でいえば，A事業部の生産担当の部門は，A事業部長の命令をうけるだけでなく，同時に本社の生産担当役員の指揮下にも入ることになる。それによって，職能別組織と事業部制組織のもつ利益を同時追求しようとしているのである。

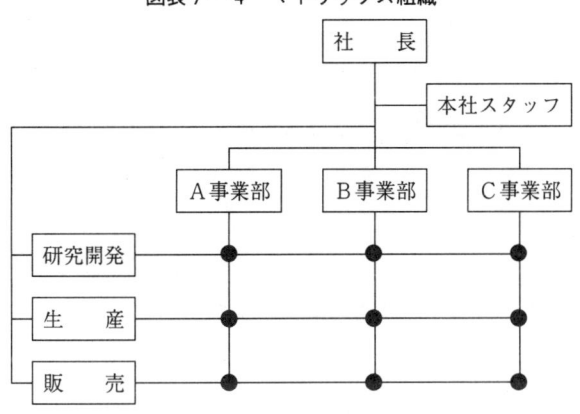

図表7－4　マトリックス組織

```
                    社　　長
                      |
                      |――本社スタッフ
         ┌────────────┼────────────┐
       A事業部      B事業部      C事業部
 ┌研究開発┤    ●         ●         ●
 ├生　産 ┤    ●         ●         ●
 └販　売 ┤    ●         ●         ●
```

　この2人ボス制については，二つのとらえ方が存在する。たとえば子供も2人のボス（両親）から相反するメッセージを受け取ったとしても，なんとかそれに対応して成長していくのだから，それほど問題はないはずだという主張がある。これにたいして，2人ボス制こそがマトリックス組織の最大の弱点という指摘もある。それが命令統一の原則を犯してしまうからである。つまり，マトリックス組織では，組織の命令権限関係が混乱し，誰が責任者かわからない無政府状態を生み出すという指摘である。どちらが正しいかは必ずしも明確ではないが，ただマトリックス組織が以前ほど脚光を浴びることがなくなったのは事実である。

4　職能横断的組織―プロジェクト・チーム

　ここでは，職能横断的組織の代表例としてプロジェクト・チームを取り上げる。それが現代企業にとって重要な課題の一つである新製品開発に力を発揮するからである。プロジェクト・チームとは，特定の問題を解決したり，特別なプロジェクトを遂行するために，組織内の複数の管理者・成員をメンバーとして設置される組織をいう。この定義から明らかなように，プロジェクト・チームは複数の職能部門からメンバーを集めて結成されるため，職能横断型組織とみなすことができる。またそれは問題解決，目的達成後には解散するため，流

動的組織とよばれることもある。

　プロジェクト・チームは新製品開発のスピードと柔軟性の同時極大化に寄与するといわれている（竹内・野中）。いま対照的な二つの新製品開発方法を考えてみよう。ひとつは，製品開発のプロセスがフェイズからフェイズへと逐次段階的に進んでいくというものである。この方法は，一つの職能別専門家集団がバトンを次の集団に渡すという形態であり，「リレー」に見立てられる。リレー方式は，各フェイズごとにそれぞれの職能専門家たちが完璧な仕上げを追求することを可能にし，高水準の性能を達成することが多い。これがリレーの最大のメリットであろう。ところが，フェイズを追って進んでいくために，どうしても製品開発のリード・タイムが長くなってしまう。つまり，スピードという点に問題がみられるのである。

　もうひとつのアプローチは，製品開発プロセスのフェイズにまたがるオーバーラップ（重複）を特徴としている。この方法を実行するために結成されるのが，職能横断的なプロジェクト・チームである。この方法のメタファ（見立て）としては，「ラグビー」が用いられる。すなわち，ラグビーのように全員が一緒に走り，ボールを前後にパスしながら，チームが一丸となってゴールに向かって前進していくからである。現に，プロジェクト・チームは日本企業に多用され，製品開発のスピードと柔軟性という点で大きな成功をもたらしている（たとえば，コア・テクノロジーである液晶技術を駆使したユニークな製品開発で知られるシャープの大ヒット商品はほとんどがこのプロジェクト・チームから生み出されている）。その理由を考えてみよう。

　上述したように，プロジェクト・チームはさまざまな専門分野，思考，行動様式をもつメンバーからなっている。彼らがそれぞれにもっている異質な発想・情報をチーム内でぶつけ合うことで「異種交配」が起こる。こうした異種交配によって，革新的なアイデアとコンセプトが生まれていく。

　そればかりではない。開発フェイズがオーバーラップするラグビー・アプローチはスピードというメリットをももたらす。リレー方式では，あるフェイズで生じた難関によって全開発過程のスピードが遅くなったり，停止したりしてし

まう。しかしラグビーでは，障害が発生したとしてもそれによって開発過程がストップするわけではなく，プロジェクト・チームは何とか前進しようと努力を継続していく。この異種交配と開発フェイズのオーバーラップにより，プロジェクト・チームは製品開発のスピードと柔軟性に貢献するのである。

5　カンパニー制

　カンパニー制とは，社内の事業部門を擬似的に一つの独立した会社（カンパニー）とみなす社内分社制度を意味している。最近，社内の組織を事業部制からカンパニー制に改編する日本企業が急増しており，1994年のソニーを皮切りに，2000年4月時点で，ＮＥＣ，富士ゼロックス，全日空，三洋電機，オムロン，ポッカコーポレーションなど，カンパニー制を導入する企業は目白押しである。

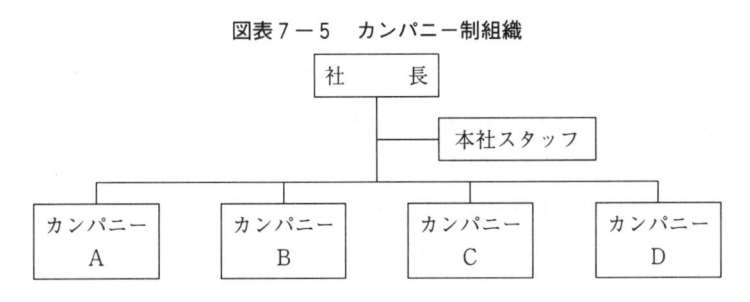

図表7－5　カンパニー制組織

```
          社　長
            │
            ├──── 本社スタッフ
            │
   ┌────┬────┼────┬────┐
 カンパニー カンパニー カンパニー カンパニー
    A      B      C      D
```

　ではカンパニー制と事業部制とのちがいは何であろうか。カンパニー制が事業部制と大きく異なるのは，組織運営の手法である。まずカンパニー制では事業部制に比べ，各事業部門の独立性がいっそう高まることになる。
　第1に，どの顧客をターゲットにして，どのように競合企業との差別化を図っていくかという事業戦略の策定に関して，カンパニーの長であるプレジデントにきわめて大きな裁量権が与えられる。第2に，各カンパニーはそれぞれの戦略を実行していくための機能をもっており，社内の他の組織に依存する必要のない高い独立性をもつ。さらに経営資源の配分，活用もすべてプレジデントに一任されている。このような高い独立性が認められている分，事業責任も

格段に重くなる。

　カンパニー制が事業部制と最も異なるのは会計管理の面での責任の重さであるといわれる（徳永）。事業部制組織は，年度ごとの損益計算書を基礎とした期間損益を重視し，各事業部を利益責任単位と位置づけている。しかしカンパニー制はそれにとどまらない。本社は各カンパニーの資産評価を組み入れた貸借対照表をつくり，その規模に応じて擬似的に資本金を各カンパニーに割り振っていく。また擬似資本金以外の必要資金は本社からの借入金とみなされ，金利が各カンパニーに課せられ本社への返済が求められる。このように，カンパニーは会計上完全に独立した事業体とみなされるため，各カンパニーは単年度の利益のみならず，投下資本収益率（ＲＯＩ）やキャッシュフローなどの資本効果や資産内容に対しても明確な責任を負うことになるのである。

　上述したように，日本企業はカンパニー制の導入に積極的である。カンパニー制が注目されているのは，①各カンパニーの意思決定のスピードアップがはかれる，②カンパニーの事業責任を明確化することで，カンパニーに所属する人びとの事業へのコミットメントが高まり，組織を活性化することができる，③カンパニー制の草分け的存在であるソニーがそうであったように，社内に散在している複数の事業を戦略的な事業単位に集約して，組織の簡素化を実現できる，からであろう。それらのメリットは，いわゆる大企業病の克服につながる（當間）。すなわち，日本企業はカンパニー制を導入し，柔軟で迅速な経営を実現するという経営改革をめざしているのである。

　しかし，カンパニー制を導入した企業は現在も試行錯誤を繰り返している。たとえば，先鞭をつけたソニーもカンパニー制導入の２年後には，第二次カンパニー制として研究開発とマーケティングの機能をカンパニーから切り離し，本社の管理下に集約している（徳永）。今後もこうした試行錯誤が繰り返されることが予想される。ただカンパニー制が注目に値する新しい組織であることは間違いあるまい。

(問題1) 官僚制の逆機能は環境変化が激しい場合に顕著になるといわれる。その理由について説明しなさい。

(問題2) 職能別組織と事業部制組織の長所と短所をそれぞれ指摘しなさい。

(問題3) プロジェクト・チームが新製品開発で強みを発揮するとされるのはなぜだろうか。

〔解答のヒント〕

1 組織構造の次元に基づいて、官僚制の構造特性を考えてみなさい。
2 それぞれの部門化の基準と組織内の権限関係に着目するとよい。
3 製品開発のスピードと柔軟性という観点で整理してみなさい。

〔参考文献〕

1) 伊丹敬之・加護野忠男 (1993)「第6章 組織のマネジメントとは」「第7章 組織構造」伊丹・加護野著『ゼミナール 経営学入門 (改訂増補版)』日本経済新聞社。
2) ウェーバー (1947) Weber, M. *Wirtschaft und Gesellschaft, Grunderiss der Sozialokonomik III*, Tübingen. (濱島 朗訳 (1983)『権力と支配-政治社会学入門-』有斐閣。)
3) 内野 崇 (2000)「12 組織って何？」学習院大学経済学部編『経済・経営を楽しむ35のストーリー』東洋経済新報社。
4) 占部都美 (1984)『新訂 経営管理論』白桃書房。
5) 金井壽宏 (1999)『経営組織』日経文庫。
6) 竹内弘高・野中郁次郎 (1999)「第9章 ラグビー方式による新製品開発競争-スピードと柔軟性を求めて-」嶋口・竹内・片平・石井編『マーケティング革新の時代2 製品開発革新』有斐閣。
7) 谷口明丈 (1998)「第4章 環境・戦略・組織」東北大学経営学グループ著『ケースに学ぶ経営学』有斐閣。
8) チャンドラー (1962) Chandler, A. Jr. *Strategy and Structure*, M.I.T. Press. (三菱経済研究所訳 (1967)『経営戦略と組織』実業之日本社。)
9) 當間克雄 (1997)「第12章 新しい組織形態」柴田悟一・中橋國藏編『経営管理の理論と実際』東京経済情報出版。
10) 德永優治 (1999)「縮む市場に対応する組織-カンパニー制」日経ビジネス編『99年版最新経営イノベーション手法50』日経BP社。

11) 中橋國藏（1986）「第5章　経営組織」後藤幸男編『経営学総論』税務経理協会。
12) 沼上　幹（1999）「第7章　経営組織論」一橋大学商学部経営学部門編『経営学概論』税務経理協会。
13) バーナード（1938）Barnard, C.I. *The Functions of the Executive,* Harvard U. Press.（山本安次郎・田杉　競・飯野春樹訳（1969）『新訳　経営者の役割』ダイヤモンド社。）
14) プラハラド＝ハメル（1990）Prahalad, C.K. and G. Hamel "The Core Competence of the Corporation" *Harvard Business Review,* May－June 1990, pp. 79－91.
15) 古川順一（1985）「第1章　経営組織の意義」車戸　實編『経営組織論』八千代出版。
16) ペロー（1967）Perrow, C. "A Framework for the Comparative Analysis of Organizations," *American Socilogical Review,* 32, pp. 194－208.

第8章　組　織　行　動

第1節　組織行動の意義

　組織行動（Organizational Behavior）とは何か，ということについてはいろいろな考え方が表されているが，一般的には，組織行動論は組織における人間行動の研究のことである[1]。R・A・バーロンは，組織行動論について，個人，集団，および組織過程の科学的研究を通じて組織状況における行動についての知識を高めようとする領域であるとし，その目的は組織の有効性と個人の福利の両方を高めることにある，としている[2]。またR・W・グリーフィンとG・モアヘッドは，組織行動論が，組織状況における人間行動，その人間行動と組織コンテクストとの間の境界，および組織そのものについての研究であるとしている[3]。

　以上の点からすると，少なくとも組織行動というのは，組織を構成する人々の行動であり，組織における人間行動ということになる。しかし，組織における行動ということで，人間の一般行動とは異なることになる。それは組織には人間の意思決定や行動ないしは態度に影響を及ぼす機構があるからである。この問題を検討するために，組織とは何か，組織の中の人間行動とは何かを明らかにしよう。この問題を考察するのにC・I・バーナードの協働体系や公式組織の定義が参考になる。

　人間が一人では生きていくことができない以上，人間は協働するものである。協働というのは，一般には，個々人や集団が共有された目的を達成するために一緒に働く過程のことである[4]。それでは人々はなぜ協働するのであろうか。バーナードによると，それは個人ではやれないことでも協働でならやれるから

である。すなわち個人にとっての制約を克服する手段として協働するのであり，一人ではできないことでも，二人以上の人々が協力すればできることから協働体系を形成するのである[5]。

この協働体系 (cooperatve system) とは，少なくとも一つの明確な目的のために二人以上の人々が協働することによって，特殊の体系的関係にある物的，生物的，個人的，社会的構成要素の複合体である[6]。このような協働体系は多種多様である。それは，例えば，企業，学校，政府，軍隊，教会，家庭，あるいはNPOなどである。このような協働体系が一般には組織と呼ばれている。

ところで，このように多様な協働体系の中から，物的環境，社会的環境，個人，その他の変数を捨象すると，すべての協働体系に共通する要因がある。これをバーナードは公式組織 (formal organization) と捉え，「二人以上の人々の意識的に調整された活動や諸力の体系」[7]と定義している。

バーナードによると，その組織は，(1)コミュニケーション，(2)貢献意欲，(3)共通目的，があれば成立し，これらの三要素は組織成立の必要十分条件である[8]。ここで，共通目的は組織目的のことであり，組織成員が協力して達成する目的である。それは個人目的ないし個人的動機とは区別されるものである。組織は参加者が組織目的を達成する活動によって成立するのである。協働意欲は，その組織目的を達成しようとする意欲であり，組織に参加しようとする意欲である。この意欲は，組織に参加することで得られる誘因と組織への貢献を比較考量して，誘因≧貢献の場合，生じる。コミュニケーションは，共通目的と協働意欲を結合して，その両者の潜在的なものを動態化し，組織活動たらしめる。コミュニケーションは目的をその達成に必要な具体的行為——すなわち，なにを，いつ，どこでなすべきかということ——にいいなおすために必要である。このような三つの要素の存在によって組織は成立し，それが人々の共通目的達成活動として現れる。すなわち，公式組織は，人間行動のシステムであり，人々の共通目的達成活動によって構成されるシステムなのである。

しかし，組織が人々の調整された活動として継続的に機能するためには，組織は人々の態度や行動あるいは意思決定に影響を及ぼす機構を形成しなければ

ならない。これらの影響機構が，一般には，(1)組織構造，(2)規則体系，(3)業績評価体系，(4)報酬体系，(5)組織風土や文化，(6)リーダーシップである[9]。組織はこれらの要因によって成員の態度がどのようなものであれ，組織目的達成の行動（組織行動）を求め，組織活動を遂行させる。組織における人間行動は，これらの影響機構と個人の態度や欲求といった内部過程との相互作用の結果として現れる。組織の影響機構の中心にある組織構造は第7章で論述されているので，以下では人間行動の基本にある内部過程について検討しよう。

第2節　人間の内部過程

人間の行動は意思決定の結果として現れるが，それは図表8－1に示されるように，その内部過程と環境との相互作用によって決定される。したがって，人間の行動を明らかにするためには，環境要因との関係で人間の内部過程を分析することが必要であるが，ここでは内部過程としての知覚，期待，欲求構造について検討しよう。それらは人間行動の基本にあるからである。

1　知　覚

J・G・マーチとH・A・サイモンは，人間を選択し，意思決定し，問題解決する複雑な情報処理システムと捉え，人間の行動がその内部状態と環境の相互作用によって決定されることを示している[10]。W・V・ハーニイは，この関係を図表8－1のように知覚モデルとして示している[11]。この図は，人間の内部の記憶には，ある特定の時点で行動に影響を及ぼす部分（喚起された集合）とそうでない部分（喚起されない部分）があること，また環境にも行動に影響を及ぼす側面（刺激）と及ぼさない側面があることを示している。そして人間の行動がその内部状態と環境との相互作用によって決定されることを示している。

知覚（perception）とは，一般に絶えず受け入れられている刺激を観察し，選択し，組織化し，解釈する過程である[12]。J・A・リテェラーは知覚が次の三つのメカニズムによって形成されることを示している[13]。第一は，選択性（se-

図表8-1　知覚モデル

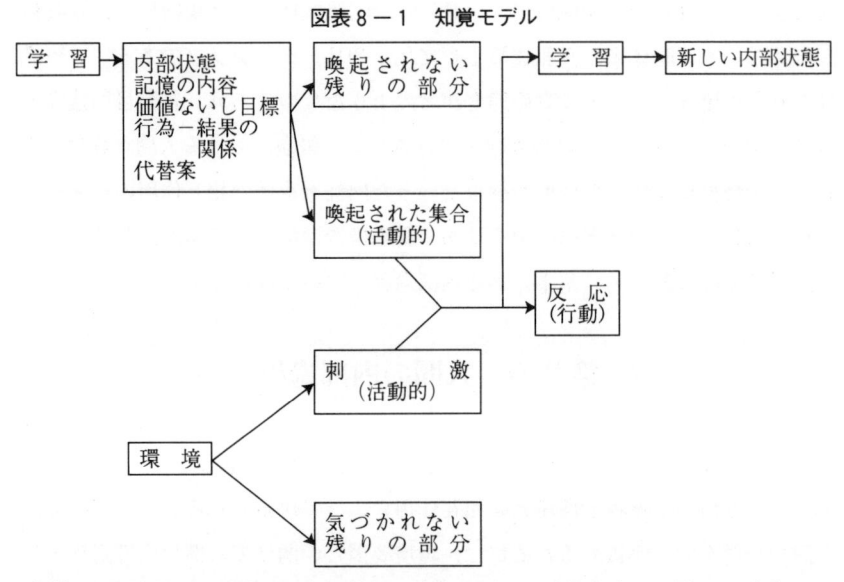

```
学習 → 内部状態      → 喚起されない     学習 → 新しい内部状態
       記憶の内容       残りの部分
       価値ないし目標
       行為-結果の
         関係        → 喚起された集合
       代替案           (活動的)
                                      → 反応
                                        (行動)
                    → 刺　　激
                      (活動的)
       環　境
                    → 気づかれない
                      残りの部分
```

出所：W. V. Haney, *Communication and Interpersonal Relations : Text and Cases.* 4 th ed. (Richard D. Irwin, Inc., 1979), p. 67.

lectivity) であり，情報のある部分が識閾によっていっそう熟慮されるために分離される。第二は，閉鎖 (closure) であり，断片的情報が意味のある全体に編集される。第三は，解釈 (interpretation) で，過去の経験が収集された情報を判断する際の助けとなる。選択された情報は閉鎖ないし解釈のいずれか，あるいはその両方によって意味を付与されるが，またその両方はフィードバックしてどの情報が選択されるかを決定する。

　このように知覚において重要なことは，それが選択過程であるということにある。これは，人がその周囲の情報（刺激）をすべて受け入れるのではなく，その一部だけを選択して受け入れることを意味している。これは人間の能力に次のような限界があるためである[14]。(1)人が向けることのできる注意の範囲に限界がある，(2)注意の一元性（人は二つのことを同時に行うことができない），(3)認知的緊張を避けようとする内的欲求，がそれである。人間は，このような能力の限界のために，感覚器官を通して入ってくるすべての情報を消化吸収できず，

その内部の欲求，態度，期待，価値，あるいは目標などによってその一部だけを選択して受け入れる。この選択過程によって，人間は環境の中のどのような刺激を受け入れ，どのような刺激を除去するかを決定するのである。

2 態　度

　態度 (attitude) というのは，一般に，一貫して好ましいあるいは好ましくない方法で，ある対象に反応する学習された傾向と定義される[15]。態度の構成要素には感情，認知，行動の三つがある[16]。感情的要素とは，ある対象や人に対して人が行う評価，好み，ないしは情緒的な反応である。認知的要素は，その対象や人について人が持っている信念，またはそれについての実際の知識である。行動的要素は，その対象や人に対して方向づけられたその人の外顕的行動である。

　D・カッツによると，態度は次のような心理的機能を果たしている[17]。(1)調整，(2)自我防衛，(3)価値表現，(4)知識，の機能がそれである。(1)の調整機能は，人々が外部環境において報酬を最大にし，不利益を最小にしようと努力している事実を認識することである。(2)の自我防衛機能は，個人が自分の受け入れられない衝撃や外部の脅威を知ることから，自己を防衛するメカニズムと，そのような問題によって引き起こされる不安を減少させる方法のことである。(3)の価値表現機能は，自分の中心的価値や自分と同じと考えているタイプの人に対して，積極的な表現をすることである。(4)の知識機能は，人々はいろいろな要求を満たしたり，混沌とした世界に意味を与えようとして知識を求めるので，人々が自分たちの世界を理解するための基準ないし標準枠として働くものである。以上のように，人々がどのような態度をとるかはその人の行動を決めるのである。

3 欲　求

　人間の欲求構造についてはいろいろな考え方が表されているが，ここではA・H・マズローの考え方を検討しよう[18]。彼によると，人間の基本的欲求に

は，(1)生理的，(2)安全，(3)所属と愛，(4)承認，(5)自己実現，の五つがある。(1)の生理的欲求は空腹，性，喉の渇きを満たすことを求める欲求で，これはあらゆる欲求の中で最も優勢なものである。これらの欲求が比較的よく満たされると，安全の欲求が現れる。(2)は，安全，安定，依存，保護，恐怖・不安・混乱からの自由，構造・秩序・法・制限を求める欲求，保護の強固さなどである。(3)の所属と愛の欲求は集団や家族での地位を求めることであり，他者との愛情を満足させることである。(4)の承認の欲求は二つに分けられる。第一は，強さ，達成，適切さ，熟達と能力，世の中を前にしての自信，独立と自由に対する願望である。第二は，評判，信望，地位，名声，栄光，優越，承認，注意，重視，威信，評価などに対する願望である。(5)の自己実現の欲求は，人の自己充足への願望，その人の才能や潜在的可能性を実現しようとすることである。

　マズローによると，自己実現者は，生理，安全，所属・愛，尊敬，自尊の欲求を満足させ，自分の哲学的，宗教的，価値論的な立場をつくりあげている人である。自己実現者は，例えば，人々を正しく有効に判断する並みはずれた能力を持ち，争いごとに超然としており，自己決定，自己管理があり，能動的で，責任感があり，神秘的体験や至高体験をし，はっきりした道徳基準を持ち，善悪の区別や目的と手段の区別を明確にでき，哲学的なユーモアのセンスがあり，創造性，独創性，発明の才がある。マズローは，このような自己実現者を心理学的に健康な人間として捉えている。完全な健康や正常な発達は，この本性を実現するところに，またこれらの潜在能力を満たすところに，そして成熟に向かって発達するところに存在するとしている。

　人間は自己の欲求を満たそうとして行動するが，人々がどのような欲求を持っているかによってその人の行動は異なる。しかし人の行動は態度や欲求だけではなく，彼を取り巻く環境をどのように知覚するかによって決まる。すなわち，内部過程と環境の相互作用によって決まる。それが組織においては個人の内部過程と組織の影響機構の相互作用によって人々の活動が遂行され，組織行動として現れるのである。

第8章 組織行動 133

第3節 コンフリクト

　人間はそれぞれ個人として独立した存在であり，彼らや彼女ら〔以下彼（女）らで表す〕の欲求や態度あるいは価値観は異なり多様である。そしてそれらが異なると，一般には異なって行動する。そのことが人々のコンフリクトを生み出すことになる。しかし人々が共通の目的を達成するためには彼（女）らの行為が調整される必要がある。人々が対立・葛藤し，調整されず，組織行動として統合されなければ，組織は機能不全に陥るのである。そこで人々のコンフリクトをどのように解決するかということが組織では重要な課題となる。組織が有効に機能するためには，人々の調整された行為を必要とする。すなわち人々のコンフリクトが解消されなければならないのである。そこで次にコンフリクトの問題について検討しよう。

1　コンフリクトの解決方法

　それでは，コンフリクト（conflict）とは何であろうか。このコンフリクトには個人内，個人間，集団間，組織間，等いろいろなレベルがある。マーチとサイモンはコンフリクトを代替案の中から一つを選択する際の意思決定の問題として捉え，この個人内のコンフリクトが他のレベルの基礎にあるとしている[19]。確かに，それは意思決定における個人の心理的問題であり，他のレベルの基礎にあるが，しかしここでは個人間，集団間，ないし組織間のコンフリクトについて検討する。このレベルでのコンフリクトというのは，二人以上の人々，集団，組織が相互に関係する状況で，それらの間で価値，目標，態度，感情，知覚などが相いれず，対立する過程である[20]。

　このコンフリクトの解決の方法としては，妥協，合意，多数決，説得，政治工作，玉虫色的決着，共通の敵の確認など多様であるが，以下ではその基本的方法について検討しよう[21]。

　コンフリクトを解決する方法は二つの次元で捉えられる。一つは自己への関

心を重視し，自分の利益を満たす次元である。他の次元は他者に関心を払い，他者の利益を満たす次元である。これらを組み合わせると典型的に五つのスタイルができ，それが図表8－2のように表される。

(1) 回避型は，自己への関心も他者への関心も低いタイプで，コンフリクト問題の解決を避けようとするタイプである。このタイプはできるだけ平穏無事を求め，大過なく勤めることが最善と考えるタイプである。

(2) 抑圧型は，自己の目標や欲求を満たすことを優先し，その達成を妨げるものを排除し，他者の要求や考えを抑圧して，コンフリクトを解決するタイプである。

(3) 同調型は，自己の主張をあまりせず，他者の要求や目標の達成を求めるタイプである。これは自己の利益を犠牲にしても，他人の要求を受け入れ，他人との調和を求め他人に同調するのである。

(4) 妥協型は，コンフリクトの当事者がギブ・アンド・テイク(give and take)によって解決するタイプである。これは，コンフリクトが起こるとき，そ

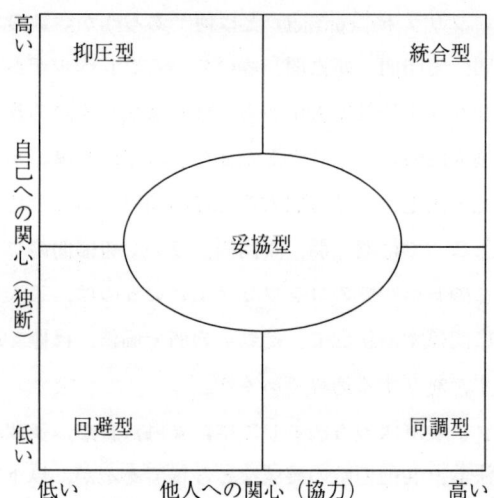

図表8－2

```
           高い │ 抑圧型      │ 統合型
               │             │
   自己への    │─────┼─────
   関心        │    妥協型   │
   (独断)      │             │
               │─────┼─────
           低い │ 回避型      │ 同調型
               低い   他人への関心（協力）   高い
```

出所：狩俣正雄『変革期のリーダーシップ』中央経済社，1996年，109ページ。

れぞれの主張や要求に固執せず,互いにそれらを一部譲歩し一部取り入れて解決する方法である。

(5) 統合型は,コンフリクトが起こるとき,その原因がどこにあるかを明らかにし,相互協力によって共に満足できる最善の解決を図るタイプである。これはそれぞれが犠牲を払うことなく,彼らの要望が共に満たせる満足な解決方法である。

以上,コンフリクト解決方法の基本型を説明してきたが,コンフリクトは個々人が他と異なるアイデンティティを形成し,他と違う差異を有していることから生じる。人々がその差異を強固に自己主張することでコンフリクトが生じるとき,人々はその解決のために様々な方法を用いる。それは自己と他者の関係をどのように捉えるかによって,あるいは彼(女)らを取り巻く状況によって様々な解決手法を用いるのである。しかし共に利益が得られるような真の解決方法は創造的問題解決の場合である[22]。

2 創造的問題解決

創造的問題解決型は,新しいコンテクストを創造し,コンフリクトの当事者が共に満足できる革新的解決方法である。これは当事者のコンフリクトの原因となっているコンテクストを打破したり,従来の習慣や伝統,あるいは行動様式を超越するような新たなコンテクストの創造による解決である。しかし,これは,現実には困難である。人々の対立,葛藤は,多くの場合,彼(女)らの拠って立つコンテクストの違いに原因があり,彼(女)らがそれに縛られ囚われていることにある。そしてそのコンテクストは彼(女)らの無意識の中にあり,それは自分ではなかなか気づかないものである。それはまた,人間の現状維持志向的性向のために困難である。さらに,創造的,革新的な方法であればあるほど,それは人々から批判され,中傷され,抵抗されるのである。

これらの困難を克服して,新たなコンテクストを創造し,問題解決をするためには,次の点が必要である。

(1) コンフリクトの当事者が相手の立場(コンテクスト)に立って彼(女)ら

のコンフリクトの意味を検討する。
(2) より広い状況（より広いシステム）の視点からコンテクストを捉え，彼（女）らのコンフリクトの意味を検討する。
(3) より長期的視点で彼(女)らのコンテクストやコンフリクトの意味を検討する。
(4) より高いコンテクストの観点から彼(女)らのコンフリクトの意味を検討する。

そのためには，彼（女）らの間で息の長いコミュニケーションが必要である。人々はコミュニケーションによって彼(女)らのコンフリクトの原因となっている差異に気づき，その差異の多様な相互作用の中から新たな意味を創造できるからである。差異があることによってコミュニケーションが彼（女）らに驚きや新しい視点，あるいは新しい物の見方や考え方を与える。人々は粘り強い対話と交渉，すなわちコミュニケーションによって従来のコンテクストを越えた一段高いコンテクストを創造し，革新的な問題解決を得ることができるのである。

第4節　リーダーシップ

組織が調整された行動として有効に機能するためには，何よりも有効なリーダーシップが必要である。リーダーシップとは何かという問題はこれまで広範囲に論議され，様々な理論やモデルも提示されている。ここでは代表的な理論の基本的考え方とリーダーの役割について検討しよう[23]。

1　リーダーシップ理論

(1) 特性理論は，リーダーシップの有効性を規定するのはリーダーの特性にあるという考え方である。それは効果的ないし有効なリーダーが共通に持っているパーソナリティ特性を見つけることを研究対象とし，英雄や偉人と言われる人々の特性の研究に焦点をあてる。この理論は有効なリー

ダーと部下の特性を比較し,リーダーに必要な特性が何かを明らかにする。R・M・ストッグディルによると,リーダーシップと高い相関関係にある特性は,①創造性,②人気,③社交性,④判断力,⑤積極性,⑥優越性,⑦ユーモア,⑧協調性,⑨活発性,⑩運動能力である[24]。これらの特性を持っている人は有効なリーダーになれるのである。

(2) 行動理論は,リーダーの行動パターンとリーダーシップの有効性を関係づけ,理想的なリーダーの行動を明らかにする。これらのリーダーの行動スタイルとしては,民主的,参加的,専制的,あるいは従業員中心,仕事中心,等のスタイルがある。これらのリーダー行動と組織業績や部下の満足といった結果変数を比較すると,民主的参加的リーダーが組織の業績は高かく,部下の満足は高かった。前述のコンフリクト解決の基本的タイプも行動理論でいうリーダーの行動スタイルとして捉えることができる。そして統合型が望ましいスタイルとされる。このように行動理論は実証研究によって理想的なリーダーの行動スタイルを明らかにしているのである。

(3) 状況理論は,リーダーシップの有効性の規定要因が状況にあるとして,リーダーと状況要因との適合関係を明らかにする。この理論の代表的な研究者はF・E・フィードラーである。彼は,すべての状況に適用できる唯一最善のリーダーシップ・スタイルはないとして,リーダーのスタイルと状況の適合関係を明らかにするコンティンジェンシー (contingency) モデルを提示している[25]。そのスタイルはLPC (Least Preferred Coworker＝最も好ましくない協働者) 尺度によって捉えられ,その得点の高いリーダーは関係志向のタイプで,低い得点のリーダーは課業志向のタイプである。またリーダーシップ状況は,(1)リーダーと部下の関係,(2)課業構造,(3)リーダーの地位の権限である。これらを組み合わせると八つの状況に分類される。実証研究の結果は,図表8－3で示されるように,課業志向のリーダーは有利な状況と不利な状況で有効であり,関係志向のリーダーは中程度に有利な状況で有効であった。

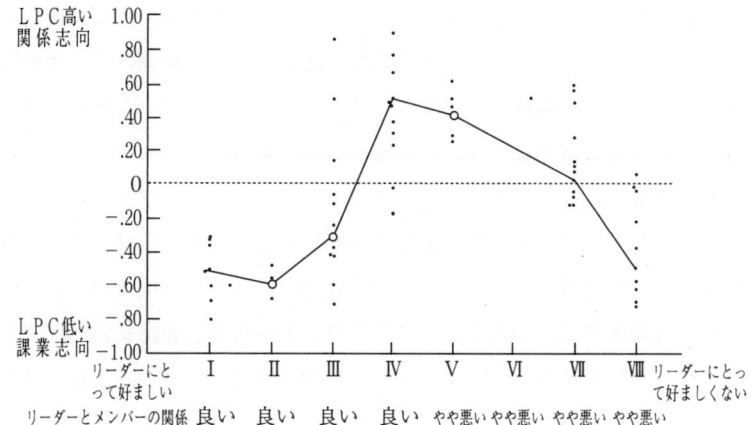

図表8－3　各区分ごとに示したリーダーのＬＰＣ得点とグループの効率との間の相関

	Ⅰ	Ⅱ	Ⅲ	Ⅳ	Ⅴ	Ⅵ	Ⅶ	Ⅷ
リーダーとメンバーの関係	良い	良い	良い	良い	やや悪い	やや悪い	やや悪い	やや悪い
課業構造	定型的	定型的	非定型的	非定型的	定型的	定型的	非定型的	非定型的
リーダーの地位の権力	強い	弱い	強い	弱い	強い	弱い	強い	弱い

（左端：ＬＰＣ高い　関係志向／ＬＰＣ低い　課業志向。Ⅰはリーダーにとって好ましい、Ⅷはリーダーにとって好ましくない）

出所：F. E. Fiedler, *A Theory of Leadership Effectiveness*, (New York：McGraw-Hill Book Company, 1967), p.146.（山田雄一監訳『新しい管理者像の探究』産業能率短大出版部，昭和45年，203ページ）

　このモデルは，最も有効なリーダーシップ・スタイルは状況の性質を条件 (contingent upon) とするとして，リーダーシップが有効であるためのリーダーのスタイルと状況の適合関係を明らかにしている。そしてリーダーの選抜やリーダーに合わせた組織編成に役立てているのである。

2　組織におけるリーダーの役割

　組織は基本的に参加者の動機を満たすために形成される。しかし，組織がその目的を達成するために最適に作られても，それは永続的に存続するとは限らない。組織の環境は絶えず変化しているからである。組織はそれ自体で自動的に有効に機能することは困難なのである。これができるかどうかは，組織がその成員を統一的統合的に協働させるリーダーシップに依存するのである。リーダーシップは環境の変化に対応して組織成員を目的達成の方向に統一的統合的に協働させたり，組織自体を絶えず変革したり創造する主体的な影響過程であ

る。リーダーシップがこのように主体的な影響過程であるとすると，リーダーは少なくとも，次の三つの役割を果たさなければならない[26]。

　第一の役割は，リーダーと部下の対面的な状況下における部下に対する直接的な働きかけである。それは，①目標の提示，②その目標達成のための技術的指導，③動機づけ，の形で表される。①は，リーダーは先ず目標を設定し，部下の仕事が何かを明確にしなければならない，ということである。目的ないし目標は組織が実現しようとしている状態を明らかにすることで，その活動の方向を示す。部下は目標が何かを知ることで，彼らや彼女らのエネルギーをその目標達成に集中できる。

　しかし，部下がその目標を理解しても，それを達成する技術的能力がなければ，その目標は達成できない。そこでリーダーは部下が目標を達成できるように指導し，部下の熟練度を高めるようにしなければならない。ここにリーダーは，②として，部下が目標を容易に達成できるように指導し訓練する必要があるのである。

　しかし部下が目標を正確に理解し，その目標達成の技術的能力を持っているとしても，部下は目標を達成するとは限らない。目標を達成するかどうかは，最終的には部下の意欲に依存するからである。そこでリーダーは，③として，部下が目標を積極的に達成するように動機づけることが必要なのである。このような三つの働きかけは部下に対する直接的な影響過程である。

　第二の役割は，目標の達成を促進する組織要因や集団要因を形成することである。組織はその成員の態度や行動，あるいは意思決定に影響を及ぼす機構を有している。これらは，例えば，組織構造，規則体系，報酬体系，組織文化などである。組織はこれらの要因によって個々人を組織活動（組織的努力）に結びつける。しかしこれらがどのような形態かによって成員の行動や意思決定あるいは業績に影響を与える。例えば，組織文化というのは，成員間に共有された意味や価値体系であるが，それは組織の解釈過程に影響を与え，組織成員の態度や行動あるいは組織業績に大きな影響を与える。そして組織文化の形成でリーダーは重要な影響を及ぼすことができる。そこでリーダーは，組織目的達

成を促進し，良好なリーダーと部下の関係を構築するような組織機構を形成することが必要なのである。

　第三に，リーダーの役割は，環境の変化に対応して組織の価値変革や価値創造あるいは意味創造を行うことである。組織は環境と相互作用するオープン・システムとして環境の中で活動している。組織が存続発展するためには，環境の変化とともに変化する組織関係者の欲求や選好を満足させるように新たな組織の活動領域を創造しなければならないのである。

　組織を取り巻く人々の欲求や選好あるいは価値観が多様化し，多義的で不確実な環境の中で組織が存続発展するためには，従来の秩序や価値を変革し，新しい価値や意味を創造することが必要となる。リーダーは，人々の相対立する価値や選好あるいは欲求を調整し統合し環境で生存できる活動領域を創造したり，あるいは人々に共有される新たな意味や価値を形成することが必要なのである。

　リーダーは，以上のような役割を遂行することで組織を有効に機能させ，活性化することができる。組織は，有効なリーダーシップによって成員を目的達成に向けて統一的統合的に協働させ，組織行動として機能するのである。

第5節　組　織　変　革

　組織が環境の中で存続発展するためには，その現状維持志向的な安定性と環境適応志向的な柔軟性の均衡を図らなければならない。組織はその慣性として現状維持を求める。しかし，オープン・システムとしての組織は環境の変化に対応して組織自体を変革していかなければならないのである。

　組織の変革を引き起こす環境変化が何かは多くの論議が行われている。例えば，S・P・ロビンスは，労働者の性質，テクノロジー，経済的要因，社会的要因，政治的要因，競争要因を挙げ，特に，90年代ではイノベーションとエンパワーメントが重要な要因となってきたとしている[27]。またF・E・カーストとJ・E・ローゼンツワイグは，技術的，経済的，法的，人口的，生態系的，

文化的な一般環境要因のほかに，競争や戦略的要因を挙げている[28]。このように多様な要因が組織変革を促進してきているが，わが国の企業システムに影響を与える要因としては次の点が考えられる。①少子高齢化，②高度情報化，③経済のグローバル化，④経済のソフト化ないしサービス化，⑤地球環境問題の深刻化，⑥価値観の多様化，⑦女性の社会進出，⑧就業形態の多様化，⑨高学歴化などがそれである。特に，社会の超高齢化，コンピュータやインターネットなどで表されるIT革命，経済のグローバル化に伴う競争の激化，地球環境問題の深刻化などは，従来の企業システムの変革を求めているのである。

　それでは組織変革とは何であろうか[29]。組織変革に関する領域は次の三つに分類される。(1)変化，(2)開発，(3)変革がそれである。(1)の組織変化（organizational change）は，組織調整に関連し，組織目標を達成するために組織の内部問題を管理することであり，それらの目標や標準を改正する管理活動に関わっている。(2)の組織開発（organizational development）は，適応に関連し，組織と環境との間のよりよい調整を達成するために設計された活動や過程に焦点をあて，変化する環境の中で存続することである。(3)の組織変革（organizational transformation）は，将来の予測に関わり，組織構造や戦略などが将来予想される事態に適応するように組織の基本的特徴や文化を修正する活動や過程に関係している。

　(1)の組織変化は，組織要素の再設計や再配列に関わっているので，それは変化のレベルとしては低レベルの変化，ないしシングル・ループ（single loop）学習レベルの変化である。それは前述のリーダーの役割との関係で言えば，第一の役割である。(2)の組織開発は，組織の諸部門を連結し関係づけ，それらを環境と調整するパターンの再思考を必要とするので，ある程度の変化を起こし，ダブル・ループ（double loop）学習となる。リーダーの役割としては，組織構造や組織文化の変革を行う第二の役割となる。(3)の変革は，価値や基本的仮説の問題の変革に関係しているので，より高次の変化である。これは価値創造や意味創造を担うリーダーの第三の役割によって実現されるのである。

　リーダーが環境の変化を認識し，組織を変革しようとしても，人々は変革や

改革に抵抗するものである。そしてその変化が大きければ大きいほど抵抗はますます大きくなる。人々がなぜ変化に抵抗するかについても多くの論議が行われているが，それらの要因としては，(1)現状維持志向，(2)知覚フィルター，(3)将来への不安，(4)人々の社会的結合，(5)現行制度から多くの利益を得ている人々の反対，(6)改革への無関心な人々の存在，(7)改革に伴う混乱などがある。これらの抵抗を克服して組織を変革するためには，リーダーは次の役割を果たすことが必要である。(1)環境の変化やゆらぎ，あるいは危機的状況を知覚し，それを避けるよりも変革のきっかけにする，(2)環境の変化（ゆらぎ）と組織変革をリンクする，(3)組織変革のビジョンを提示する，(4)変革に対する組織成員の抵抗を解消する，(5)変革によって得られる利益を成員に保証する。このようなリーダーの働きかけの結果として組織の変革が実現できるが，そのためには少なくとも組織成員レベルと組織全体のレベルでの変容がなければならない。

　組織成員の変容過程は三段階から成っている。それは知識，態度，行動の変化である。何らかの形で組織成員に変化が起こるためには，まず知識の変化がなければならない。それは外部から情報が入り，それが知識を増加させ，新たな知識を創造することで起こる。このような情報の入手や知識の獲得によって態度の変化が起こる。態度は知識変化の結果として，従来とは異なる方向で情緒的認知的に反応することで起こる。行動の変化は実際に現れた外顕的行動の変化であり，行動様式やパターンの変化のことである。しかし，実際には，知識の変化は別にして，態度や行動の変化は困難である。そこでリーダーはそれぞれの段階に応じた働きかけを行うことが必要なのである。

　組織の変容過程には，解凍（unfreezing），変化（change），再凍結（refreezing）の三段階から成っている。解凍は現在の機構やシステムを解消することである。組織機構は一旦形成されると現状維持のメカニズムが働く。それは組織成員の組織的抵抗という形で現れる。この抵抗を克服して組織を変革するためには，まず現在の均衡状況を解凍する必要がある。

　第二段階の変化は新しい機構やシステムに移行し変わることである。これは従来の組織構造や組織文化を変え，新たな組織コンテクストを構築することで

あり，組織成員の抵抗を除去することで行われる。そして，それは基本的には，個人の変容過程の達成によって実現されるのである。

　第三段階の再凍結は，新しく形成されたコンテクストを規則化し，安定化し，制度化することである。この過程が達成されなければ組織は最終的には変革を実現できない。カリスマ的リーダーがその特異の資質によって組織を劇的に変革したとしても，それを制度化できなければ，その変革や改革は一時的なものとなり，その組織そのものは存続し発展できなくなる。それは新しく形成されたコンテクストを組織化し，その意味を明確にすることによって達成されるのである。この組織の変容過程と個人の変容過程はパラレルに進行するのである。

　このような個人と組織の変化を起こすためには，リーダーは最終的には前述の第三の役割を果たさなければならない。リーダーが変化に対する人々の抵抗を排して新たな組織コンテクストや新たな価値を創造するためには，基本的に次の点が重要なのである。(1)崇高な理想や価値の高さ，(2)それを実現しようとする意志の強さ，(3)環境状況，(4)その認識能力，(5)説得である。これらの要因の相互作用によって組織を変革できる。すなわち，リーダーが環境の変化（ゆらぎ）を的確に把握し，崇高な理想を持ち，それを実現しようとする強い意志を持ち，組織的抵抗を克服するように成員を説得することで，新たな組織を創造することができるのである。

（問題1）　組織行動とは何か述べよ。
（問題2）　組織におけるリーダーシップの役割について述べよ。

（注）
1 ）　A. J. DuBrin, *Foundations of Organizational Behavior : An Applied Perspective,* (Englewood Gliffs, N. J. : Prentice−Hall, Inc., 1984), p. 5 .
2 ）　R. A. Baron, *Behavior in Organizations : Understanding and Managing the Human Side of Work 2 nd ed.,* (Ally and Bacon, Inc., 1986), pp. 3−36.
3 ）　R. W. Griffin and G. Moorhead, *Organizational Behavior,* (Boston : Houghton Mifflin Company, 1986), p. 8.

4) R. A. Baron and J. Greenberg, *Behavior in Organizations : Understanding and Managing the Human Side of Work,* 2 nd ed., (Boston : Allyn and Bacon, Inc., 1986), p. 366.
5) C. I. Barnard, *The Functions of the Executive,* (Cambridge, Massachusetts : Harvard University Press), pp. 23-32, (山本安次郎・田杉競・飯野春樹訳『新訳経営者の役割』ダイヤモンド社, 1968年), 24~33ページ参照。
6) *Ibid.,* p. 65, 前掲訳書, 67ページ。
7) *Ibid.,* p. 73, 前掲訳書, 76ページ。
8) *Ibid.,* pp. 82-91, 前掲訳書, 85~95ページ。
9) 拙著『組織のリーダーシップ』中央経済社, 1989年, 168~176ページ参照。
10) J. G. March and H. A. Simon, *Organizations,* (New York : John Wiley & Sons, Inc., 1958), p. 11, (土屋守章訳『オーガニゼーション』ダイヤモンド社, 1977年), 15~18ページ。
11) W. V. Haney, *Communication and Interpersonal Relations : Text and Cases,* 4 th ed., (Richard, D Irwin, Inc., 1979), p. 57.
12) P. V. Lewis, *Organizational Communication : The Essence of Effective management,* (Columbus, Ohio : Grid Inc., 1975), p. 270.
13) J. A. Litterer, *The Analysis of Organizations,* (New York : John Wiley & Sons, Inc., 1965), pp. 62-65.
14) O. Lerbinger, *Designs for Persuasive Communication,* (Englewood Gliffs, New Jersey : Prentice-Hall, Inc., 1972), (小川浩一・伊東陽一訳『コミュニケーションの本質』新泉社, 1975年, 173~176ページ参照。
15) S. J. Gross and C. M. Niman, "Attitude-Behavior Consistency : A Review," *Public Opinion Quarterly,* Vol. 39, No. 3 (1975), p. 361.
16) *Ibid.,* p. 361.
17) D. Katz, "The Functional Approach to Study of Attitudes," *Public Opinion Quarterly,* Vol. 24 (1960), pp. 163-204.
18) A. H. Maslow, *Motivation and Personality* 2 nd, (Harper & Row, Publishers, Inc., 1970), (小口忠彦訳『改訂新版 人間性の心理学——モチベーションとパーソナリティ——』産業大学出版部, 1987年)参照。
19) *Ibid.,* pp. 150-152, 前掲訳書, 169~177ページ。
20) 拙著『変革期のリーダーシップ』中央経済社, 1996年, 87ページ。
21) この点については, 前掲拙著 (1996年) 第5章参照。
22) 創造的問題解決については前掲拙著 (1996年), 117~120ページ参照。
23) リーダーシップについては, 前掲拙著 (1989年) を参照。
24) R. M. Stogdill, "Personal Factores Associated with Leadership : A Survey of the Literature," *The Journal of Psychology,* Vol. 56, No. 4 (1959), p. 63.
25) F. E. Fiedler, *A Theory of Leadership Effectiveness,* (New York : McGraw-Hill Book Company, 1967), (山田雄一監訳『新しい管理者像の探究』産業能率短

期大学出版部, 1970年)
26) この点については前掲拙著 (1989年), 69～73ページを参照。
27) S. P. Robbins, *Organizational Behavior: Concepts, Controversies, and Applications, sixth ed.*, (Englewood Cliffs, New Jersey: Prentice Hall, Inc., A Simon & Schuster Company, 1993), pp. 663－685.
28) F. E. Kast and J. E. Rosenzweig, *Organization and Management : A Systems and Contingency Approach* 3 rd ed., (New York: McGraw－Hill Book Company, 1979), pp. 565－569.
29) この点については前掲拙著 (1996年) を参照。

第9章　人的資源の管理

第1節　人的資源管理とは

1　人的資源管理の対象

　人的資源管理とは，ヒト，モノ，カネ，情報といった経営資源のうち，ヒトつまり人間を管理対象とする。人間は主体性をもった存在であるという点で，他の経営資源とは決定的に異なる特徴を持っている。

　自社の保有する生産設備や資本をどのように活用するのかは，基本的には企業の一存で決定できる。これに対して人間の働き方は，たとえ自社の従業員であっても企業が強制することはできない。もちろん，雇用契約に基づいた義務を負わせることは可能である。しかし，その実行にあたって人間はものを考え，努力の投入量などを主体的に決める。また，指示やルールが明確に与えられないままに，主体的に行動することが求められることもある。

　主体性を持った人間は，企業の論理を一方的に押しつけるだけでは管理できない。人的資源管理を有効に行うためには，人間を理解し，それらを制度にうまく反映させることが求められるのである。

2　人的資源管理の領域

(1) 人事労務管理から人的資源管理へ

　人的資源管理とは，アメリカでは1970年代後半，日本では1980年代以降に普及した言葉である。それまでは，人事管理や労務管理，あるいはこれらの合成語である人事労務管理という言葉が一般的であった[1]。これらは必ずしも厳密に区別されてきたわけではないが，あえてその違いを明確にすると，人事管理

とは主にホワイトカラーの管理を対象とし，労務管理は労使紛争に対処することから発展し，主としてブルーカラーを管理対象としたものであった。そして，両者を含む広義の概念が人事労務管理であるといえよう。

近年，これらの言葉に代わって人的資源管理という言葉が使用されるのは，①人間の持つ知識や技能が重視されるようになったこと，②より経営側の視点から合理的な制度を考えるようになったこと，③労働力の多様化に伴って，管理対象がかつての製造現場における成年男子労働者から，ホワイトカラー，パートタイマー，女性，外国人，専門家などを含んだものに拡大したこと，などの変化を反映したものである[2]。

したがって，人的資源管理とは，従来の人事労務管理と比較すると，①知識や技能の保有者である人間を経営資源として活用するという意図をもつこと，②人事政策や制度が企業戦略と密接な関係をもつこと，③管理対象が多様であること，などによって特徴づけることができる。

(2) **人的資源管理の諸活動**

人的資源管理の目的は，「組織目標の達成に向けて，人材を確保し，その合理的活用を図る」ことである[3]。この目的は，募集から採用，退職にいたる雇用管理，配置や昇進に関わるキャリア管理，業績や能力を評価する人事考課，新入社員教育から中高年の再教育にいたる能力開発，働きに対する報奨や動機づけを行う報酬管理，などの諸活動を通じて達成される。

もちろん，これらの諸活動はバラバラに機能しているわけではない。図表9－1からもわかるように，人事制度を中核としてそれぞれが密接に結びついて一つのまとまりのある活動として機能しているのである。

このほか，人的資源管理の重要な活動として労使関係管理がある。労働組合の影響力が低下したといわれる今日でも，人的資源管理は労働組合との団体交渉や協議によって少なからず影響を受ける。本章では，労働組合の影響が特に強い領域については，その都度ふれていくことにする。

第9章 人的資源の管理　149

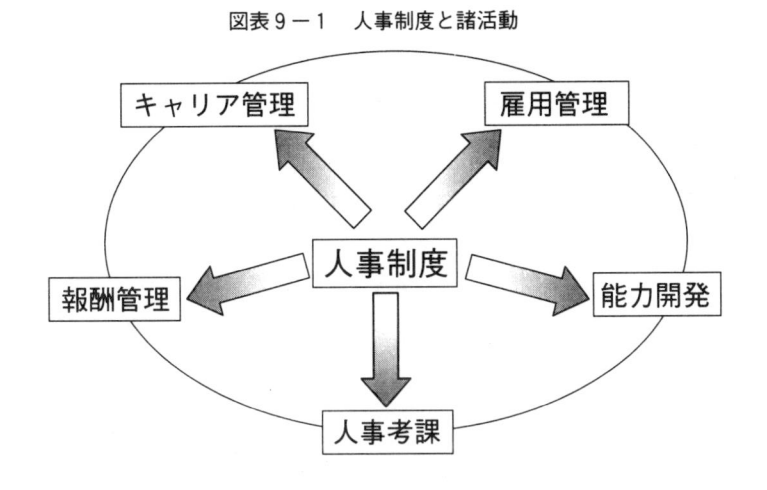

図表9－1　人事制度と諸活動

（図：中央に「人事制度」、周囲に「キャリア管理」「雇用管理」「報酬管理」「能力開発」「人事考課」）

第2節　人的資源管理の各論

1　人事制度

(1) 従業員の格付けの仕組み

　人事制度とは，端的に言えば従業員の格付けのシステムである。人事制度によって従業員の重要性を測定する尺度が示され，それに基づいて人的資源管理の諸活動の内容が決められる。この点で，人事制度とは人的資源管理の基盤であるといえる。

　企業における格付けの最も一般的なものは，部長や課長などの職位によって示される。これは「担当する仕事の重要性に関する格付け」といえる。一方，「仕事ができる従業員」も企業にとって重要である。これは，主事や参事あるいは1級，2級といった資格で示される。このような，職務遂行能力に関する格付けの仕組みを職能資格制度と呼ぶ。

　欧米などでは職位に関する格付けだけを用いることが一般的であるが，日本企業の人事制度の特徴は，この2つの格付けを同時に行っていることにある。一般に，職位に関する上方移動を昇進と呼び，職能資格に関する上方移動を昇

格と呼ぶ。

(2) 職能資格制度の特徴

多くの日本企業が採用している職能資格制度は，以下の特徴を持っている。

第1に，従業員を能力によって格付けることである。各々の職能資格には充足すべき職能要件が定められているが，従業員はこの要件を満たしているか否かによって評価される。

これは，仕事と資格を分離していることに他ならない。ピラミッド型をした通常の組織では，上位の職位になるほどポストの数は少ない。特に，今日のようにフラット化が強調される組織ではこの傾向が強い。また，後述するように，日本企業では企業主導で配置・異動を決めることが多い。ポストの数や配置は，いわば企業側の都合であり，これによって十分に能力を発揮できない仕事に従事せざるをえない従業員も出てくる。職能資格制度では，これらの従業員を職務遂行能力という一つの尺度によって評価することができ，公平性を保つことができるのである。

ただし，職位と職能資格は完全に分離されているわけではない。図表9－2は，職位と職能資格との関係を例示したものである。参事，主事，理事はそれぞれ係長レベル，課長レベル，部長レベルの職能を身につけていることを示している。したがって，それぞれ対応する職能資格保有者から各職位が選抜されることが一般的であり，これらの対応関係を無視した昇進は例外的である。

職能資格制度の第2の特徴は，資格に基づいて給与が決定されることである。職能資格制度のもとでは，昇格すると，たとえこれまでと同じ仕事をしていても給与が高くなる。同様に，異なる仕事に移っても資格が同じであれば給与は基本的には変わらない。これは，役割ではなく保有している能力に対して給与が支払われていることを意味している。

能力に基礎をおく職能資格制度は，職務（役割）に重点をおく欧米型と比較して，「人間の成長の側に視点をおく人間基準」などといわれることもあり[4]，人材の能力開発を重視した制度であるといえる。また，仕事と給与が分離されていることから，給与の安定性を確保しつつ，人材を機動的・柔軟的に活用す

図表9−2　職能資格と職位との緩やかな関係

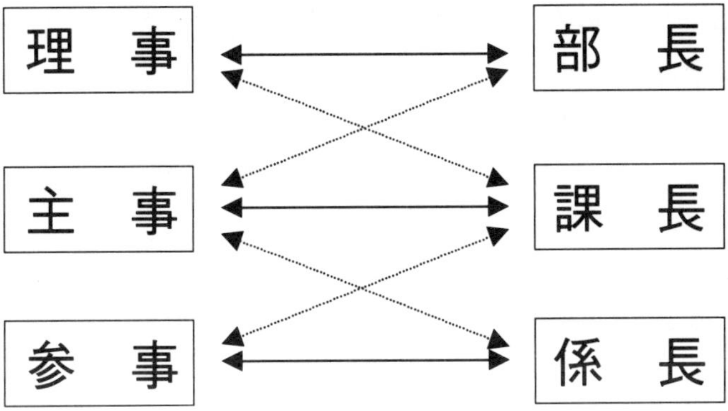

```
理　事  ⇔  部　長
主　事  ⇔  課　長
参　事  ⇔  係　長
```

ることができる。

　しかし，その一方で，企業の利益に直接的に貢献しない保有能力に対しても給与が支払われるために，給与と生産性との間にギャップが生じ，人件費が高くなりがちであるというデメリットもある。また，職能要件が幅広く設定されていることは前述の柔軟性に寄与しているが，これによって抽象的な職能要件が設定されることによって昇格条件が曖昧となり，年功的運用になりがちであるという欠点もある。

2　雇用管理

(1)　人材の確保

　雇用管理とは，端的に言えば，企業内の労働力の調整を行うことである。募集計画を作成し，募集，選考，採用（契約）にいたるプロセスを管理する採用管理は，雇用管理の最も重要な活動の一つである。

　採用計画を作成する際には，現在もしくは将来の経営戦略と業務量を考慮して，必要な人員を割り出すことが必要である。これは，業務量に見合った人員が必要であるという考え方である。一方，企業の生み出す付加価値（給与の原資）は無限ではないので，それに見合った人員が必要であるという考え方もある。この場合，募集される人員は，付加価値（売上−外部コスト）や労働分配率（付

加価値にしめる総人件費の割合）などを考慮して決められる。

　実際には，これらの2つの基準を同時に勘案して採用計画が作られることになるが，退職者数なども考慮しなければならない。また，人数という量的なものだけでなく，質的な違いも考慮する必要がある。したがって，正社員かどうか，総合職か一般職か，学歴は，勤務経験は，期限を定めない採用か否か，なども勘案して，採用計画を作成しなければならない。

　続いて，募集・採用が行われる。日本では従来，終身雇用が一般的であったことから，労働市場が未発達であり中途採用は少なかった。そのため，学卒者を4月に一斉に採用する定期採用が多い。ただし，今日では即戦力を求めた中途採用や，3月卒業ではない海外の学卒者を，年間を通じて採用する通年採用も徐々に増加している。

(2)　採用に関わる法的規制

　募集・採用にあたって，法的に様々な規制が設けられている。

　男女雇用機会均等法は，募集や採用に関して男女を均等に取り扱うことを求める法律である。したがって，男女別に募集することが合理的な場合（モデルなど）を除いて，募集に際して男女別の枠を設けることや，採用試験において男女別に行うことなどは禁止されている。

　また，外国人労働者の雇用については，①高度な専門能力が必要な場合（技術者など），②特に外国人の能力が必要な場合（語学教師など），など特別な理由に限って認めており，単純労働などに従事する外国人労働者の入国は認められていない。不法就労外国人は，これらの条件を満たさない外国人労働者であり，今日では大きな社会問題ともなっている。

　さらに，労働組合の組合員であることや，労働組合の正当な活動を行っていることを理由に，不利益な扱いをすることは労働組合法によって禁じられている。これは，募集や採用にあたっても適用されており，組合員であることを理由に解雇したり，不採用にすることはできない。

3　キャリアの管理

(1) 配置・異動

　日本の大企業では，入社してから定年まで一つの職場にとどまることはまれである。現在の職場から異なる職場へ移ることを人事異動という。日本では，初任配置と管理職の異動は人事部の，そしてその他の異動については職場の責任者の権限が強いことが一般的である。

　人事異動は欠員補充のために行われる場合もあるが，様々な職務を経験させるために計画的に行われる場合も多い。このような計画的異動をジョブ・ローテーションと呼ぶ。これは，複数の職務を経験させることによって長期的な人材育成を図るほか，従業員の適性を発見すること，部門間の人的交流によってセクショナリズム（なわばり意識）を防止すること，同じ仕事ばかりすることによって生じるマンネリズムを打破すること，などを目的としている。

　ジョブ・ローテーションには，様々な能力を持った多能的な人材（つぶしが利く人材）が育成され，環境変化などに対して人材を柔軟かつ機動的に活用することができるといったメリットがある。しかし，①従業員の希望や能力とあった異動が行われないことがあること，②事業所をまたがる異動である転勤によって従業員の生活と摩擦が生じることがあること，③高度な専門能力を持った人材が育たないこと，などのデメリットもある。

　①に関する対応として，自己申告制度や社内公募制度などがある。自己申告制度とは異動などキャリアに関する希望を従業員が申告する制度である。これによってすべてが従業員の希望通りになるわけではないが，少なくとも本人の希望を反映する道を開くことができ，同時に，従業員も自らのキャリアに対して真剣に考える機会を提供することができる。

　社内公募制度とは，担当する仕事を明示して，担当者を社内で広く公募する制度である。応募してきた従業員から選考し，最も適していると判断された従業員の異動が決定される。同様の制度に社内ベンチャー制度があるが，これは事業内容自体を従業員から募集し，採択された事業については提案者が中心となって事業展開を進めるというものである。

②や③への対応策としては，キャリアの複線化をあげることができる。②に関する代表的な制度は，勤務地限定社員制度である。これは，転勤のないあるいは一定の範囲内でしか転勤のないキャリアを設定することである。

また，③については専門職制度が広く普及している。専門職制度とは，ますます高度化する専門的業務に対応するために作られたもので，一つの専門的な仕事に従事し続けることを可能にする。専門職のキャリアを選択した従業員は，管理職のキャリアとは異なり，昇進しても専門的な仕事を継続し，いわばスペシャリストとしてのキャリアを歩むことになる。

しかし，日本においては，管理職になれない人の受け皿として導入した企業も多く，必ずしも本来の専門職制度として機能していない場合も多い。

(2) 昇進管理

通常，職能資格制度のもとでは，①後述する人事考課において一定水準の評価を受けている，②必要滞留年数を満たしている，③所定の研修などを受けている，④資格試験に合格する，などの条件を満たすことによって昇格が決定される。昇格は昇進とは異なり，各職能資格に定員がない。これは，資格要件を満たしていれば，誰でも昇格することができることを意味しており，絶対評価による格付けである。

これに対して，昇進は管理職のポストの数によって制約を受けるために，選抜という意味合いが強くなる。昇進するものは，①一定の職能資格，②人事考課での一定水準の評価,③上司の推薦,などを満たす候補者から相対評価によって選抜される。

通常は上位の職位ほどポストの数が少なくなり，平社員の中から係長，係長の中から課長，課長の中から部長というように選抜されることが一般的である。これは，係長の選抜は，実は将来の課長候補を選抜していることに他ならない。昇進に関するこのような特徴を，トーナメント方式の昇進管理と呼ぶ。

従来，日本の管理職選抜は欧米の早期選抜（fast track）と比べて，長期選抜であったといわれている。欧米では将来の幹部候補生を比較的早期に選抜して特別なキャリアを歩ませるのに対して，日本では入社後一定の期間は昇進に差

を付けない傾向がある。長期選抜には，従業員の意欲を長期間持続させ，評価も正確に行えるというメリットがあった。

しかし，近年では低成長経済のもとで組織規模の拡大が困難になったことや，合理性を追求した組織の簡素化などによって管理職ポストの供給が減少している。このような状況では，誰もが管理職になるということが困難であり，状況にあった新しい昇進の仕組みが模索されている。

4 人事考課

(1) 人事考課表の作成

図表9－3 人事考課表の項目とウェイトの一例（一部）

職務系統	評定要素	基本能力				対人能力				
		専門知識	理解力	論理的思考	判断力	指導力	折衝力	対応力	調整力	
管理事務系	1級	10	20			10				…………
	2級	10		15		15			5	…………
	3級	10		15		15			5	…………
	4級	15		15		15			5	…………
営業系	1級	10	20				15	10		…………
	2級	10	20				15	10		…………
	3級	10		15			15	10		…………
	4級	15		15			15	10		…………
⋮	⋮	⋮	⋮	⋮	⋮	⋮	⋮	⋮	⋮	⋮

人事考課とは，「仕事ぶりを通して，従業員の企業に対する貢献度を評価し，評価結果をその他の人事管理に反映させる管理活動」として定義できる[5]。通常，人事考課は能力，情意，業績に対する評価からなる。このような複数の評価要素があるのは，より正確で公平な評価をするためである。例えば，企業に対する貢献を直接的に示しているのは業績であるが，能力とやる気のある従業員でも仕事を取り巻く環境によって業績が悪い場合もある。また，短期的業績

のみを重視することは長期的な能力開発を軽視することにもつながりかねない。

これらの評価要素には複数の項目が設定され，重要性にしたがってウェイトづけがされる。これらを記したものが人事考課表である。その際，職位や資格，職種によって異なる項目を設定したり，ウェイトづけを変えたりすることが多い。また，業績評価に関しては，目標管理（management by objective：MBO）による評価が一般的である。目標の設定は，全社的な経営目標や戦略を勘案して部門の管理者が定めた部門の目標や基本方針を念頭におき，各従業員が参加して定められる。目標設定に部下が参加することによって，目標に対する納得性も高まり，部下の自主性が引き出され，目標の達成率も高くなるといわれている。そして，最終的にはその目標の達成率によって業績が評価されることになる。

(2) 評価の仕方

人事考課表に従って評価を行う主体は，基本的には直属の上司である。当然，評価者の評価能力が十分でなければ正確で公平な評価ができない。特に，能力評価や情意評価では評価者のバイアスが入りやすい。また，一つのよい点（悪い点）があるとすべてがよく（悪く）見えるというハロー効果が生じることも多い。この種の問題に対しては，評価者訓練や評価者を複数にすることによって対処することが多い。

評価者を複数にするとは，例えば1次評価を直属の上司が行い，さらに2次評価としてその上の上司が全体のバランスを見つつ最終評価を下すということである。このほか，近年では同僚，部下などが評価に参加する360°評価なども注目されている[6]。360°評価では，場合によっては顧客などが評価に参加することもある。

(3) コンピテンシー

近年，人事考課に関わる新しい概念としてコンピテンシー（competency）が注目されている[7]。コンピテンシーは，しばしば「能力」，「適性」，などと訳されるが，発達心理学では環境と効果的・有能に相互交渉する力を意味し，獲得された能力だけでなく，環境に働きかけて変化させたり，環境との相互交渉

において有能さを追求しようとする傾向（動機づけ）も含む概念である。
今日，コンピテンシーは多くの人事コンサルティング会社によって商品化されているが，その設計にあたって共通しているのは，それぞれの機能的役割（functional role）において高業績者の行動特性を分析して共通点を抽出し，それらに基づいた評価を採用や配置，能力開発に活用するということである。

これまでの職能資格制度も従業員の持つ能力に注目したものであるが，コンピテンシーは，①担当する仕事に沿ったものであること，②より具体的な行動特性を取り扱っていること，③環境に働きかける学習能力をより重視していること，などの点で異なっている。

5 報酬管理

(1) 賃金の持つ多義性

賃金とは，法的には「労働の対償として使用者が労働者に支払うすべてのもの」として定義される。一方，職務によって設定された賃率と労働時間の積として支払われるものを賃金（wage）と呼び，比較的長期にわたる一定の契約に基づいて支給される給与（salary）と区別される場合もある。

しかし，賃金には労働の対償のほかにも，生活の手段としての側面もあるし，企業からどのような評価を受けているのかということを判断する一つの尺度としての側面もある。また，同一の労働に対しても企業の賃金支払能力によって，賃金は異なるであろう。このような賃金の多義性が，賃金決定の仕組みをより複雑なものにしている。

(2) 賃金の決定

労働の対償としての賃金は，相場によって決定されることが最も明快である。日本では相場の形成に春闘が深く関わっている。各々の産業で代表的な企業の労使交渉によって決められた賃上げ水準が相場となって，各企業の賃金交渉が行われる仕組みである。

これに対して，アメリカなどでは大手人事コンサルティング会社が相場形成に深く関わっている。大手コンサルティング会社は多くの企業の賃金決定に関

わっており，これらのもとで決定される賃金は世間での相場を反映したものであるとして，経営側も従業員側も納得性が高い。

しかし，個人の賃金がいくらになるのかは，相場のみによって決まるわけではない。通常，日本の場合は受け取る賃金には，年齢給（勤続給），職能給，手当，ボーナスなどが含まれている。

このうち，年齢給とは年齢ともに上昇する部分である。これは，人は年齢を重ねるごとに，結婚，出産，子供の進学など生活に必要な金額が大きくなるというライフステージを想定したもので，生活給的な意味を持つ。これに職能資格に基づいた職能給を加えたものが基本給となる。したがって，年齢給の割合と，職能資格制度の年功的運用がどの程度なされているのかによって，賃金が年功的なものかどうかが決まるといえる。近年では，管理職を中心として年俸制が広まりつつあるが，年俸は基本的には職能給と業績給との組み合わせによって決定され，年功的な部分を排除したものになっている。

次に，手当とは基本給では対応できない従業員のニーズに対応するものである。手当には，資格手当などを含む勤務手当，住宅手当などからなる生活関連手当，さらには通勤手当などがある[8]。基本給とこれらの手当を含めたものを所定内給与と呼び，残業代などの所定外給与と区別する。

また，毎月ではないが一定の時期に支払われる賃金にボーナスがある。ボーナスは，企業の業績と個人の業績を反映して金額が決まる。したがって，経営側の論理でいえば，企業の業績が悪く，個人の業績が悪い場合にはボーナスを支給する必要はない。しかしその一方で，ボーナスを，本来は毎月支払われるはずの賃金をまとめて支払うものとして捉えることもある。ボーナスは，前者の考え方を反映した経営側には賞与と呼ばれ，後者の考え方を反映した労働組合には一時金と呼ばれる。現実的には，ボーナスはこれらの複合的な意味を持っている。

このほか，従業員が現金として受け取らない報酬に，福利厚生がある。福利厚生には，健康保険や厚生年金，雇用保険などの企業負担分といった法定福利費と，娯楽施設の利用や住宅，退職金などの法定外福利費がある。

6 能力開発

(1) 企業における能力開発

　企業における能力開発の手段としては，大別するとOJTとOff-JTをあげることができる。OJTとは on the job training の略であり，職場で仕事をしながら各種の能力を身につけていくことである。一方，OFF-JTとは節目節目で行う研修などを通じて能力を身につけていくことである。

　能力には企業特殊性の高い能力と，一般的な能力がある。前者は，特定の企業内において価値を発揮し，後者は企業横断的に価値を持つ能力である。企業特殊性の高い能力には，特定の企業に長期間勤務することによって身に付く意思決定のスタイルや仕事の進め方などがある。企業特殊性の高い能力を持つ人材は，その企業内で仕事をする上では生産性が高くなる。

　しかし，この種の能力は他の企業では必ずしも通用しないことが多い。今日，ポータブル・スキル（持ち運びができる能力）すなわち一般的な能力の重要性が指摘されているのは，いくら企業特殊的な能力を身についても，他の企業ではその能力が評価されないという問題が生じていることに一因がある。

　企業特異的な能力は，その積み重ねによって企業業績の優劣を決めるといっても過言ではないほど重要なものであり，これを身につけている人材は企業内では高く評価される。その一方で，いざ他の企業に移るときには価値を発揮せずに，一般的な能力の方が重要となるというジレンマがあり，今後，ますます雇用の流動性が高まるといわれる現在，問題視されているのである。

(2) 中高年の能力開発

　今日の企業における大きな問題の一つとして，中高年層の能力開発をあげることができる。近年では，中高年層は年功的な賃金体系によって高給であるにも関わらず，生産性が低いという論調がいたるところで見られる。また，日本労働研究機構の調査[9]では，「最も能力を発揮する年齢」は全体平均で45歳前後，管理職では50歳前後という結果が得られている。しかし，本当に中高年層は能力が低いのであろうか。

　発達心理学では，年齢とともに衰退するタイプの能力があると同時に，維持・

発達されうる能力もあることが指摘されている[10]。一般に，加齢とともに衰える能力として，聴覚や視覚などの知覚に代表される身体的能力，たくさんの情報処理を行う心的スピード，機械的な記憶力，注意力などがある。

一方，言語や社会的な知能といった実用的な知能は，かなり高齢になっても維持・発展がはかられるとされている。また，知識を組み立てて正しい解答を出す能力や，複雑な状況において最適な解答を出す能力といった思考能力も，高齢になっても発展する可能性があるとされている。

このように，中高年層は必ずしも能力が衰えた人々ではなく，担当する仕事や能力開発の仕方によって，その価値を十分に発揮できるはずであり，これらの特性を生かした能力開発の仕組みを作ることが求められているといえる。

7　求められる自立性

近年，中高年の雇用問題[11]が社会現象となっているが，これは中高年だけの問題ではない。このような問題の背景には，これまで終身雇用のもとで企業主導のキャリア設計，能力開発が進められてきたことがある。その結果，雇用が守られるのであればよいが，ある日突然，不要な存在として取り扱われるようになった中高年は，どうすればよいのであろうか。

近年，キャリア設計，能力開発を自発的に進めることの重要性が高まっているのは，このような現状を反映したものである。これからの自分の進むべきキャリアはどのようなものか，企業特殊的な能力と一般的な能力をどのようなバランスで身につけるのかということを，これまでのようにすべて企業任せにすることは大変なリスクを負うことになりかねない。

今日では，多くの企業が自己啓発を支援するプログラムを持っている。通信教育の費用を負担するものや，大学院への派遣などがそれである。また，行政から，数多くの支援策が提示されている。このようなプログラムを活用しつつ，自らのキャリア設計し，能力を開発する自立性が求められているといえる。

(**問題1**)　日本企業では二重の格付けを行っているが，その意義はどこにあるのか。
　　　　（ヒント：職能資格制度は何を重視した人事制度であったか。）
(**問題2**)　これからの賃金は，どのように決定されるべきか。
　　　　（ヒント：賃金を構成する諸要素のうち，どの要素がより重要となるか。）

（注）
 1) なお，英語圏の文献では，人事管理と労務管理は personnel management が使用され，労使関係に関わる領域は labor relations あるいは industrial relations（労使関係論）において取り扱われている。人事労務管理の歴史については，岩出　博（1989）『アメリカ労務管理論史』三嶺書房に詳しい。
 2) 津田眞澂（1995）『新・人事労務管理』有斐閣，および奥林康司（1996）「ＨＲＭ論の課題と分析視角」『日本労務学会年報』日本労務学会，20～23ページを参照。
 3) 1920年代の人事管理論の代表的研究者である Tead and Metcalf (1920) *Personnel Administration,* McGraw-Hill 以来，人材の効率的利用が人的資源管理の目的であることが数多くの文献に示されている。日本では，森五郎編著（1995）『現代日本の人事労務管理』有斐閣に詳しい。
 4) 今野浩一郎（1996）『人事管理入門』日経文庫46ページを参照。
 5) 今野浩一郎（1996）『人事管理入門』日経文庫における定義を参照。
 6) 日本における導入率は人事測定研究所の調べでは13.9％である。また，360°評価については，M. Edwards & A. Ewen (1996) *360° Feedback,* ＡＭＡＣＯＭが詳しい。
 7) 以下の記述は，L. & S. Spencer (1993) *Competence at Work,* Wiley, J. Boyett (1996) *Beyond Workplace,* First Plume, 太田隆次（1999）『アメリカを救った人事革命コンピテンシー』経営書院，などを参照。
 8) 佐藤博樹・藤村博之・八代充史（1999）『新しい人事労務管理』有斐閣を参照。
 9) 日本労働研究機構（1997）『加齢と職業能力に関する調査』を参照。
 10) 以下の記述は下仲順子編（1997）『老年心理学』培風館によるところが大きい。
 11) この問題については，西田耕三（1997）『中高年経営病の克服』文眞堂に詳しい。

第10章 マーケティング

第1節 マーケティングの役割

1 マーケティングの基本概念

　マーケティングという概念には諸説がある。まず，社会経済的なマクロの視点から，オルダーソン（Alderson, 1957）は「マーケティングとは，一方の消費集団と他方の供給集団との間に行われる交換である[1]」と定義している。また，この交換が行われる場所を，市場という広義の概念で捉え，「市場における消費と供給との交換」を重視している。さらに，オルダーソン（1965）は，規範理論として生態学的視点からマーケティングの環境適合の必要性を強調している。この点は，レーザーとケリー（Lazer & Kelley, 1973）が主張する，社会責任を遂行するソーシャルマーケティングの立場と共通するところが多いことからも理解できる。このようにマーケティングは環境問題や生態学的課題にまで拡大すると共に，広く人間・社会への対応もその範疇に包含されなければならなくなっている。

　一方，ミクロの視点で捉えるならば，アメリカマーケティング協会（American Marketing Association：AMA）によるマーケティングの定義の変遷に，その概念の拡大状況を見い出すことができる。即ち，AMAは1935年にその前身であるアメリカ・マーケティング・広告教師協会が行った定義を踏襲し，1948年にはじめて「マーケティングとは生産者から消費者または使用者への商品及びサービスの流れを管理する経営活動の遂行である」と定義した。その後，ソーシャルマーケティングの理論展開や，マーケティングの対象領域を非営利企業まで拡大したコトラー（Kotler & Levy, 1969）のマーケティング概念の拡充など，

幾多のマーケティングの境界論争を経て次の定義に至っている。即ち，AMA (1985) は「マーケティングとは，個人及び組織目的を満足させる交換を創造するためのアイデア，商品，サービスのコンセプト，価格決定，プロモーション，流通を計画，実行するプロセスをさす」と定義している。そこでは，①従来の営利企業のためのマーケティングに加えて，非営利企業をも包括する概念をもって一つの組織目的として拡大し，また，②交換の概念を，従来の商品及びサービスのみならず，アイデアの概念も加えてその対象領域を拡げ，さらに，③経営活動の遂行だけでなく，計画，実行するプロセスまで含めて大きく拡充している。

このようにマーケティングの概念にはマクロとミクロのアプローチがあり，マッカーシー (1971) は，マクロ的視点を強調すれば「生産者から消費者への商品及びサービスに関する経済的流れを管理して，社会の目的を達成し，(資源利用の面から) 効率的，(関係する当事者の生産高の分配の面から) 公正なシステムをデザインすることに関わるものである」とし，ミクロ的視点からは「顧客に満足を与えて，会社目的を達成するために生産者から消費者への商品及びサービスの流れを管理する経営の諸活動である」と定義している[2]。近年の著書でもマーケティングは組織と社会的プロセスから達成される活動であり，換言すれば前者が顧客と顧客に奉仕する組織を見つめるミクロ的視点のマーケティング活動であり，後者が生産から流通システムまで包含した全体的マクロ的視点からのマーケティング活動として捉えることが重要であるとする[3]。

2 マーケティング倫理の重要性

さらに近年のマーケティング活動から派生する諸問題への対応からマーケティング倫理を重視した活動が求められる。企業のマーケティング行動における倫理的対応の重要性については，①マクロ的視点とミクロ的視点，②マーケティング活動のネガティブ領域とポジティブ領域，の2つのアプローチから捉えることができる[4]。

(1) マクロとミクロのマーケティング倫理

マーケティング倫理に関連してソーシャルマーケティングについては，一般的にはレーザーとケリー（1973）の主張が広く共通の理解として捉えられ，今日ではマクロマーケティングとしての理解も包含されている。マクロマーケティングは流通，市場なども含めた広い概念で論じられていたが，近年では環境，社会などソーシャルマーケティングの概念として捉えるのが一般的で，日本でも三上（1982），刀根（1997）など多くの学者がその重要性を論じている。この点から，マーケティング倫理にはマクロとミクロの2つの活動領域の視点からアプローチすることができる。

① 人間，社会，環境志向に対応したマクロ領域の視点
② 不正な二重価格，クレーム対応，誇大広告などからもたらされる不満，不信，不安の除去から，顧客満足に至るCS経営に向けた倫理的活動としてのミクロ領域の視点

なお，ここでは，顧客の概念には消費者だけでなく，広く企業の川下に位置する取引先なども顧客の概念に含まれる。

(2) マーケティング倫理におけるネガティブ活動領域とポジティブ活動領域

マーケティングの行程には，合力（1992）はネガの消費行程とポジの生産行程があるとしており，また，浅井（2000）も予防のマーケティングの重要性を論じている。その議論をマーケティング倫理という視点からさらに発展させるならば，

① 法律違反を発生させない，ミニマムに極小化させるべき負の問題に取り組むネガティブ活動領域。マーケティング倫理の責任レベルとの関係では，「法令遵守責任」が関連する。
② 環境問題への貢献，社会貢献，メセナ支援など積極的に正しい行為を促進するポジティブ活動領域。マーケティング倫理の責任レベルとの関係では，組織自らが法律の規制を超えて自主規制管理を行う「自主規制責任」と，社会貢献活動や環境対応，メセナ活動など積極的に倫理的活動に対応する「積極的貢献責任」が関連する。

図表10−1　マーケティング倫理のマトリックス体系

	ネガティブ活動領域	ポジティブ活動領域	
マクロ領域	外部不経済の減少 ・大気汚染 ・水質汚濁 ・産業廃棄物の不法投棄 ・フロンガスの発生など Ⅲ	自主規制枠の設定 （企業独自，業界全体） 積極的貢献 ・社会貢献 ・メセナ支援 ・人道的支援 ・地球環境保護など Ⅰ	→社会倫理・環境倫理
ミクロ領域	内部不経済の減少　Ⅳ ・誇大広告 ・不正な二重価格 ・優越的地位の濫用 ・談合など	Ⅱ　顧客満足 ・適切な商品，場所，時期，価格，数量の5つのRightを実践 ・パーソナルセリング ・デメリット表示 ・消費者啓発 ・顧客満足保証など	→CS倫理

↓　　　　　　　　　　↓
予防倫理　　　　　　積極倫理
（法令遵守責任）　（自主規制責任・積極的貢献責任）

出典：水尾順一（2000）『マーケティング倫理』中央経済社

の2つのアプローチがある。

(3) マーケティング倫理のマトリックス体系と企業行動の視点

　これまでのマーケティング倫理の責任レベルを踏まえ，マクロとミクロ，ネガティブとポジティブの倫理的視点から分類すると図表10−1のようなマトリックス体系となる。第Ⅰ象限の「マクロ」「ポジティブ」の領域では，法令およびその他ルールの規制を超える自社独自の，あるいは業界独自の規制枠の設定，積極的な貢献レベルの活動が必要となり，第Ⅱ象限の「ミクロ」「ポジティブ」の領域では顧客満足，取引先との良好な関係性の構築に向けた様々な活動が重要となる。さらに第Ⅲ象限の「マクロ」「ネガティブ」領域では環境問題，有害物資の排除などマーケティングにおける交換取引の対象顧客外に存在する関係者への外部不経済を除去する活動が求められ，第Ⅳ象限の「ミクロ」

「ネガティブ」領域については交換取引の対象顧客，取引先など関係者との内部不経済を除去する活動が重要である。

それぞれ，マクロ領域視点からの企業の倫理的行動は，社会的・人道的視点からの倫理である「社会倫理」と，環境問題の領域となる「環境倫理」，ミクロ領域視点からは「ＣＳ倫理」が求められ，更にはネガティブ活動領域を考える上では法令違反や不祥事の発生を未然に防ぐ「予防倫理」，ポジティブ活動領域を考える上では積極的に貢献する「積極倫理」の視点が重要となる。

ボル（Bol, J.W. et all, 1993）らによれば，米国では近年マーケティング倫理の領域に関する研究が発展しており，また，マーケティング倫理に関する注目も高まっているとして，1980年～1992年までに出版された全米43のジャーナルなど学術誌の記事を分析し，マーケティング倫理に関する論文本数を調査した。全体で237本の論文があり，広告宣伝分野で61本，国際マーケティングで25本，以下マーケティング教育18，市場調査13，マーケティング戦略28，人的販売と販売管理33，小売11，その他マーケティング倫理のトピックステーマ48（消費者行動8，流通4，概論15，マクロマーケティング5，製品4，ＰＲ12）となっている。これらはあくまでもジャーナル関係のみであり，専門書籍を加えると膨大な掲載数となることが予測される。

現在のように企業行動に透明性や公正性が求められ，さらに積極的に社会責任を果たすことが重要な時代にあっては，もはやマーケティング倫理は新しい領域ではなく産官学あげてこの問題の研究に取り組まなければならない。企業の環境対応活動で，ＩＳＯ14001を取得することが市場メカニズムの中で存続する条件となる時代が間近に来ているように，いずれマーケティング倫理を遵守した製品，サービス，アイデアが市場で認められる時代が来ると予測される。

第2節　マーケティングにおける諸活動

1　マーケティングの過程

現代のマーケティング活動は，一般的に企業あるいは組織のマーケティング

図表10-2　マーケティングの行動過程

```
┌─────────────────────────┐
│   ニーズ，ウオンツ，需要    │
└───────────┬─────────────┘
            ↓
┌─────────────────────────┐
│ 製品（商品，サービス，アイデア）│
└───────────┬─────────────┘
            ↓
┌─────────────────────────┐
│    価値，価格，満足        │
└───────────┬─────────────┘
            ↓
┌─────────────────────────┐
│      交換，取引           │
└───────────┬─────────────┘
            ↓
┌─────────────────────────┐
│   関係性，ネットワーク      │
└───────────┬─────────────┘
            ↓
┌─────────────────────────┐
│        市　　場          │
└───────────┬─────────────┘
            ↓
┌─────────────────────────┐
│   マーケッター，見込み客    │
└─────────────────────────┘
```

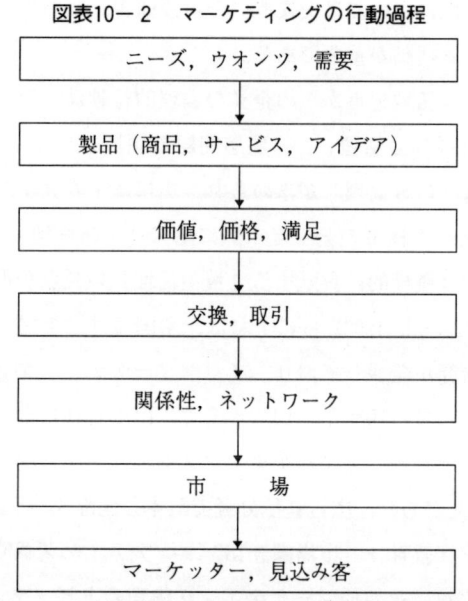

出典：Kotler, P. (1997) *MARKETING MANAGEMENT Analysis, Planning, Implementation, and Control, Ninth Edition,* Prentice-Hall, Inc. p.9

活動としてミクロマーケティングの立場から捉えられる。その活動は，コトラー (1997) によれば，図表10-2のとおり，ニーズとウオンツから出発し最終的には市場におけるマーケッターと見込み客との関係につながるのである[5]。

(1) ニーズ，ウオンツ，需要

マーケティングは人間のニーズとウオンツからスタートする。人間は衣食住を必要とするが，ニーズとはある種の基本的な満足感につながる生活必需品などが充たされていない状態を指し，そこから発生する欲望がウオンツであり，需要は購買意欲に支えられた特定製品に対するウオンツをいう。

(2) 製品（商品，サービス，アイデア）

人間はニーズやウオンツを製品で充足させる。ここでの製品にはAMAの定義にもある通り，物理的な商品だけでなく旅行，ヘルスクラブ，観光地，ゲームソフトなどのサービスやアイデアも含まれる。近年では米国のGNPの70%

以上がサービスとアイデアに属する分野となっていることからも重要であることが理解される。

(3) 価値，価格，満足

消費者がニーズを充たす製品をどのようにして選択するかは，製品が持つ価値と満足であり，価格との対比でその購買決定がなされる。価値は消費者が評価するものであるが，消費者のニーズに応じて，価格以上の価値を持つ製品が満足感を充足することができるのである。例えば，東京から広島まで旅行するのに企業経営者が時間の価値を重視する場合には飛行機を選択するであろうし，学生が時間より金銭的価値を重視するものは新幹線，あるいはさらに低価格の深夜バスを選択するであろう。ここでは製品即ち移動機関の有する価値が価格との対比で判断され，各選択肢が持つ満足感が充足されることとなる。

(4) 交換と取引

人間が製品を入手する方法には4つある。第1は自給自足であり，そこでは市場の概念は存在しない。第2は強制の概念であり，窃盗など強制的に入手する方法で，相手を傷つける以外に何も有益な価値はない。第3は物乞い，第4が交換であり，金銭，商品，サービスとの交換行為である。交換は2者間またはそれ以上の複数組みにおいて，相互の合意のもとに形成される価値の創造過程であり，一時的な事象ではない。合意形成の時点が取引の成立であり，取引の成立を通じて相互に価値の引渡しが行われる。例えば贈与のごとく，代償となる価値の引渡しが成立しない一方通行の移転とは基本的に異なる。

(5) 関係性とネットワーク

取引のマーケティングは，関係性マーケティングと呼ばれる広義概念の一部を形成するものであり，関係性マーケティングは，顧客，取引先，供給業者，流通業者などとの長期にわたる満足性を充たす実践活動として，長期的信頼関係，双方にメリットをもたらすWIN-WINの関係性を構築する活動である。また関係性マーケティングは，取引先との強靭な経済的，技術的，社会的連携の結果生じるものであり，その結果，取引コストと時間コストを削減することにもつながる。そして，関係性のマーケティングは顧客，従業員，供給者，流

通業者，小売取引先，広告代理店，大学研究者など相互に利益関係を構築することのできるあらゆるステークホルダーとのネットワークを構築する。

(6) 市　　　場

交換の概念は市場を場として実行に移される。市場とは特殊なニーズやウオンツを持ち，それらを充たす交換の意思と能力を有する潜在顧客で構成され，売り手である企業が宣伝広告などのコミュニケーション活動を通じて商品やサービスを市場に提供し，買い手である市場が金銭と，好感度や売上情報などの様々な情報を交換する場所である。一般に市場規模はニーズやウオンツを有する潜在顧客の数によるものである。

(7) マーケッターと見込み客

市場はマーケティング概念における循環サークルの考え方を有する。マーケティングは市場から生まれ，市場に戻る循環活動を司るものであり，またマーケティングとは人間のニーズとウオンツを充たすための潜在的な交換を実現する活動を意味する。マーケッターは価値の交換に参加しようとする見込み客を探索する立場のものであり，マーケッターが価値の交換を自ら好意的に行うように働きかける対象となる立場のものが見込み客である。マーケッターは売り手にも買い手にもなることができ個人と組織の両面をもつ。組織としてみた時には，市場に同業者との競争下で最終需要者に働きかける立場の企業を指す。

2　マーケティング体系と4P活動

マーケティングの諸活動は上記の(1)〜(7)に至る過程で様々な実践活動が展開されるが，企業は市場の多様な環境要因で取り巻かれており，具体的にはマッカーシー（1964）が論じるとおり，そこでは企業自らが統制不可能なものと統制可能なものに区分される。

例えば図表10－3で外円に位置するマーケティング環境は企業単独ではコントロールが不可能な領域である。企業や業界を取り巻く政治的・法律的環境，地域の慣習，風土など文化的・社会的環境，企業目標や所与の経営資源，競争企業との関係や既存企業の状況，景気動向や経済的環境などは，時としてコン

第10章　マーケティング　171

図表10－3　マーケティング体系

（図：二重円のマーケティング体系図
外円：景気動向・経済的環境／政治的・法律的環境／文化的・社会的環境／企業目標・経営資源／競争企業・既存企業との関係
内円：Prodact 製品／Place 場所／Price 価格／Promotion 販売促進
中心：顧客）

出典：McCarthy, E. J.（1964）*Basic Marketing,* 2nd Editon, Richard D Irwin, p.49

トロール可能な場合もあるが，一般的にはこれらは企業単独では統制不可能な要因とされている。したがって，企業はこれら統制不可能要因を所与の条件として考慮しながら，以下に述べる最適マーケティングミックスを構築することがマーケティング戦略の重要課題となっている。換言すれば図表10－3に見られる，見込み客も含んだ対象顧客へ働きかける内円の4つの変数，即ち製品（Product），場所（Place），プロモーション（Promotion），価格（Price）の4Pの最適組み合わせであるマーケティングミックスが重要となる。

　第1の製品（Product）にはサービス，アイデアも含まれ，①新製品開発における品質，デザイン，パッケージ，②製品ライフサイクルとコスト，販売戦略，③製品差別化と市場細分化，④ブランド戦略，⑤製品陳腐化戦略，⑥製品ラインと幅・奥行き，⑦製品と環境適合などが重要テーマとなる。

　第2の場所（Place）の概念は，①製造業者から消費者への流通チャネルの選

択，例えばダイレクト販売，卸・小売の多段階販売経路などであり，②選択的，開放的，専売的など販売経路に関する選択，③百貨店・量販店・小売店・コンビニエンスストアなど流通業者の選択，④共同物流，一括物流など輸送と物流形態，⑤陳列・装飾，オープン販売，カウンター販売など売場形成の問題などがテーマとなる。

　第3のプロモーション（Promotion）は，対象顧客に対するコミュニケーション活動であり，①人的販売と称されるパーソナルセリング，②マスセリングでは，宣伝広告，ダイレクトメール，屋外ポスター，ノベルティーズなど宣伝手法の選択から，テレビ・ラジオ・新聞・雑誌などの宣伝媒体の選択，広告とパブリシティーの選択，③販売促進としてのセールスプロモーション活動などがある。

　ここで購買意思決定の心理的プロセスとの関係を説明しなければならない。ＡＩＤＭＡモデル即ち，顧客は企業の宣伝・広告などに注目し，その製品に興味と関心を抱き，顧客が自分自身にとって必要なものであれば欲求が高まり，その製品を使用した状態を連想し，記憶にとどめ，最後に実際的な購買行動を起こす。この過程を Attention（注目）－Interst（興味）－Desire（欲求）－Memory（記憶・連想）－Action（行動）として頭文字を取りＡＩＤＭＡモデルと表現される[6]。コトラーによれば[7]，企業活動が人間の購買心理に刺激を与えて作用し，反応を起こす過程は，図表10－4の通り選択されたプロモーション行動によって異なる。

　買い手の反応段階を「Awareness（認知）－Comprehension（理解）－Conviction（確信）－Ordering（購入）－Reordering（再購入）」で表現し，人的販売は購買心理の初期段階では企業活動の刺激に対する顧客の反応は少なく，顧客に対する購買決定の押し出しを意味する販売員の「プッシュ効果」として，最後の購入段階の意思決定行動で最大効果を発揮することとなる。一方，宣伝広告，パブリシティなどマスセリングは顧客の心理を誘引する「プル効果」として，広範囲で初期段階の認知，理解段階が高く，意思決定レベルに近づくに連れて効果は減少する。そしてセールスプロモーションは中間段階からの確信，

図表10−4　買い手の反応段階別プロモーションコスト効率

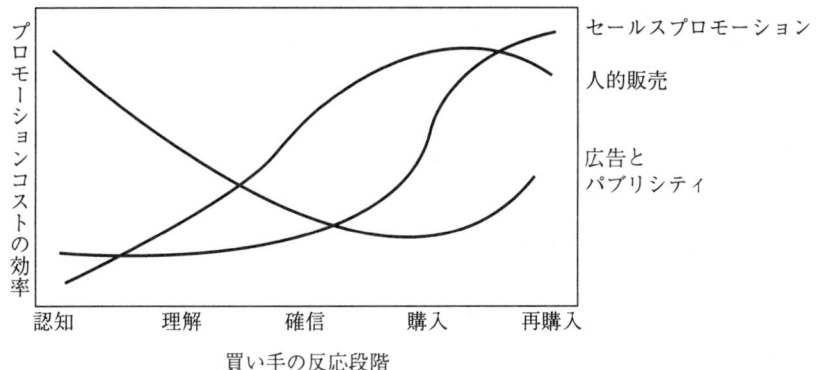

(縦軸：プロモーションコストの効率、横軸：買い手の反応段階　認知／理解／確信／購入／再購入)

セールスプロモーション
人的販売
広告とパブリシティ

出典：Kotler, P.（1997）*MARKETING MANAGEMENT Analysis, Planning, Implementation, and Control,* Ninth Edition, Prentice−Hall, Inc. p.628

購入段階を刺激し，特に再購入の意思決定で強く刺激する働きを有している。

　さらに第4の適正な価格（Price）については，これまでの適切な製品，場所，プロモーション活動を指示する適切な価格戦略が重要となる。価格戦略は製品が持つ価値とのバランスで決定されるものであり，価格設定方法，新製品の価格戦略，希望小売価格・オープン価格・再販売価格などの価格管理戦略などが重要テーマとなる。

　これらの4Pは企業の置かれた環境によってシナジー効果が発揮されるように，企業の意思決定を通じてコントロールできるものであり，4Pを適切に組み合わせながら最適ミックスを構築することがマーケティング戦略の視点から求められる。

(問題1) マーケティング倫理とは何か説明せよ。
(問題2) 効果的なマーケティングミックスについて説明せよ。
〔解答のヒント〕
1 ①マクロ的視点から社会倫理・環境倫理，ミクロ的視点からＣＳ倫理 ②ネガティブアプローチから予防倫理，ポジティブアプローチから積極倫理について考えること。
2 マーケティングの4Pについて重要ポイントを考えること。

(注)
1) Alderson (1957) 訳本17ページ。市場において消費集団と同等に重要であるとして消費者に供給する生産集団，流通集団などをあげている。
2) McCarthy (1971) 19ページ。前者はコンシューマリズムへの対応から重要であり，後者はマーケティングマネージャの立場から重要であるとしている。
3) Perreault & McCarthy (1999) 8ページ。
4) 水尾 (2000) にマーケティング倫理は詳しい。
5) 図表10-2と以下の文章は Kotler (1997) 9～14ページを参照している。
6) 小原 (1999) 103～105ページ。その他ＡＩＤＡモデル，ＡＩＤＡＳ (Satisfaction：満足) モデル，ＡＩＤＣ (Conviction：確信) Ａモデルなどもある。
7) Kotler (1997) 627～628ページ。

〔参考文献〕
AMA (1960) *Marketing Definitions*, Committee on Definitions
AMA (1985) "AMA Board Approves New Marketing Definition" *Marketing News*, March 1st
Bol, J.W. et all (1993) *Marketing Ethics：A Selected, Annotated Bibliography of Articles*, American Marketing Association
Kotler, P. (1997) *MARKETING MANAGEMENT Analysis, Planning, Implementation, and Control, Ninth Edition*, Prentice-Hall, Inc.
Kotler, P. & Levy, S.J. (1969) "Broadening the Concept of Marketing" *Journal of Marketing*, Vol. 33. Jan.
Lazer, W. & Kelley, E.J. eds (1973), *Social Marketing：Perspectives and Viewpoints*, R.D. Irwin.
McCarthy, E.J. (1964) *Basic Marketing*, 2nd Editon, Richard D Irwin
McCarthy, E.J. (1971) *Basic Marketing*, 4th Editon, Richard D Irwin

Perreault, W.D. & McCarthy, E.J. (1999), *Basic Marketing : A Global Managerial Approach* : 13th ed. Irwin／McGraw−Hill

Alderson, W. (1957) *Marketing Behavior And Executive Action*, Richard Irwin, Inc., (石原武政, 風呂勉, 光澤滋朗, 田村正紀共訳『マーケティング行動と経営者行為』千倉書房, 1984年)

Alderson, W. (1965) *Dynamic Marketing Behavior*, Richard Irwin, Inc., (田村正紀, 堀田一善, 小島健司, 池尾恭一共訳『動態的マーケティング行動』千倉書房, 1981年)

Kotler, P. (1991) *MARKETING MANAGEMENT Analysis, Planning, Implementation, and Control, Seventh Edition*, Prentice−Hall, Inc. (村田昭治監修, 小阪恕・疋田聡・三村優美子訳『マーケティングマネジメント（第7版）』プレジデント社, 1996年)

McCarthy, E.J. (1975) *Basic Marketing*, 5th Editon, Richard D Irwin (栗屋義純監訳『ベーシック・マーケティング』東京教学社, 1978年)

浅井慶三郎（2000）『サービスとマーケティング』同文舘。

小原　博（1999）『基礎コース・マーケティング』新世社。

合力　栄（1992）「経営診断技法の体系化に関わる基本的課題」『日本経営診断学会年報』第24集。

出牛正芳（1996）『現代マーケティング管理論』白桃書房。

刀根武晴（1997）「経営診断学の本質規定条件の変質とパラダイムの変革」『日本経営診断学会年報』第29集。

三上富三郎（1982）『ソーシャル・マーケティング』同文舘。

水尾順一（2000）『マーケティング倫理』中央経済社。

第11章　新製品の開発

第1節　はじめに

　アサヒの「ドライビール」，ソニーの家庭用ゲーム機「プレイステーション」，クロネコヤマトの「宅急便」。これらは，いずれもそれぞれの業界において，当時君臨していたリーダー企業ないしは組織（ビール業界ではキリンビール，家庭用ゲーム機業界では任天堂，荷物配送業界では郵便局）の競争上の地位を低下させ，市場シェアにおいて大逆転をもたらした新しい製品もしくはサービスである。その大逆転は，それぞれの市場において，それらが既存の顧客を満足させ，かつ潜在的な顧客を購買へと誘引した成果に他ならない。つまり，現代の企業は「既存の顧客の満足度」と「潜在顧客に対する吸引力」とを兼ね備えた新しい製品やサービスの開発を通じて競争し，その業界での競争優位の確立・維持を模索しているのである（藤本，1998）。

　では，競争優位の確立・維持にとって重要な新製品の開発という活動は，どのようにして行われるのであろうか。本章では，経営学およびマーケティングの視点から，この活動について議論したい。それを通じて，企業の新製品開発活動に対する理解を深めることが本章の目的である。

第2節　製品とは何か

　店頭，新聞および雑誌広告，TVのCMなどで，我々は企業の提供する新しい製品やサービスを目にすることができる。しかし，いざ「新製品とは何か」と問われると，明確に答えることができるであろうか。

例えば，ある人は，新製品とは文字どおり本質的に新しい製品であると定義づけるかもしれない。ここでの新製品のイメージは，他社が手がけていない新規性や革新性の高い製品やサービスに他ならない。また他の人は，他の企業や組織がすでに製造している製品であっても，自社にとって新しい製品であるならば新製品であると定義づけるかもしれない。この場合の新製品のイメージは，他社製品を模倣して形状やラベルなどを若干変更したものから，他社製品とは違う機能や品質を付加したものまで，幅広いものとなるであろう。

実は，経営学およびマーケティングの研究領域においても，上述のようなことがなされてきた。つまり，これまで提示されている新製品の定義は多様であり，統一的な定義はみられないのである（出牛，1980）。

本章の目的は，企業の競争力を左右する新しい製品やサービスの開発はどのようにして行われるのか，について理解を深めることである。それゆえ，ここでは新製品の統一的定義について紙面を割くのではなく，比較的よく紹介されている製品の概念を考察することによって，どのような諸要因を検討することが新製品開発活動なのかについて，議論を展開したい。

製品（product）とは「興味，所有，使用，あるいは消費という目的で市場に提供され，かつ欲求やニーズを満たすことのできるすべてのもの」である（コトラー，1999）。ここで想定されている製品は，有形のものに限らず，サービスなどの無形のものも含まれる。つまり，企業は顧客の欲求やニーズを満たすような有形の製品や無形のサービスを開発し，提供しているのである。

コトラーは製品を3つのレベル，すなわち①製品の中核，②製品の実体，③製品の付随機能に分解して，詳細に分析している（図表11-1を参照）。

まず製品の中核は，製品全体の中央に位置し，顧客がそれを購入する際に求める中核的な機能という便益で構成される。例えば，化粧品という製品は，「女性を美しく見せ，希望を与える」という便益を提供する。また，ホテルは単に宿泊という機能のみならず，「思い出に残る旅のひととき」という便益をも提供するのである。新製品を開発する際，開発に携わるメンバーは，製品が顧客に提供しうる中核となる便益を定義にする必要がある。

次に，製品の中核をもとに製品の実体を具体化する必要がある。有形の製品の場合，この活動は次の５つの側面から考えればよい。すなわち，品質水準，特徴，デザイン，ブランド名，パッケージである。例えば，化粧品は上述した製品の中核的便益を提供するために，高品質で，流行の色や香を提供し，ボトルなどのパッケージやデザインも斬新なものが選択され，特定のブランド名や商品名が付与されるのである。

最後に，付加的な便益を提供することによって，付随機能が製品に付け加えられるのである。ここで製品の付随機能とは，製品の①取付・設置，②納品およびクレジット，③製品保証，④アフターサービスをさす。例えば，テレビや冷蔵庫などの家電製品は，取付や設置，その他のアフターサービスや，１年間の品質保証ないしはクレジット払いなどの付随機能を提供することで，販売が促進される。

図表11－1のように製品をとらえると，新しい製品やサービスを開発すると

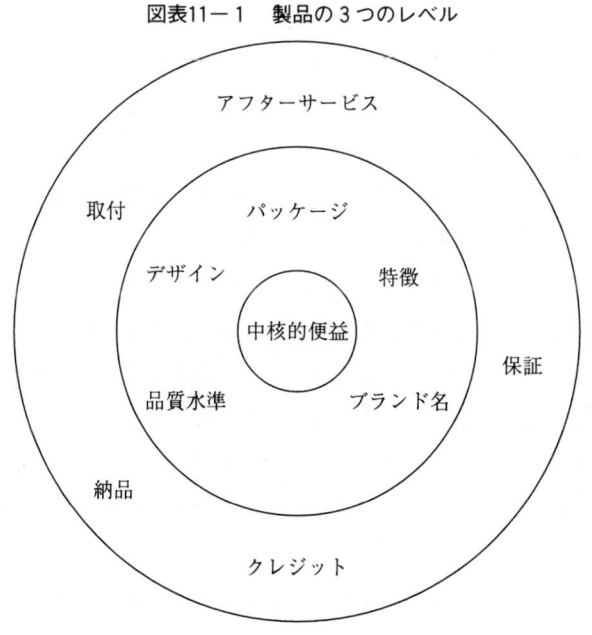

図表11－1　製品の３つのレベル

出所：コトラー，1999，270ページ。

いう経営活動は，流行のデザインやパッケージへの変更という表面的・実体的なものから，新しい製品の便益を中核にそえ，それに沿ってブランド名やデザインやパッケージを検討し，そして付随機能として納品やクレジット払い，アフターサービスなどを提供することを検討する幅広く複雑な活動まで含まれることが分かるであろう。

顧客のニーズや技術は常に変化する。その変化をタイムリーにとらえながら，これらの3つのレベルについて，新しい製品やサービスを開発する活動は，非常に困難かつリスクの高い活動といえよう。

第3節　新製品開発の効果

企業はなぜ，新製品の開発という困難でリスクの高い活動を展開するのであろうか。それは，開発された新しい製品やサービスの成功が多大な効果をもたらすからに他ならない。次に，新製品開発の効果について議論を進めていこう。

一般に，新製品開発の効果は，①売上や利益面での貢献，②製品構成の刷新による企業成長の実現，③組織的な活力の創出，④新しい知識の開発といった側面から議論されている。

まず第一に，新しい製品やサービスを提供することは，既存の顧客の購買意欲をかき立て，潜在的な顧客のニーズをも満たすという効果が期待できる。上述した「ドライビール」などの新製品は，「既存の顧客の満足度」と「潜在顧客に対する吸引力」とを兼ね備えた新製品であり，その競争力によって，売上や利益の劇的な増加といった企業業績の向上を達成した。また3M社では，直近3年間に売り出した新製品の売上が，企業全体の売上の3～4割を占め，全体の売上の押し上げ効果を発揮している（Trott, 1998）。かくて，新製品の開発は，売上や利益の向上に大きく貢献するという効果がある（アーバン他，1989；河野，1987）。

生物にも一生があるように，企業の提供する製品にも一生がある。こうとらえるのが製品ライフサイクル理論である。つまり，製品の一生は市場への導入

期をへて，市場の拡大する成長期，その製品が市場で一巡し飽和する成熟期，そして市場が縮小し，需要が低下していく衰退期をたどると考えるわけである。この場合，単一の製品のみを生産・販売している企業は，やがては衰退していく運命にある。ここで企業が展開可能な方策は，新しい製品を開発することによって，新たなライフサイクルを作り出し，さらなる成長軌道に乗ることである。かくて，新製品開発の第二の効果は，新たなライフサイクルの創出による成長・存続といえよう（河野，1987）。

これまで論じてきたように，新製品の成功は，業績を向上させ，企業成長を可能にする。その結果，新しい人材の採用や職位の創設という組織的な成果が創出される。これらは，組織メンバーの自信とやる気を引き出し，組織的な活力を生み出すようになる。このように，新製品開発の成功は，組織的な活力を創出・維持する効果をもたらすのである。

新製品は，研究開発活動などを通じて創出された技術的な知識と，市場調査によって獲得した消費者のニーズ情報とを融合させた知識の集積体ととらえられよう。例えば，前述したソニーの「プレイステーション」は，画像処理，通信，半導体などに関する様々な技術的知識の集積体に他ならない。つまり，企業は新しい製品やサービスを開発するプロセスにおいて，新しい知識や情報を創造し，かつ既存の知識や情報とそれらとをうまく融合させて，知識の集積体たる新製品を創り出しているのである。そして，そこで形成された知識や情報が，将来の新製品開発にも生かされるのである。かくて，新しい製品やサービスの開発は知識創造活動ととらえられ（野中＝竹内，1996），そこで創出された知識が現在および将来の企業の競争力の源泉となるのである。

第4節　新製品開発のプロセス

以上のような効果のある新製品開発は，企業においてどのようなプロセスで展開されるのであろうか。この点を明らかにしていくために，以下では，主にマーケティングの領域において，比較的よく紹介されている新製品開発プロセ

スのモデルを考察していこう。それは図表11－2のように示される。

このモデルに示されるように，新製品の開発は，まずそのアイデアを創出する段階から始まる。社内の研究開発活動を通じて発明した技術や知識を利用して新製品のアイデアを検討したり，市場調査などによって得られた「顧客の声」をもとにアイデアを練るのである。会社全体を巻き込んで新製品のアイデアを募集するのも1つの方法であろう。例えば，トヨタでは従業員による新製品のアイデア創出を奨励し，その結果，非常の多くのアイデアが創出されているという（コトラー，1999）。

図表11－2　新製品開発の諸段階

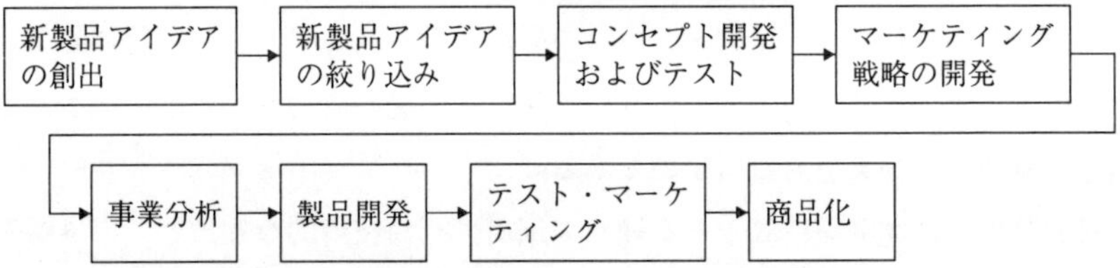

新製品アイデアの創出 → 新製品アイデアの絞り込み → コンセプト開発およびテスト → マーケティング戦略の開発 → 事業分析 → 製品開発 → テスト・マーケティング → 商品化

出所：コトラー，1999，p.320.

上述した段階で，数多く提案された新製品アイデアのなかから有望なものを選択し，絞り込んでいくのがアイデア絞り込み段階である。「その製品が顧客や社会にとって有用か」，「その製品は会社の目的や戦略に合致しているか」，「その製品を開発するための人材や技術などの経営資源はあるか」などの側面から，有望なアイデアを評価・選択するのである。新製品開発のコストは，段階が進むほど桁違いに上昇するので，企業は利益のあげる見込みのあるアイデアのみを次の段階に進める必要がある（コトラー，1999）。

選別されたアイデアは，次の段階で製品コンセプトに発展する。ここで製品コンセプトとは，顧客の立場に立って新製品のアイデアを詳細に説明したものであり，図表11－1に示した製品の中核的便益を言葉で説明するものである。例えば，自動車メーカーが新車を開発する際には，「市街地で乗る2台目のファミリーカーとして設計された低価格で燃費の良い準小型車」というコンセプトや，「若者にアピールする平均的価格の小型で流行のデザインを取り入れたスポーツカー」といったコンセプトを創出・検討しなければならない（コトラー，

1999)。

　その後，ターゲットとなる顧客に，これらのコンセプトを提示し，その反応をチェックするのがコンセプト・テストの段階である。創出された製品コンセプトへの顧客の反応を分析することによって，それをより良いものに仕上げていくのである。

　新製品のコンセプトが確立すると，それを製品化するためのマーケティング戦略を策定する必要がある。その具体的な内容は，ターゲットとなる市場の決定と市場規模の想定，製品の予定販売価格，新製品を販売する流通経路の選定，宣伝広告の方法および予算，目標売上高，目標利益額などであり，それらを詳細に決定するのがマーケティング戦略の段階なのである。

　そして，その後になされるのが事業分析である。事業分析とは，新製品の売上高，開発に要する費用，新製品のもたらす利益が，企業の目的にかなうかどうかを検討することである（コトラー，1999）。この評価・分析段階において，企業の目的に合致する新製品の候補がある場合には，次の製品開発の段階へと進展する。

　事業分析段階までは，主に言葉や図面による説明によって新製品の全体像を検討してきたが，製品開発の段階は，研究開発部門や設計部門が実際に新しい製品を創り上げる段階である。製品コンセプトの段階で検討した中核的便益を実現できる新製品を，実体のある試作品として創り出すわけである。つまり，図表11－1で示した「製品の実体」の形状やデザイン，そして新製品のブランド名やネーミングなどがこの段階で明確になるのである。

　実体となった新製品の試作品は，次に安全性や機能性のチェックを受ける。さらに，実際に顧客に試用してもらい，その機能や耐久性などをチェックする顧客テストを行う場合もある。それらのチェックを受けた後，次のテスト・マーケティング段階に活動が進展するのである。

　テスト・マーケティング段階は，開発された新製品を実際に市場環境に導入し，その効果をテストする段階である。新製品を実際に市場導入すると莫大な費用がかかるため，特定の市場で試験的に販売し，顧客の反応を分析するので

ある。テスト・マーケティングを実際に行うことは時間や費用のかかることであり，かつ新製品の情報が競合他社にもれ，模倣される危険性をも伴う。それゆえ，テストマーケティングせずに，新製品を市場導入するケースもみられる。

最後の段階は商品化である。テスト・マーケティングされた新製品に対する顧客の反応を分析し，仮に良好であれば，新製品として市場導入する。以上のようなプロセスを通じて，企業は新しい製品やサービスを開発し，市場導入にこぎ着けるのである。

第5節　企業を取り巻く環境変化と新製品開発のマネジメント

1　現代企業を取り巻く競争環境の変化と求められる製品開発力

本章の最後の部分では，企業がどのような環境変化に直面し，それに対処するために，新製品開発をどのように管理しているかについて，特に研究が進みつつある自動車産業における事例をもとに，議論を進めていきたい。

1980年代から90年代における自動車産業を取り巻く競争環境の変化は，図表11-3のように示すことができる。ここでは4つの競争環境の変化が示されて

図表11-3　自動車産業における競争環境と要求される製品開発力

競争環境		製品開発に要求される企業の能力
製品レベルの国際競争の激化	←	国際的にトップクラスの開発力の実現（以下の3点について）
競争環境の不確実性・不安定化	予測精度・迅速な対応	①速い開発スピード（短い開発期間）
消費者ニーズの根本的多様化	モデル・チェンジ　モデル多様化	②高い開発効率（少ない開発工数）
消費者ニーズの洗練化・複合化		③高い総合的製品力（製品および開発体制の高度な首尾一貫性）

出所：藤本, 2000, 6ページ。

いる。

　まず第一に，製品レベルでの国際競争の激化があげられる。例えば，日本で乗用車を購入する場合，従来はトヨタや日産，ホンダなど日本車のみを比較して購入するのが一般的であったが，近年，消費者は海外メーカーの自動車をも比較の対象に入れて，購入を検討するようになっている。つまり，日本の自動車メーカーは，お膝元の日本市場においても，海外メーカーと顧客の奪い合いを展開しているのである。この傾向は特に先進国の自動車市場において顕著にみられる。

　上述した日本市場における海外自動車メーカーの進出と競争の激化，および消費者のライフスタイルの変化は，日本の自動車メーカーに不確実かつ不安定な市場環境をもたらす。海外旅行の増加や海外製品に関する情報の増加，インターネットを使った海外製品の購入などの消費者のライフスタイルの変化は，海外製品の購入・使用への抵抗感をなくしている。このような変化と日本への海外自動車メーカーの進出による競争の激化が相まって，自動車市場の不確実化・不安定化は増しつつある。これが第二の競争環境の変化である。

　第三に，消費者のニーズの根本的多様化も進展している。例えば，1970年代の米国の自動車市場では，最も人気のある自動車の基本モデルは年間約150万台レベルで売れていたが，この数字は現在では50万台に満たない。日本市場においても，1モデル当たりの平均販売台数は，過去1980年代を通じて減少した（藤本，2000）。このように，現代の消費者はある特定のモデルを好んで購入するのではなく，自動車メーカーに多様なモデルを要求しているのである。

　最後に，消費者のニーズの多様化と同時に，洗練化・複合化が生じつつある。つまり，消費者が自動車に関する消費経験を蓄積・学習し，製品の多様な側面の微妙な違いを見分けられるようになったため，カタログ性能，新機構の搭載，デザイン，価格といった製品特性のある特定の側面のみを重視して，自動車を購入するのではなく，それらのすべての要因がうまく統合され，製品全体が醸し出す微妙なまとまりの良さといったものを要求するようになったのである。

　藤本（2000）は，上述した競争環境を，80年代から90年代にかけての自動車産

業における変化としてとらえているが，コンピュータや家電，および多くの産業においても類似する変化が生じていると我々は考えている。

以上のような競争環境の変化のもとで，競争力のある新製品を開発していくためには，どのようなことが企業に要求されるのであろうか。次に，企業に必要とされる能力について考えてみよう。

上述したような4つの環境変化のもとで，企業が競争力のある新製品を開発するためには，次の3つの側面で国際的にトップクラスの開発力を実現する必要がある。

まず第一の側面は，開発スピードである。つまり，迅速に新製品を開発することである。図表11-3にも示したように，迅速な開発は，より正確な市場の予測やライバル企業の製品への素早い反応を可能にする（藤本，2000）。また，他社に先駆けて製品化することによって，市場シェアの獲得・拡大，新しい技術のタイムリーな利用，およびコスト削減効果が期待できよう（恩蔵，1995；ヒンメルファーブ，1994；Wheelwrite＝Clark，1992）。かくて現代企業には，迅速な製品開発が求められ，それが競争優位の獲得に大きく影響を及ぼすのである。

製品開発の効率が第二の側面である。これは，新製品開発プロジェクトに投入する経営資源の効率的利用を意味する。つまり，資源を効率的に利用できる場合，期間当たり，あるいは売上当たり，より多くの新製品を生み出すことが可能となる。そうすれば，新製品の投入やモデルチェンジの回数が頻繁になり，不確実・不安定な競争環境や，消費者のニーズの多様化に対して，対応することができるのである。かくて現代企業には，新製品開発の効率性が求められているのである。

第三の側面は総合的な製品開発力である。つまり，消費者のニーズを把握し，かつ社内の開発体制をうまく束ねて，ニーズに合致するような新製品を開発することが企業に求められているのである。前述したように，消費者は単一の基準で新車を購入するわけではないので，様々な製品特性をうまくミックスした新車の開発を，社内の関連部門の協力を得ながら開発していく必要がある。そうすることで，消費経験を蓄積・学習し，多様な製品情報を保有している「か

しこい消費者」のニーズを満たすことのできる新製品を開発することが可能となるのである。かくて現代企業には，総合的な製品開発力が求められているのである（藤本，2000）。

2　自動車産業における新製品開発の管理

　現代企業には，上述した新製品開発のための能力が求められているが，具体的に新製品の開発はどのように管理されているのであろうか。ここでも自動車産業における新製品開発のプロセスを分析することによって，現代企業に必要とされている製品開発の管理について理解を深めていこう。

　図表11－4は，自動車産業における新車開発のプロセスを示したものである。まず自動車の開発プロセスは，どのような新車を開発するか，そのコンセプトを決めることから開始される。新車のコンセプトは，自動車全体の基本的機能，構造，メッセージがいかにターゲットとなる消費者の関心を引き，満足させるかを規定するものでなければならない（藤本，2000）。「我が社の次世代自動車Xはファミリーを対象とするセダンタイプの乗用車で，最新のエンジン技術や安全対策機構を採用し，燃費および安全性に優れた自動車である」という具合に，新製品のコンセプトを創出するのである。この活動によって，図表11－1に示した「製品の中核的機能」が規定されるのである。

　続いて行われるのが，製品プランニング活動である。上述した新車のコンセプトを具体的な製品にしていくために，そのコストや性能の目標値，部品の選

図表11－4　自動車産業における新製品開発プロセス

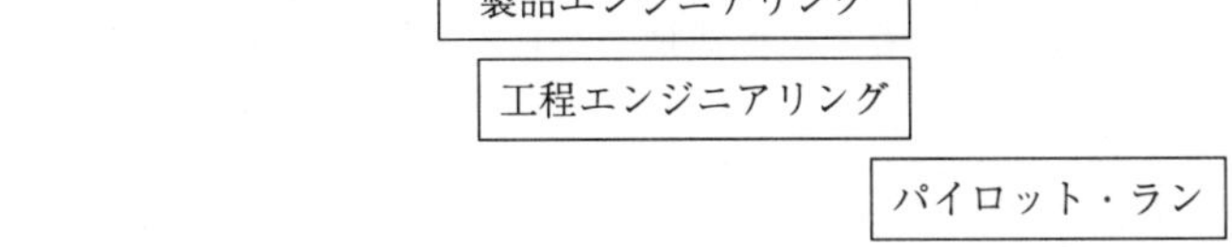

| コンセプト創出 |
| 製品プランニング |
| 製品エンジニアリング |
| 工程エンジニアリング |
| パイロット・ラン |

出所：Clark＝Fujimoto（1991），邦訳，109ページ，130～171ページを参考に作成。

択，スタイリング，レイアウトなどの諸項目を詳細に規定するのである。「開発される新車の馬力や燃費性能をどの程度にするのか」，「どのような部品を使用し，それらをどの部品供給会社に生産委託するか」，「製品コンセプトに沿ったスタイリングになっているか」，「多くの部品や車体構造，荷物や乗客のスペース等をどう配置するか」などが詳細に規定されるのである。この活動によって，図表11－1で示した「製品の実体」に関するデザインや特徴の部分が徐々に明確になるのである。

　製品のプランが経営陣の承認を得ると，詳細な製品エンジニアリング活動が始まる。この段階では，まず前段階で決まった新車の設計をもとに試作車が製作され，その後に試作車のテストが行われる。日本の自動車メーカーの場合，自動車部品の多くは外部の部品供給会社に生産を委託するため，それらの会社も共同して，試作車が製作されるのである。そしてその後，試作車の性能，コスト，安全性などの側面でのチェックがなされるのである。例えば，性能面での不具合が生じ，その原因が特定の部品の欠陥である場合には，設計変更をすることによって，問題解決がなされるのである。

　製品エンジニアリングと同時に展開されるのが，工程エンジニアリングである。この段階では，新車を生産する際に使用される治工具や機械設備の整備，生産工程のソフトウエアの設定・構築，労働者の技能の向上，および標準作業マニュアルの作成などの諸活動が展開される。開発された新車が，従来生産されてきた自動車に類似するものであれば，これらの諸活動は微調整程度ですむかもしれないが，従来品とは異なる生産設備や製造工程のソフトウェア，労働者の技能が必要になると，生産向上での大幅な変更や調整が必要となるのである。

　そして，製造エンジニアリング活動が終わると，実際に新車を生産するパイロット・ランが行われ，新車生産活動のトレーニングと調整がなされるのである。

　以上が，自動車産業における新製品開発のプロセスである。このプロセスにおける組織的な特徴は，①諸活動が期間的に重複して展開されていることと，

②諸活動の重複が行われている際に，諸活動間で緊密なコミュニケーション・情報共有がなされている，ということである。

図表11-4をみてもわかるように，それぞれの諸活動は，基幹的に重複して展開されている。つまり，ある活動が終わった後に，初めて次の活動が開始されるという逐次段階的な諸活動の結びつきではなく，コンセプト創出活動と製品プランニング活動とが同時進行的になされている。製品エンジニアリング活動と工程エンジニアリング活動も同様である。

次に重複してなされている諸活動間では，緊密なコミュニケーションがとられている。つまり，コンセプト創出活動で決定された情報を，同時進行的に展開されているプランニング活動に伝え，情報共有をしているのである。その他の活動間でも同様のことがなされている。

上記の2つのことをなぜ行うのであろうか。簡単に言えば，図表11-3の右側に示した速い開発スピード，高い開発効率，高い総合的製品力を実現するためである。

ある活動が終わって初めて次の活動に移行するという逐次段階的な活動よりも，複数の諸活動を重複して同時進行的に進めた方が開発スピードは速くなるであろう。このことは直感的にも分かることである。

しかし，実際には活動の期間的重複だけでは速い開発スピードという効果は期待できない。「諸活動間の緊密なコミュニケーション・情報共有」という第二の要因が実現されて初めて，その効果を享受することができるのである。それによって，例えばコンセプト創出活動から製品プランニング活動へと情報が徐々に移転され，後者の活動が混乱なく仕事を進めることが可能となるのである。

このような情報共有がない場合，単なる活動の同時進行化は，新製品の開発活動にむしろ悪影響を与える可能性がある。先の例でいえば，コミュニケーション不足のため製品プランニング活動が混乱し，下手をすればその活動でこれまでやってきたことが無になり，開発スピードが大幅に低下するからである。開発スピードが低下すれば，時間がかかるし，多くの人材を投入する必要もで

てこよう。つまり，開発効率が低下し，開発に要するコストも高くなるのである。また，開発に時間がかかれば，消費者のニーズも変化してしまう可能性があり，開発を進めてきた新製品と消費者のニーズとが不一致をおこし，売上が低迷する可能性もある。かくて，速い開発スピード，高い開発効率，高い総合的製品力を実現するために，上記の2つの組織的活動が展開されるのである。

　以上が，80～90年代において自動車メーカーが直面する競争環境の変化と，それに適応するために展開されている新製品開発のプロセスである。上述したプロセスを通じて，自動車メーカーは競争力のある新製品を開発し，市場導入しているのである。

(問題1)　「製品とは何か」について説明しなさい。その際に，製品の具体例をあげて説明せよ。

(問題2)　なぜ企業は新製品の開発を行うのであろうか。

(問題3)　新製品開発のプロセスについて説明しなさい。

〔解答のヒント〕

1　コトラーの主張する製品の3つのレベルを念頭に考えてみて下さい。

2　新製品の成功がもたらす効果を考えて下さい。

3　第4節の新製品開発のプロセスについて復習して下さい。

〔参考文献〕

Clark, K. B. and T. Fujimoto (1991) Product Development Performance, HBS Press. (田村明比古訳『製品開発力：日米欧自動車メーカー20社の詳細調査』ダイヤモンド社，1993.)

コトラー，P. (1999)『コトラーのマーケティング入門　第4版』トッパン。

出牛正芳 (1980)『戦略的製品計画』白桃書房。

ヒルメンファーブ，P. A. (1994)『市場対応迅速型の新製品開発マニュアル』産能大学出版部。

藤本隆宏 (1998)「競争力とは何か」『別冊宝島373わかりたいあなたのための経営学・入門』160～168ページ，宝島。

藤本隆宏 (2000)「効果的製品開発の論理」藤本隆宏・安本雅典編『成功する製品開

発:産業間比較の視点』有斐閣,3〜25ページ。
河野豊弘(1987)『新製品開発戦略』ダイヤモンド社。
野中郁次郎・竹内弘高(1996)『知識創造企業』東洋経済新報社。
恩蔵直人(1995)『競争優位のブランド戦略』日本経済新聞社。
Trott, P. (1998) *Innovation Management & New Product Managemet*, Financial Times.
アーバン, G., ハウザー, J.R., N.ドラキア(1989)『プロダクト・マネジメント』プレジデント社。
Wheelwrite, S.C. and K.B. Clark (1992) *Revolutionizing Product Development*, Free Press.

第12章　生産管理

第1節　生産管理

1　生産管理の意義

　企業が生産活動を進め，顧客の要求に応える製品を供給するには，各部門で組織的かつ効率的に生産システムの管理・運営を行う必要がある。このため生産管理とは「顧客の要求を満足する製品やサービスを提供するため，品質（Q；quality）・価格（C；cost）・納期（D；delivery）を維持しつつ生産の5M（原材料 material・機械設備 machine・作業者 man・作業方法 method・資金 money）を有効に活用し最大の生産性を上げるため，生産の諸活動を合理的に計画し，実施し，統制することである」といえる。

2　生産管理の対象

生産管理は，その対象や捉え方により次の2通りに分類される。
① 広義の生産管理（生産企業の経営管理活動全般）：工程管理，品質管理，原価管理，作業管理，設備管理，資材管理，運搬管理
② 狭義の生産管理（設計・調達・生産に直接関係のある管理活動）：品質管理，原価管理，工程管理を指す。工程管理そのものを指すこともある。

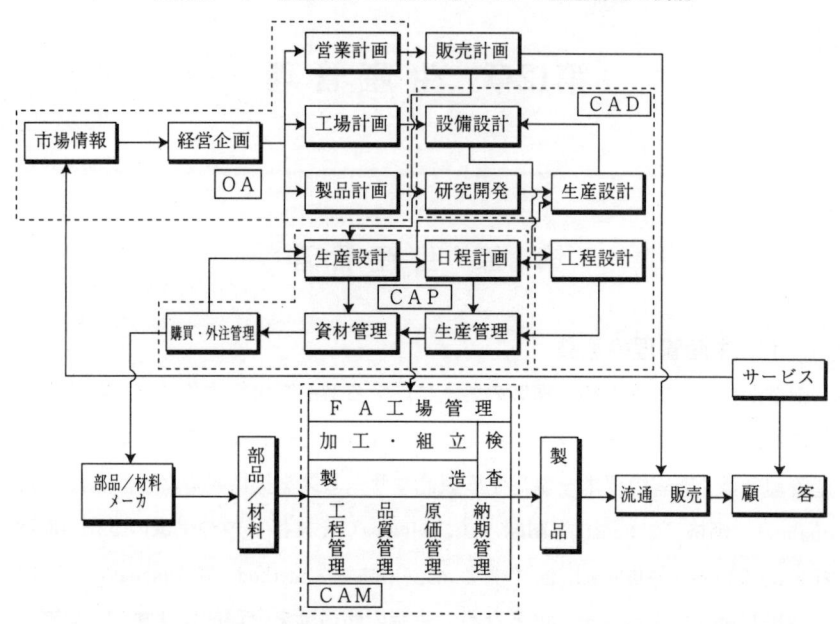

図表12−1　生産企業の経営活動における生産管理の機能

3　生産管理の諸活動と機能

生産管理には上に述べた個別の諸管理活動があり，次のような機能を持つ。

① 　工程管理：5Mの合理的活用により，製品の生産量と納期の確保を図る。
② 　品質管理：顧客の要求する品質の製品やサービスを経済的に作り出す。
③ 　原価管理：標準原価による目標原価の維持，原価統制により原価低減を図る。
④ 　作業管理：標準作業方法と標準時間を設定し，最適作業の管理を行う。
⑤ 　資材管理（購買管理・外注管理・在庫管理を含む）：生産対象資材の調達・供給・保管の合理化を図る。
⑥ 　倉庫管理（運搬管理を含む）：資材・製品の保管・供給・運搬合理化を図る。
⑦ 　労務管理・環境管理：労働条件・意欲向上，安全・衛生の維持，環境の

保全。
⑧ 工場管理，設備・工具管理：工場配置，稼働の最適化や設備・工具の整備と効果的活用を図る。

第2節　生産の計画

1　製品計画 (product planning)

製品計画はまず市場の要求を把握し，自社の生産能力を考慮した上で製品構成と生産数量，生産時期等を決定する。そのプロセスは次のようになる。

(1) 要求品質の把握

顧客の要求品質を製品品質に具現化する必要があるが，顧客ニーズは概念的・定性的な表現で行われるのが普通であり，この要求品質を具体的な製品品質に作り上げるために，設計品質特性（機能・構造・デザイン等）に置き換える必要がある。このためマトリックス図を用いた品質展開表等が用いられる。

(2) 商品化の検討

狙いとする製品の設計品質特性が決まると，具体的な製品化のため生産設計，製造工程能力，資材供給能力等の諸問題を検討する。また商品化に当たり，市場性を考慮した競争力，ライフサイクル，収益性，価格政策その他を検討し，商品化の諸条件を整えた上で，製品計画に移行する。

(3) 新製品開発とマーケティング

新製品は販売戦略上，技術的新規性は勿論，市場環境により左右される。したがって新製品開発は，基礎・応用・開発研究のプロセスを経て行われるが，何よりもまずマーケティング重視を指向した市場主導型でなければならない。また，製品の開発・導入・成長・成熟・衰退といったライフサイクル上の段階を考慮した新製品開発戦略を立てる必要がある。また同時に，市場環境との関連でその製品の市場成長率と相対的市場占有率を考慮した製品戦略の手法ＰＰＭ等により，製品計画を検討する必要がある。新製品開発の手順としては一般に製品企画・研究・設計試作・生産準備・量産化の順で進められる。

① 製 品 企 画：市場調査と技術予測を元にして新製品のアイディアを創造し，製品仕様（機能・構造・デザイン）を決定する。
② 研　　　究：製品仕様の具現化のため，応用・開発研究を進めると同時に販売戦略も検討する。
③ 設 計 試 作：基本・詳細・生産設計・試作等の順に具体的な機能・構造・意匠試作に次いで，量産化のための生産性・作業性等の検討を行う。
④ 生 産 準 備：生産移行のための設備・作業者・工程，資材計画も検討する。
⑤ 量　産　化：生産計画に基づいてスムーズに移行する段階で，特に量産初期のトラブルに対し初期流動管理の徹底が必要である。

2　生 産 計 画

(1) 生産方式の分類

生産計画を策定するに当たり，生産方式が製品の品種・需要・生産量・生産方法等により異なるので，まずこれらの条件に対応した考慮を払う必要がある。生産方式は分類項目により次のように分類される。

図表12－2　生産方式の分類

生産手段	需要特性	品種と生産量	生産方法
組立生産	→受注生産	→多品種少量生産	→個別生産
		中品種中量生産	→ロット生産
装置生産（プロセス）	→見込生産	→少品種多量生産	→連続生産

① 生 産 手 段

　　組 立 生 産：機械・設備を利用し，部品・材料を加工・組み立てて製品を作る。(例　家電品　自動車)

　　装置生産(プロセス)：原材料を装置に投入，物理・化学的処理を連続的に加え製品を作る。(例　金属・化学・薬品工業)

② 需要特性
　　受注生産：顧客の注文により生産する。(例　産業機械　建築)
　　見込生産：市場の需要を見込んで計画的に生産する。(例　家電品　日用品)
③ 品種と生産量
　　多品種少量生産：多品種の製品を少量生産する。(例　産業機械　建築)
　　少品種多量生産：少品種の製品を多量生産する。(例　家電品　自動車)
　　中品種中量生産：上記の中間的生産。
　　備　　　考：最近の品種・量の目まぐるしい生産形態の変動に対し、「変種変量生産」という呼び方も行われている。
④ 生産方法
　　個別生産：顧客の注文により個別に生産する。(例　プラント　船舶)
　　連続生産：専用機械・設備で製品を連続生産する。(例　家電品　薬品)
　　ロット生産：同種製品を一定量ごと纏めて生産する。(例　日用品　家電品)

(2) **生産計画**(production planning)

生産計画は，まず経営レベルで，長期需要予測による販売計画や利益計画と関連づけて基本計画を策定する。次いで管理レベルで，基本計画に基づき長期・中期・短期計画として具体的に工程・人員・設備・資材等の計画を立案す

図表12－3　生産計画の構成と内容

種類	期間	内容	計画
長期生産計画	数年～1年 1年～半年	製品の長期需要予測に基づく生産目標に対応して、人員、設備、資材の必要量の策定	工場計画、資材調達、在庫、人員、設備、資金等
中期生産計画	半年～1か月	生産に必要な人員・設備・資材計画に基づく生産製品の品種・数量・期間等の手配	生産能力、在庫等を勘案し計画策定
短期生産計画	旬・週・日	生産品目・数量に対して作業、工程、日程の各計画を決める	日程・作業・手順計画

る。さらに実行レベルで，具体的な実行計画として月・旬次・日程計画等に展開され，それらに基づいて月・週・日次の作業・資材・人員等の詳細計画を立てる。

生産計画は，能力と負荷のバランスを十分考慮し，Q・C・Dを満足し安定した生産が遂行できるよう考慮が必要で，具体的に品種・数量・日程を決定するものである。

(3) 工場計画

生産性の高い，合理的な生産活動を推進できる工場を新規に設置する場合の計画である。計画に当たっては，生産諸条件の最適化は勿論，従業員の最適勤労条件への対応など総合的検討が必要である。

まず工場立地として，生産に適した敷地選定のための自然条件，経済的・社会的条件を配慮し，次いで工場建設に当たり生産の効率化と快適な作業環境を作るため，建物の構造，必要な施設・設備，建物の形式・構造・規模を検討する。それらが確定した後，合理的な生産活動が実施できるよう，作業域・設備配置等を計画し，具体的な工場稼働計画に着手する。

第3節 工程管理

1 工程管理

原材料を加工・組立て，製品化する生産過程を工程 (process) と称しこの工程を効率良く計画・運用するための管理を工程管理 (process control) という。生産計画により製品の品種・数量・納期や生産方式が決定すると，工程計画や日程計画を立て，作業手順を決め，資材を手配し，作業が計画通り進行するように管理・統制する。工程管理は生産の計画・実施・統制を行い，製品の生産量と納期を満足させるための生産活動の中心機能で，次の機能から成り立つ。

(1) 計画（工程計画，日程計画）

手順計画により作業順序・方法・時間等を計画し，負荷と能力を調整する。

(2) 統制（手配管理，工程統制）

手配計画により作業割当てを行い，工程が予定通り進むよう進行管理をする。

2　工程計画 (process planning)

工程計画には，作業手順・方法等を決める手順計画，人員や機械・設備の配置を決める工数計画，生産量との調整を図る負荷計画等がある。

(1) 手順計画 (routing plan)

設計仕様（機能・構造）に基づき，製品の製作に必要な作業順序・方法，利用機械・工具，使用材料，生産場所等を決める。

(2) 工数計画 (man−hour／machine−hour plan)

作業者1人あるいは機械1台による仕事量の単位を工数 (man‒hour or machine‒hour) といい，人工（人・時，人・日）あるいは機械の台数×稼働時間で表す。

工数計画は製作（加工・組立）に必要な工数を工程別，品別に算出することをいい，日程・人員・設備・コスト計画等の基礎資料となるもので次に述べるような項目を算定し計画を立てる。①標準工数（製品1個当たりの標準的作業時間），②生産予定数（歩留まりを見込んだ生産量），③一定期間の負荷工数（工程にかかる仕事量で，標準工数×生産量で表わす），④一定期間の能力工数（工程の人・機械の仕事を達成する能力），⑤所要人員・機械台数を決定する（負荷工数／人あるいは機械の能力工数）。

(3) 負荷計画 (loading plan)

生産計画に従い生産量・納期を考慮しつつ期間ごとに工程別・職場別に負荷工数と能力工数を勘案し作業配分をすることを負荷配分という。この方式には開始日から追って作業を割り当てる順行負荷法と完了日から逆上る逆行負荷法がある。期間別に負荷を順次積重ねることを負荷の山積みといい，この能力と負荷の差（余力）を考慮しつつこれに対応した作業能力を調整する必要がある。

(4) 日程計画 (scheduling)

作業の日取りを日程といい，手順計画に基づき作業日程を計画したものを日

程計画という。利用目的・期間により大日程・中日程・小日程計画に分けられる。

製品の生産着手から完成までの標準的な所要日程を基準日程という。この場合基準となる正味の作業時間とその前後の余裕時間（加工・運搬待ち）も考慮する必要がある。基準日程を元に各作業の工程手順を並べて基準日程表を作る。

3 作業計画と統制 (work plan & control)

(1) 作業手配

手順計画により，人・機械・資材の準備を指示し作業に着手させる手続きを作業手配（差立て dispatching）という。作業実施上使用される各種の作業・出庫・検査等の伝票は差立盤に収められ順次作業手配が指示される。

(2) 作業統制

① 作業統制

現場管理者は作業の指示・指導を行い，進度・余力・現品等の管理を行い，統制（作業統制あるいは工程統制）を行う。作業日程計画と実績を対比し，差を生じた時に原因を分析し対策をとることを進度管理という。進度管理にはガントチャート，斜線式進度表，ネットワーク（PERT）図等が利用される。

② 余力管理（工数管理）(capacity available control)

工程能力と負荷（仕事量）の差を最小限に調整することを余力管理（これを工数で表した場合が工数管理）という。余力を調査するには，作業余力調査表を作成し，職場別・工程別に負荷と能力を図に示し工程統制に用いる。

③ 現品管理

作業現場で現品の所在・数量を管理することを現品管理という。製造現場では計画と実績を絶えず照合し，現品を確実に管理することが必要で，このため予定と実績を記録し，更に定期的に現品と帳簿の照合（棚卸）を実施する。

第4節　資材管理

1　資材管理（material management）
(1)　資材管理とは
　資材とは，生産活動に必要な原材料，副資材，部品，消耗品をいい，資材管理とは，スムーズな生産活動をするため，資材の調達，在庫，供給に関する計画・統制を行うことをいい，狭義には購買・外注・倉庫・在庫管理を指す。広義には，購買・外注・倉庫・運搬・物流・在庫等の各管理を含み，総合的な資材システムとして捉えることが必要である。

(2)　資材管理の重要性
　資材管理の要点は「要求品質の資材を，必要な時に，必要な量だけ経済的に調達・供給する」ことにあり，資材の品質は製造品質，生産性，コストに影響を与え，調達の遅延は生産の遅れと工程の混乱を招くことになる。資材のコストは製造原価に大きく影響し，また，資材の過剰在庫は棚卸資産の増大と品質の劣化をもたらし，逆に過少在庫は，生産納期に混乱を招くことになるので，適正在庫が求められる。資材管理活動の合理化のために，MRPシステム（material requirements planning 資材所要量計画）の導入，ABC分析による重点管理，VA／VE（value analysis／value engineering 価値分析／価値工学）によるコスト低減，資材の標準化等が行われている。

(3)　資材計画
　生産計画に基づき生産に必要な資材の種類・数量・納期・調達法などを期間別に手配計画を立てることをいい，この一覧表を材料表と呼んでいる。
　資材は製品原価の中に占めるコストが大きいので，標準化を図り規格の統一化や種類を縮減したり，VAでコスト低減を図ることが重要であり，また調達に当たり，経済性に基づく外注か内作かの検討も必要である。

2 購買管理 (purchasing control)

(1) 購買管理の基本

購買とは生産計画により確定した資材について，所定の質・量を所定の期日までに調達することで，購買管理とは調達業務を効率的に行うための管理をいう。主な業務としては購買調査・計画・実施があり，具体的には購買市場調査，購買計画，購入先の選定，購買条件の設定，発注・契約，納期管理等が含まれる。資材は特に製造企業では生産の主要要素になるものであり，その品質の良否が製品品質を左右するので品質管理，製品生産に遅延を来たさないための納期管理，購買品のコスト低減のための原価管理や在庫管理も重要である。

(2) 資材の発注方式 (material ordering system)

資材の重点管理を実施するため，資材の一定期間の使用金額と品目・点数の関係をパレート図に描き資材の重要度に応じてＡＢＣのグループに分類し，在庫管理の合理化を図ることができる。このような考え方に基づいて発注方式として次の３方式が考えられる。図表12－4のパレート図のＡの品目は数量は少ないが金額の多い資材で厳密な管理が必要な資材，Ｂの品目は中間的な資材，

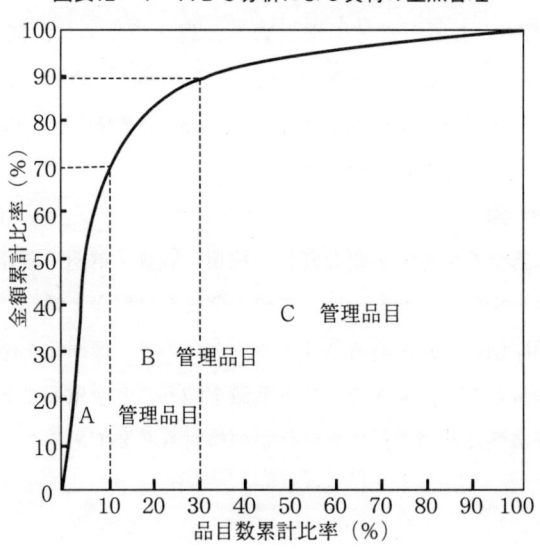

図表12－4　ＡＢＣ分析による資材の重点管理

Cの品目は数量は多いが金額の少ない資材を表している。

① 定量発注方式（ＦＯＱ：fixed order quantity system）

資材の在庫量が発注点に達した時に自動的に定量を発注する方式で，発注点方式ともいわれる。この方式は単価が安く，使用量が多く，需要が安定した資材の発注に適している。在庫量がＡになるとＢ－Ｃの発注量ＯＱを注文する。ＬＴを調達期間（リードタイム），ＯＰを発注点とし，在庫切れを防ぐため調達期間中の平均在庫量に安全在庫ＳＳを加えて発注する。

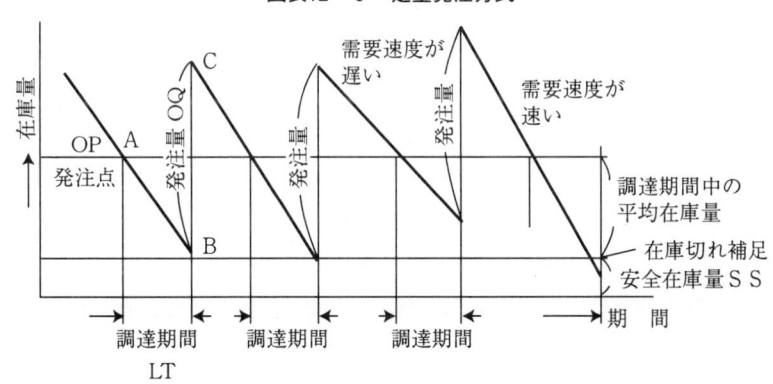

図表12－5　定量発注方式

(a) 発注点（ＯＰ）

　　発注点＝調達期間中の平均在庫量＋安全在庫量

　　　　＝（単位期間中の平均需要量×調達期間（ＬＴ））＋安全在庫量（ＳＳ）

(b) 安全在庫量（ＳＳ）

　　安全在庫量＝安全係数×標準偏差×$\sqrt{調達期間（ＬＴ）}$

　　安全係数：在庫切れの許容確率により決まる係数

　　　　　　2.5%…1.96　　5%…1.65　　10%…1.28

(c) 最適発注量（Ｑｃ）

$$Qc = \sqrt{\frac{2 \times 年間需要量（個）\times 調達費／回}{購入単価（円）\times 在庫保管費率}}$$

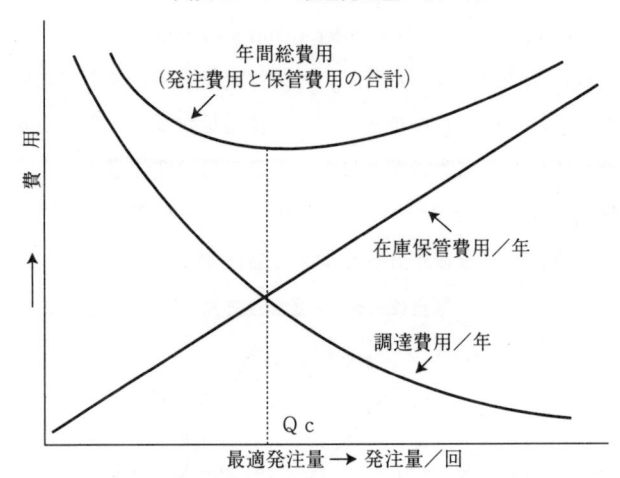

図表12－6　最適発注量の決め方

（グラフ：縦軸 費用、横軸 発注量／回。年間総費用（発注費用と保管費用の合計）、在庫保管費用／年、調達費用／年の曲線が示され、最適発注量Qcの位置が示されている）

在庫保管費率：保管品1個の価格に対する年間保管費用比率で一般に保険料、消耗費等を含めて25％程度

最適発注量は年間総費用（調達費＋保管費）が最小となる量である。

(d) 発注回数

発注回数＝年間需要量／最適発注量

② 定期発注方式（ＰＯＱ：periodical order quantity system）

決められた発注間隔により、その時期が来るとそのつど在庫量や需要量に応じて発注量を決め、定期的に発注する方式で、資材の単価が高く、需要変動が大きい場合に適する。

(a) 発注量（Ｑo）

　Ｑo＝予測期間中の予測需要量－発注時の在庫量＋安全在庫量

(b) 安全在庫量

　安全在庫量＝安全係数×標準偏差×$\sqrt{発注間隔＋調達期間}$

　安全係数：在庫切れの許容確率により決まる係数

　　　　　　2.5％…1.96　　5％…1.65　　10％…1.28

　標準偏差：月間需要量の標準偏差

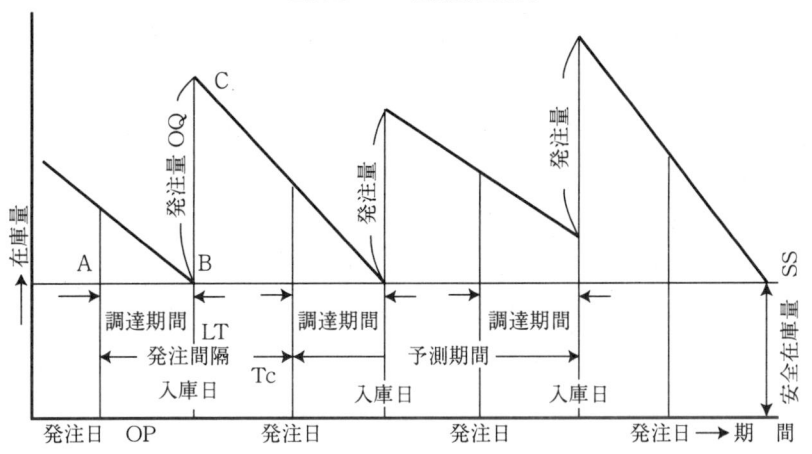

図表12－7　定期発注方式

③　簡易発注方式

品目・数量は多いが金額が少なく，管理の手間を省く資材の発注方式である。

(a)　ダブルビン方式（double-bin system）

　　２つの容器を用意し一方が空になると発注し，一方の品物を使用する方式

(b)　定量維持方式

　　決められた一定の在庫量が切れると使用量に応じて発注する方式

3　外注管理

外注は，自社の製造・試験検査・運搬等の工程の一部を外部に委託することで，あくまで自社の工程と同じ管理・運営を行う点が購買と異なる。

(1)　**外注管理とは**

生産企業が自社で100％の生産業務を行うことが不可能の場合，自社の指定仕様や設計に基づき他の企業に業務を委託することを外注という。

外注管理は外部に発注・依頼した製品や業務の品質・価格・納期等について合理的管理を行うため，契約のつど資材の支給，図面の支給，仕様の打合わせ，技術指導等を行う必要がある。

(2) 外注利用の目的

　発注企業が外注企業に対して外注を依頼する理由は，発注企業が親企業として外注企業に資本参加しており，系列企業の関係で外注政策を取る場合以外に，発注企業において生産数量が少なく，外注企業に生産を依頼した方が有利な場合，発注企業の生産能力の不足を補う場合，自社にない技術や設備を外注企業が持っている場合，発注企業が変動の多い製品のスポット的設備投資を避ける場合などに行われる。

　外注依存度は，外注企業（系列企業）が発注企業（親企業）にどの程度依存しているかにより，専属外注企業（100～70％）半専属企業（70～30％）非専属関係（30％以下）に分類される。

(3) 外注先の指導・管理

　外注企業は発注企業の製造工程を代行するものであるから，生産・品質・原価管理を十分に行い，不足部分は発注企業の指導・育成によるレベルの向上が必要である。

(4) 最近の外注管理の課題

　最近の厳しい製造企業を巡る状況により，低コストの生産を行うため系列を超えてコストの少しでも安い外注依存が行われている。経営戦略の一つとしてアウトソーシング（outsourcing）も盛んに行われている。その中で自社で製造工場を持たずに製品生産を行うファブレス（fab-less）の実施も目立っている。その反面，技術の保持やコストダウンのため内作化に切り換える企業も増える等，外注利用を巡る戦略の展開も目まぐるしい。いずれにせよ外注管理は単なる目先の経済性にとらわれず長期的観点に立った総合的判断が必要となる。

第5節　生産システムの合理化と自動化・情報化の動向

　1972年にトヨタ自動車より発表されたトヨタ生産システムは，ＩＥ（industrial engineering）の基本理念を具現化し，完成させた世界に誇るべき生産システムである。「生産の平準化」「自働化」「ビジブル（目で見る）管理」など同社が長

年の現場の生産技術の研究と実践の中から築き上げた生産システムであり，ジャスト・イン・タイム（JIT：just in time）生産方式の名称のもとに，今日の生産システムの原点としてその理念や技術が生かされ，わが国は勿論全世界の企業の生産の合理化，経営の効率化に貢献している。

また，今日の生産システムに要求されるものは，市場ニーズの多様化に基づく多品種少量生産への迅速かつ柔軟な対応及びIT技術やメカトロ技術の進展と共に低コスト・高効率で生産を実現する自動化・機械化システムの構築である。このように，市場ニーズの変化や情報化・ハイテク化等の技術革新により，生産システムも大きな変革を余儀なくされている。

また一方では，地球環境保全の面から地球資源の消費や環境負荷と深い関係を持つ生産システムについて，「環境循環型」への転換も求められている。
本節では，まず生産方式の原点であるトヨタ生産方式について概説し，次いで今日注目されている新しい生産システムについて概要を述べる。

1　トヨタ生産方式（JIT生産システム）

　トヨタ生産方式の理念は，"徹底した無駄の排除"を指向した改善に基づく向上であり，基本思想として「ジャスト・イン・タイム」「自動化」「生産の平準化」を掲げ"必要なものを，必要な時に，必要なだけ生産する"というJITの思想を生産システムの構築に実現したものである。

　ムダの排除，つまり必要以上の生産と過剰在庫の排除を，生産の流れ化による生産プロセスの同期化と，マーケティング・開発・設計・製造・流通・販売といった経営のプロセスの同期化により実現した。

　「多品種少量生産」や「変種変量生産」では，需要予測の確度は落ち変動も大きく，見込み生産をするための生産計画を立てることが困難である。また工程間の生産の速度やタイミングの調整が難しく，各工程独自での生産能力に応じた生産を行い，バッファーとして各工程間に在庫を持った。また，顧客の需要に即応するため工場の最終段階あるいは流通段階に製品在庫を持つことになり，棚卸資産の増大は経営を著しく圧迫した。このため市場の需要に応じて生

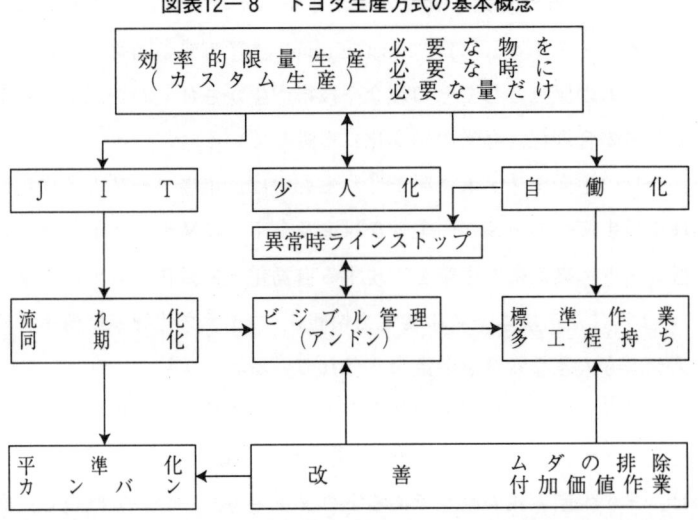

図表12-8　トヨタ生産方式の基本概念

```
        ┌─────────────────────────────────┐
        │ 効率的限量生産    必要な物を      │
        │ （カスタム生産）  必要な時に      │
        │                   必要な量だけ    │
        └─────────────────────────────────┘
           │           │              │
           ▼           ▼              ▼
        ┌─────┐   ┌───────┐      ┌───────┐
        │ JIT │   │少人化 │      │ 自働化│
        └─────┘   └───────┘      └───────┘
           │           │              │
           │    ┌──────────────┐      │
           │    │異常時ラインストップ│   │
           │    └──────────────┘      │
           ▼           ▼              ▼
        ┌─────┐   ┌───────────┐  ┌───────────┐
        │流れ化│   │ビジブル管理│  │標準作業   │
        │同期化│   │（アンドン）│  │多工程持ち │
        └─────┘   └───────────┘  └───────────┘
           │           │              │
           ▼           ▼              ▼
        ┌─────┐   ┌───────┐      ┌───────────┐
        │平準化│◀──│ 改善  │      │ムダの排除 │
        │カンバン│  └───────┘      │付加価値作業│
        └─────┘                   └───────────┘
```

産するというマーケット・インの思想を貫き，ムダな在庫を徹底して排除するためできるだけ受注生産に近付け"必要なものを，必要な時に，必要なだけ生産する"というJIT生産システムを模索した。このためには，品種と生産量の変動への適切な対応が必要となるが，このため毎日の生産量と品種をできるだけ平均化するための「生産の平準化」を行い，できるだけ小ロット生産や混合生産をすることにより，生産リードタイムの短縮や中間在庫の縮減を図った。この生産の平準化において，後工程に物を流す場合に「後工程引取り方式」を採用したが，前工程は引き取られた以上に生産は許されず，後工程の生産スピードに同期化され，したがって，工程間の仕掛は一定量に制限される。この時用いたのが「かんばん」である。このために，トヨタ生産方式の生産管理システムが通称「かんばん方式」と呼ばれている。「かんばん」には通常生産の指示・統制のための「生産指示用」と後工程からの引取りのための「引取り用」がある。

　以上の仕組みの実現には，基本的には後工程に不良品を送らないという品質保証を徹底する必要があり，また後工程引取り方式を成功させるためには，工場全体の工程が安定していることが条件で，そのため「かいぜん」や「自働化」

の考え方を徹底した。E−JIT（電子かんばん方式）は，最近の自動化工場（CIM／FA工場）で生産情報のネットワークを通して，バーコードによる進度管理やコンピュータで出力された伝票（かんばん）による工程管理を行うものである。

2　MRPシステム（material requirements planning 資材所要量計画）

生産システムの基本機能は，必要なものを，必要な時に，必要な量だけ作ることであり，この機能を満たすためには，確実な生産計画に基づいて，資源を調達し，生産できるよう管理・統制していくことである。即ち顧客の要求需要に見合った生産計画・生産能力の計画及びそれを達成する管理が必要である。

このシステムは，コンピュータ生産管理システムの一環として多品種少量生産に有効な生産・在庫管理方式であり，製品の生産計画に基づき，原材料・部品から最終製品に至るまでの各部品の所要量と時期を設定し，合理的資材管理計画を立て次のステップで実行する。

① 製品構成（部品展開）の作成

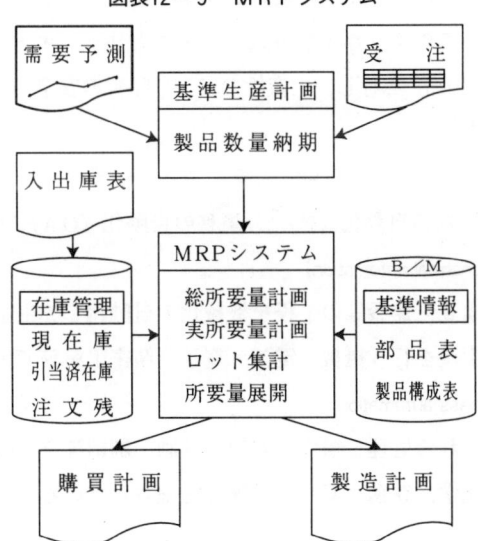

図表12−9　MRPシステム

② 生産計画に基づき原材料・部品の所要量を決定

③ 在庫量・仕掛量・発注済量・安全在庫量を差し引き，正味所要量を計算する

④ ロットごとにまとめて計画発注量を決定する

MRP資材所要量計画は，資材の計画と所要生産能力を算定するために1960年に米のIBMで開発されたシステムで，当初は製品構成の部品展開計算に基づき生産計画を考慮し，資材の発注量や発注時期を産出するための計画主導型生産管理方式の在庫管理手法とされていた。後に生産諸資源を総合的に計画する資源所要量計画と生産実績のための能力を計画・手配する能力所要量計画の機能が付加され，総合的生産管理システムとして捉えられ，さらに現在では財務機能が加えられ生産に関係ある資源を一元的に計画・統制するよう発展した。

3 生産の自動化

従来の生産は個別の機械や人の作業により行われ，流れ作業も各工程の作業は人手に頼っていたが，自動機械・制御機器・コンピュータの発達により，労働力も知能も情報機器やメカトロ機器が取って替わり，生産の自動化・省力化が可能となった。このような生産方式をファクトリー・オートメーション（FA：factory automation）と称し，生産性の向上，品質の安定，省力化，コストダウンをもたらした。

オートメーションには適用分野・対象により，機械の自動化（MA），装置の自動化（PA），工場の自動化（FA），事務の自動化（OA）等がある。

(1) MA (mechanical automation)

加工・組立・検査・運搬等の工程を機械化・自動化して生産する方式で，自動車を始め大量生産を行う機械・電気・電子・精密工業等で実施されている。

(2) PA (process automation)

装置工業で行われる処理・操作・監視・計測・制御等を自動化した方式を称し，石油精製，化学，鉄鋼，薬品工業等で実施されている。

(3) ＦＡ（factory automation）

コンピュータ支援設計／製造（ＣＡＤ／ＣＡＭ），産業用ロボット（robot），数値制御によるＮＣ工作機械，多軸工具自動加工ＭＣ機械，自動搬送車（ＡＧＶ），自動倉庫（ＡＷＨ）等を活用し，生産管理や制御用コンピュータにより物と情報の流れを一元化して生産する工場（ＣＩＭ）を指向した，機械化・自動化・無人化工場を指す。

(4) ＯＡ（office automation）

パソコンをはじめ事務管理用情報・電子機器の発展により，事務や管理の業務の自動化・機械化により効率化を図るものをいう。

4　ＣＩＭシステム（computer integrated manufacturing system コンピュータ統合生産システム）

受注から開発・設計・製造・販売まで全ての生産活動の情報をネットワークで結び，かつ経営各部門の一元化されたデータベースの生産情報をコンピュータで統括・管理するシステムで，外部環境に対して迅速かつ柔軟に生産を進め，経営活動における物と情報の一元化による経営活動の迅速化と効率化を進めるための統合化された生産システムである。このシステムの導入の目的は，納期の短縮，多品種少量生産への対応，情報の一元化による効率化である。設計と

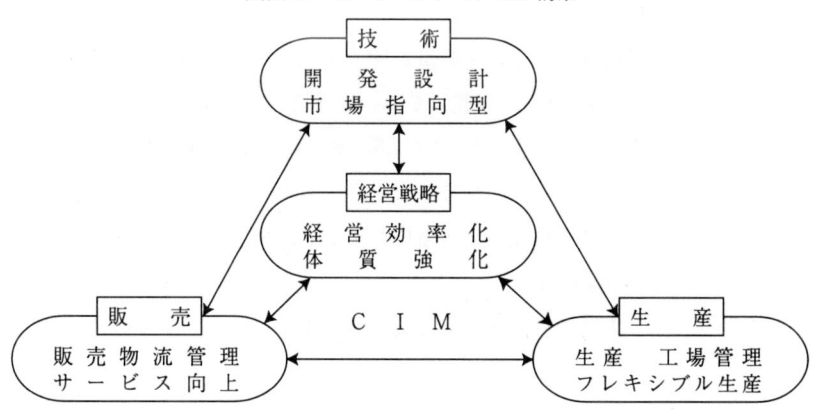

図表12－10　ＣＩＭシステムの構築

生産と販売を統合しリードタイムを短縮し，顧客ニーズに応え，生産効率を上げることにあるが，ＣＩＭの構築により現在の変種変量生産時代に経営情報の一元化を進め，経営の効率化と迅速化に一層の効果をもたらす。

(問題１) 現在の多様化した市場ニーズに応えるため，生産企業の生産方式も従来の少品種多量生産から多品種少量生産を採ることを余儀なくされ，生産性向上の点からも困難な状況に置かれている。

この両生産方式について，特に管理上の重点に注目して相違点を述べよ。

(問題２) 資材の在庫管理における発注方式では，その資材の重要度に応じて定期発注方式と定量発注方式のいずれかが採用される。それぞれの方式に関する次の計算問題を解いて見よ。

(1) Ｔ自動車工業の乗用車組立工場で生産に使用されるＡ部品は，定量発注方式で調達されており，その年間総所要量は500,000個である。

Ａ部品の単価は，600円，1回当たりの調達費は15,000円，年間在庫保管比率は25％である。

この部品の最適発注量はいくらになるか。また，年間の発注回数は何回になるか。

(2) Ｍ電機のエアコン製造工場で生産に使用されるＢ部品は，1日に500個ラインに投入され，安全在庫は3,000個と決められている。また，1か月(うち工場稼働日は22日)に1度発注することになっているが，発注してから入着するまでに10日間かかる。この部品の現在の在庫量は3,500個で，発注済で未入着のものが5,000個ある。

この時のＢ部品の発注量を求めよ。

〔解答のヒント〕

1　少品種多量生産は計画的な見込・連続生産方式をとる場合が多く，高生産性・高操業度を保ちつつ低コスト，高品質製品を目標としている。市場競争の激しい製品が多いため，新製品の開発や生産・販売力の優劣が企業発展に大きく影響を与える。生産性の向上の点から，製品・部品の標準化設計，工程設計では作業の標準化による流れ化，生産管理面では安定した生産，適確な資材管理，工程のバランス化，また操業度の変化や機種切り替えに対しては，設備投資に影響を及ぼすので，ライン設備は柔軟性を持った自動化・機械化を考慮する必要がある。

　これに対して多品種少量生産では，受注生産や個別生産方式をとるものが多く，生産管理や資材管理の面では多品種の生産や資材の管理が要求され，管理が困難にならざるを得ない。この生産の特徴として，生産品目は勿論，数量・納期も多様であり，生産工程は製品ごとに異なる場合が多いので複雑となる。受注環境の変動により，資材・工程や製品設計の変更が頻発し，安定した生産・工程・日程計画の維持が困難である。このように生産の変動により生産管理の実施・統制並びに手順・日程等の計画維持が難しく，現場中心の管理に頼らざるを得ない。市場ニーズの多様化に伴い，必然的にこの生産方式をとらざるを得ないので，この対応策として機種の整理削減，部品の共通化・標準化を図ると共に，部品中心生産，ＧＴライン編成，迅速・適確な生産情報システムの確立と共に，ＳＣＭの構築による短納期体制の確立を進め，できるだけ生産性の高い多量生産方式に近付ける努力が必要である。

2　発注方式の計算問題

(1)　定量発注方式の最適発注量Ｑｃを求める次式に，各数値を代入すると

$$Qc = \sqrt{\frac{2 \times 年間需要量（個）\times 調達費／回}{購入単価（円）\times 在庫保管費率}}$$

$$= \sqrt{\frac{2 \times 500,000 \times 15,000}{600 \times 0.25}} = 10,000 \text{ （最適発注量）}$$

年間発注回数＝年間需要量／最適発注量
$$= 500,000 / 10,000 = 50 \text{ （回）}$$

(2) 定期発注方式の発注量Qoを求める次式に，各数値を代入すると

Qo＝予測期間中の予測需要量－発注時の在庫量＋安全在庫量
$$= 500 \times (22+10) - (3,500+5,000) + 3,000$$
$$= 10,500 \text{ （発注量）}$$

〔参考文献〕

坂本碩也「生産管理入門」理工学社，1993年。

桑田秀夫「工業経営の基礎」日刊工業新聞社，1995年。

玉木欣也「戦略的生産システム」白桃書房，1996年。

稲福・田中・浜本編著「経営学の基本問題」同文舘，1996年。

人見勝人「ＣＩＭ 概論」オーム社，1989年。

田中宏他「経営工学シリーズ 12「標準化」日本規格協会，1993年。

田中 宏「ＣＩＭ（コンピュータ統合生産）システムの基盤を構築する標準化のコンセプト」四国大学紀要第1号1993．3．。

田中 宏「競争優位戦略への転換を迫られる変種変量生産時代の生産システム」四国大学紀要 第11号 1999．3．。

田中 宏「新しい世代を指向する生産システムの変革」四国大学，経営情報研究所年報第，5号，1999．12．。

田中 宏「次世代生産システムを指向するわが国製造業のイノベーション（その1）」四国大学紀要，第13号，2000．3．。

田中 宏「産業構造の変化とグローバル化により新局面を迎える物づくり産業の課題」実践経営36号，1999．8．。

田中 宏「新時代に対応した自動車産業の生産システムの変革」実践経営37号，2000．6．。

第13章　経営財務論

第1節　経営財務論

1　意義と目的

　経営財務は，調達，生産，販売という経営の基幹的な活動を行うライン職能を果たすものではなく，1つの重要なスタッフ的職能を担うものである。その職能を司る経営財務とは，経営活動の際に生じる資本の流れ（キャッシュ・フロー）を経営目的にしたがって最適に管理することであり，そのための概念の確立，理論の体系的形成を行ったものである。管理者は，この財務の基本原理を認識することによってはじめて，経営目的の達成のために理論的マネジメントを行うことが可能になる。

　経営体は，自然界における生命体と同様に，最低限の基本目的として生存し，少なくとも現状維持を図り，かつ余力があれば自らの成長を遂げようとする有機的な組織体としての基本的な目的をもっている。経営体が，この基本目的を達成するためには，具体的な目標として長期の観点から企業価値の極大化を図ることが求められる。これは，単純な短期的な企業価値の極大化ではない。なぜならば，企業の基本目的の達成は，本質的にさまざまな目標のコンフリクトを抱えており，これらを調整するためには，長期的観点に立脚した経営者の自由裁量の余地を残しておくことが必要だからである。言い換えれば，経営体は，基本目的を達成するのに，コンフリクトの克服やさまざまな学習プロセスがあるから，企業成長プロセスは決して直線的なものではなく，大なり小なり紆余曲折の成長経路を辿ることが一般的なのである。

　ここでは，第1章と第2章で述べられたように，経営の基本目的を果たすた

めには，経営体としての株式会社を取り巻く株主をはじめとする多様なステークホルダーの利害を調整することが必要である。これは，経営者の重要な1つの役割である。社会において，経営体という法人は，自然人ではないが，個人と同様に「良き企業市民（corporate citizenship）」としての役割が社会から求められるのは当然であり，これが経営の社会的責任である。

経営は，ヒト，カネ，モノおよび情報という4大資源があり，これらによって有機的に構成されている。戦略的にさまざまな事業にこれらの経営資源が最適に配分されることによって経営本来の目的が達成される。経営財務は，これらのうち第3の経営資源であるカネの流れ，つまり財務的経営資源の最適な管理を行う重要な機能を果たすのである。企業の活動の評価は，さまざまな評価尺度がありうるし，多元的な評価尺度の研究も進んではいるが，現段階では総合的評価を下すためには貨幣単位を公分母として，最終的に財務的評価尺度に依らざるをえないのである。この点で，経営財務は，企業活動の統合的な理論として重大な役割を担うことになる。

この財務的経営資源の管理は，その他の経営資源の管理と極めて密接に結び付いているものであって，カネの流れであるキャッシュ・フローは独立しているわけではなく，さまざまな経営活動の結果として発生するものであるから，経営財務はあらゆる経営活動をキャッシュ・フローの視点から包括的に捉えることとなり，そのため経営に関する広範な知識を必要とする学問領域である。さらに，長期の企業価値の極大化を目的として，企業活動の結果として明らかにされる企業業績は，株式会社である以上株主総会の最終的な承認をえなければならないのである。このため，経営財務は，すべてではないが，簿記会計理論である企業業績の測定システムを前提としている。しかしながら，この測定システムをベースとしながら独自の加工処理ならびに予測を行って，企業業績ならびにキャッシュ・フローの分析と管理を行っている。

2 経営のキャッシュ・フローの循環

経営財務は，さまざまな経営活動で生じるキャッシュ・フローを管理するも

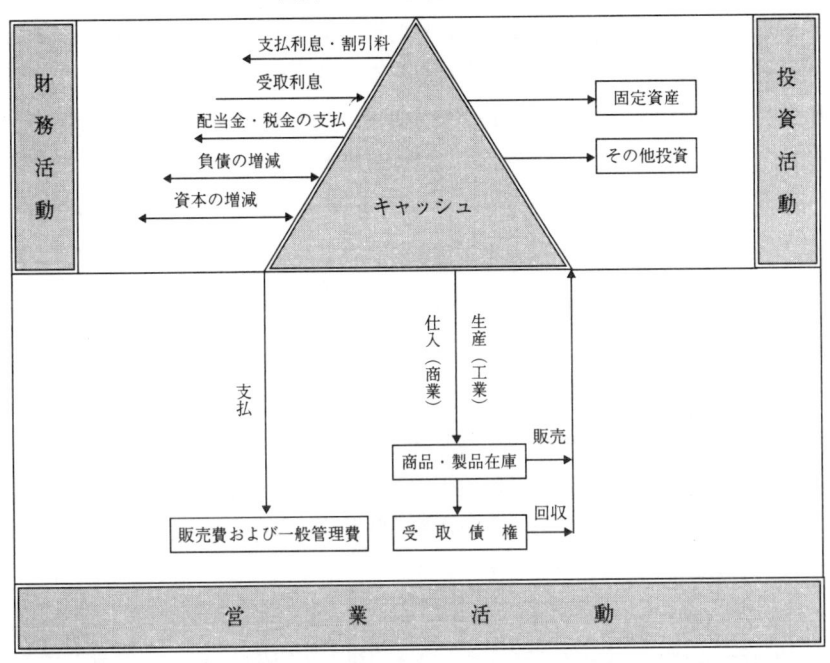

図表13−1　経営の資金循環

[図：中央に「キャッシュ」の三角形。左側「財務活動」から「支払利息・割引料」「受取利息」「配当金・税金の支払」「負債の増減」「資本の増減」。右側「投資活動」へ「固定資産」「その他投資」。下部「営業活動」に「仕入（商業）」「生産（工業）」→「商品・製品在庫」→「販売」→「受取債権」→「回収」、および「支払」→「販売費および一般管理費」]

のであるから，その流れがおおよそどのようなものであるかを理解することが必要である。図表13−1は，この概略を表している。

　キャッシュ・フローがどのような経営活動で生ずるのかを，大きく3つの活動，すなわち営業活動，投資活動および財務活動に分類して説明している。営業活動は，企業本来の経営活動であり，投資活動は設備投資などの活動であり，財務活動は企業の借入・返済など金融取引，増資などの資本取引が中心となる。

　最終的には，キャッシュ・フローの増大がどの程度になるのか，を財務システムでは測定しなければならない。これは，第一には，経営の流動性を保証する財務的均衡を確保することが肝要だからである。第二には，経営のキャッシュが本来の営業活動によって増加すれば，最終的には長期の企業価値の極大化に繋がっていくことになるからである。

　第一に掲げた財務的均衡とは，あらゆる時点において，次の式，

期首現金有高＋収入－支出 ≥ 0 ……………………………………(1)

が，成立することである。すなわち，いついかなる時点でも支払決済のための現金が不足する事態を引き起こしてはならないのである。これとは似て非なる概念として，収支的均衡という概念があるが，これは，会計期間の期末において上記の(1)式が成り立つことをいう。日常の厳密な資金管理には不適切である。

　第二に，個々の会計期間のキャッシュ・フローを大きくすることは，経営目的としての企業価値の長期極大化に繋がるものであるという点を見逃してはならない。現代のキャッシュ・フロー経営とは，これを強調したものである。

3　資本市場と企業

　企業は，調達市場，販売市場，労働市場および資本市場の4つの市場との間でさまざまな交渉があり，これらに対して有効なマネジメントを常に実施していかなければならない。もちろん，企業の外界は，このような市場だけに留まらず，自然環境，地域社会など多くのステークホルダーとの利害調整が，経営者の重要な役割であることはすでに第1章で述べられているので，ここでは，経営財務で直接的に関係がある企業と資本市場との関係について，概観しておくことは有益であろう。この関係を簡潔に表したものが図表13－2である。企業と資本市場との関係は，単なる資本の調達市場というものではない。

　資本市場は，企業の評価が行われ，それに基づいて株式の価格形成が行われる場である。企業は，この市場の評価を受けるために，法規や会計原則に即して，財務データの正しいディスクロージャーを行わなければならない。さらに，企業は，法的なディスクロージャー以外に，企業の投資家に対する広報活動としてのインベスター・リレーションズ（IR）を積極的に展開し，将来の経営ビジョンを具体的に明らかにし，企業価値目標とともにその達成のための戦略的プロセスを可能な限り明確に投資家に説明しなければならない。これが，公正に行われることがIR活動の本質的役割である[1]。

　図表13－2のように，国民経済的にみると，資本市場は，リターンとリスクを考慮しつつ，IR活動で公表される資料の分析・評価を行い，株式への投資

図表13-2 市場と企業のインターラクティブな関係

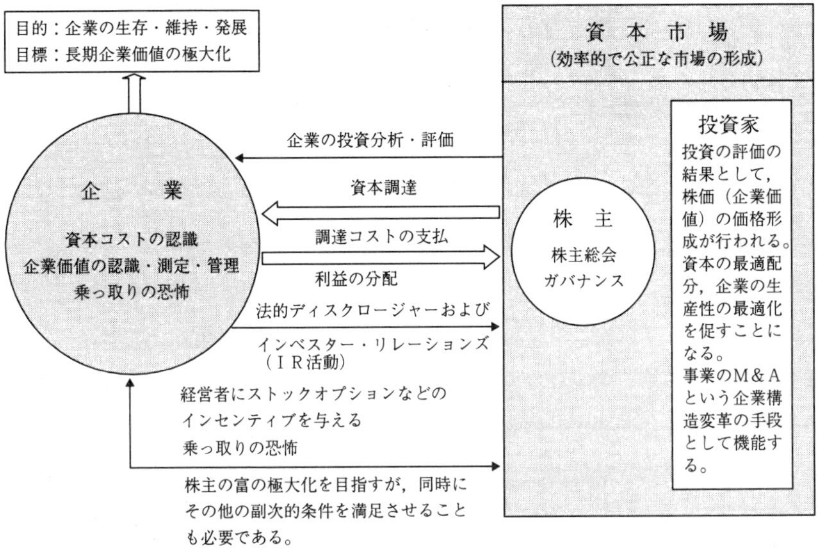

目的：企業の生存・維持・発展
目標：長期企業価値の極大化

企業
資本コストの認識
企業価値の認識・測定・管理
乗っ取りの恐怖

← 企業の投資分析・評価
← 資本調達
→ 調達コストの支払
→ 利益の分配
→ 法的ディスクロージャーおよびインベスター・リレーションズ（IR活動）
← 経営者にストックオプションなどのインセンティブを与える
　乗っ取りの恐怖

株主の富の極大化を目指すが，同時にその他の副次的条件を満足させることも必要である。

資本市場
（効率的で公正な市場の形成）

株主
株主総会
ガバナンス

投資家
投資の評価の結果として，株価（企業価値）の価格形成が行われる。資本の最適配分，企業の生産性の最適化を促すことになる。事業のM&Aという企業構造変革の手段として機能する。

が行われ，価格形成の結果として企業価値が明らかになる。投資家の資金は，将来成長期待のある企業に資本が向かっていき，結果として資本の最適配分が行われる。その価格形成の過程をへて，経営者には，企業の経営の生産性と収益性を高める努力を促すことになるのである。また，企業は，戦略に従って，事業のM&Aによって，構造の変革をダイナミックに進めることもできる。これも国民経済的にみると，極めて経済の最適な構造への変革をスピーディに行うことができるのである。

企業は，資本市場から有利な条件で資金調達を行うためには，常に投資家に高い評価を受けるような経営を心がけるとともに，企業価値を高めることで経営者自らの経営責任，買収の脅威から逃れることができる。市場は，法的なガバナンスではないが，かなり強い牽制機能がある。しかし，それだけでは十分でなく，法規，それに基づく監督機能など本来の市場機能を十分に発揮させるための制度，さらにまた，市場機能を補完し，市場の失敗を解決するための仕組み作りが必要である。

第2節　財務諸表と財務分析

1　財務諸表とは

　経営活動のあらゆる取引は，簿記・会計システムの原理に従って，経営の経営成績，財政状態およびキャッシュ・フローの状態を財務諸表に写像される。経営管理者はもとより，株主，債権者などのステークホルダーは，現実の経営をこの財務諸表から読みとることによって，経営の現況と将来性を分析把握しようとするのである。さらに経営財務においても，簿記・会計システムと財務諸表は，キャッシュ・フローを測定するための基礎情報を提供する重要な用具である。しかるに，基本財務諸表と呼ばれる貸借対照表，損益計算書ならびにキャッシュ・フロー計算書について，ここで簡単に説明を加えておくことにしたい。

2　貸借対照表

　貸借対照表は，企業経営の決算日における財政状態を表すものである。これは，借方に資産，貸方に負債と資本が記載され，資産＝負債＋資本という貸借対照表等式という恒等式が成立する。貸借対照表を資金の観点からみれば，貸方は，企業がどこから資金を調達したのか，を表す資金調達の源泉を表示している。また，借方は，その調達された資金を経営活動に用いた結果，決算日においてどのような資産として運用しているのか，すなわち資金の運用形態を表している。この関係を示したものが，図表13－3である。
　資産は，1年以内に現金となる流動資産と1年以上にわたって現金が入ってこない固定資産に分類される。負債も同様に1年以内に支払を行う流動負債と1年以上にわたって返済しなくてもよい固定負債とに分類される。これらの分類基準は，1年基準と呼ばれる。一方，負債（他人資本）に対して，自己資本は，株主の拠出した資本であり，企業が永続的に使用できる全期性を備えている。貨幣金額は同じでも，調達された資金にはそれぞれ資本コストや返済期間など

図表13-3　貸借対照表

貸 借 対 照 表
平成×年×月×日

資本の運用形態		資本の調達の源泉		
資産	流動資産	流動負債	他人資本	総資本
		固定負債		
	固定資産	資本	自己資本	

さまざまな条件があり，これは経営の側からみれば，調達資金の品質である。

3　損益計算書

　損益計算書は，1会計期間に発生した収益と費用とを厳密に対応させることによって，その期の経営成果である損益を確定させるものであり，いわゆる経営成績を明らかにすることを目的としている。すなわち，

　　　　期間収益－期間費用＝期間損益……………………………………(2)

という損益計算書等式が成り立つのである。この期間損益は，貸借対照表では，資本取引以外の原因で生じた資本の増減分にあたる。この損益計算書の雛形を表したものが，図表13-4である。

　損益計算書は，企業の主たる営業活動から生ずる営業損益の部と企業の財務的活動から生ずる営業外損益の部に分けて，損益の発生状況を総額的に明らかにするものである。前段では，営業利益が算定され，これから営業外損益を加減して，経常利益を算定する。しかし，継続企業を前提とする会計では，人為的に会計期間に区分することから，当期の損益に関わりのない前期損益修正な

どが生ずる。これは，本来当期業績主義を採用する会計では，望ましいことではないが，特別損益として調整せざるをえない。かくして，現行会計では，包括主義を取らざるをえないのであるが，この項目を区別することによって投資家に対する財務諸表の説明能力を向上させているのである。

図表13－4　損益計算書

損　益　計　算　書

自　平成×年×月×日　至　平成×年×月×日

企業本来の経常的経営活動から稼得される損益	営業損益	企業の営業活動	売　上　高　　　　　　　×× 売　上　原　価　　　　　×× 　売　上　総　利　益　　　　　　　　　×× 販売費及び一般管理費　　　　　　　　×× 　営　業　利　益　　　　　　　　　　××	
	営業外損益	企業の財務的活動	営　業　外　損　益 　受取利息・配当金　　　×× 　その他の営業外収益　××　　　　　　×× 営　業　外　費　用 　支払利息・割引料　　　×× 　その他の営業外費用　××　　　　　　×× 　経　常　利　益　　　　　　　　　　××	
特別損益	非経常的な期間外損益		特　別　利　益　　　　　　　　　　　×× 特　別　損　失　　　　　　　　　　　×× 税引前当期利益　　　　　　　　　　　×× 法人税・住民税及び事業税　　　　　　×× 当　期　利　益　　　　　　　　　　　××	
当期未処分利益の算定			前期繰越利益　　　　　　　　　　　　×× 中　間　配　当　額　　　　　　　　　×× 利益準備金積立額　　　　　　　　　　×× 期未処分利益　　　　　　　　　　　　××	

4 キャッシュ・フロー計算書

　キャッシュ・フロー計算書は，一会計期間におけるキャッシュ・フローの状況を「営業活動によるキャッシュ・フロー」，「投資活動によるキャッシュ・フロー」および「財務活動によるキャッシュ・フロー」の3つの活動区分別に表示するものである。それぞれの活動区分は，図表13－5に示してある。貸借対照表，損益計算書とともに基本財務諸表として，企業活動全体の重要な財務情報を提供するものである。キャッシュの概念は，現金（手許現金及び要求払預金）および現金同等物としている。現金同等物とは，「容易に換金可能であり，かつ，価値の変動について僅少なリスクしか負わない短期投資」であるとして，価格変動リスクの低いものに限定している（「連結キャッシュ・フロー計算書等の作成基準の設定に関する意見書」を参照されたい）。

　この連結キャッシュ・フロー計算書として，1999年4月1日以降の事業年度から基本財務諸表として義務づけられたものである。この利用目的については，わが国の「同意見書」では，この点に関して触れていないので，ＦＡＳＢを参考にすると，①企業の現金創出能力の評価，②債務や配当の支払能力および資金調達の必要性の評価，③利益とキャッシュ・フローとの差異原因の評価，④投資および財務取引の財政状態への影響の評価，という点が上げられている。これらの諸点は，現在のキャッシュ・フロー状況を説明するものであるが，経営財務では，市場型経済の発展に伴って，企業の将来の収益力評価，すなわち企業価値の評価が投資家から要請されている。この計算書は，その一部の資料に使用されるものであっても，これで企業の将来の戦略とそれを基礎とする収益力をこれらの資料だけで推定することはできない。しかるに，経営者が独自に将来の戦略とビジョンを投資家に示し，これに対して，論理的に裏付けられた「実現への確固たる信念」を表明すること（コミットメント）が求められるのである。これが，ＩＲ（インベスター・リレーションズ；投資家への広報活動）の本質的な役割の1つである。

　以上の基本財務諸表は，上場企業では，連結財務諸表の作成が義務づけられている。

図表13－5　キャッシュ・フロー計算書

キャッシュ・フロー計算書

自　平成×年×月×日　至　平成×年×月×日

I	営業活動によるキャッシュ・フロー	
	営業収入	××
	原材料又は商品の仕入	－××
	人件費支出	－××
	その他営業支出	－××
	小計	××
	利息及び配当金受取額	××
	利息支払額	－××
	法人税等支払額	－××
	………………	××
	営業活動によるキャッシュ・フロー	××
II	投資活動によるキャッシュ・フロー	
	有価証券の取得	××
	有価証券の売却	××
	有形固定資産の取得	－××
	有形固定資産の売却	××
	投資有価証券の取得	－××
	投資有価証券の売却	××
	貸付金の実行	－××
	貸付金の回収	××
	………………	××
	投資活動によるキャッシュ・フロー	××
III	財務活動によるキャッシュ・フロー	
	短期借入金による調達	－××
	短期借入金の返済	××
	長期借入金による調達	××
	長期借入金の返済	－××
	社債による調達	××
	社債の償却	－××
	株式発行による調達	××
	自己株式の取得	－××
	配当金の支払	－××
	………………	××
	財務活動によるキャッシュ・フロー	××
	現金及び現金同等物に係る換算差額	××
	現金及び現金同等物の増加額	××
	現金及び現金同等物期首残高	××
	現金及び現金同等物期末残高	××

営業活動によるキャッシュ・フローは，オペレーティング・キャッシュ・フローといい，経営のキャッシュ・イン・フローの基本的な源泉である。この営業キャッシュ・フローで獲得されたキャッシュが，将来の投資に回される。

将来の企業成長のための投資であり，将来キャッシュ・フローが最大になるように投資を行う。営業キャッシュ・フローから投資活動の資本的支出を差し引いたキャッシュ・フローである。

上記のキャッシュ・フローに財務的な収支を加減算したものが，この区分のキャッシュ・フローである。

現金及び現金同等物の期末残高の算出プロセス

5 資金3表の簡単なケース・スタディ

ここでは，期首貸借対照表，期末貸借対照表ならびに損益計算書から，資金繰表，資金運用表，キャッシュ・フロー計算書（直接法）の作成事例を示してある。作成原理だけを理解してもらうための簡単なケースであるので，資金繰表は，その期間の資金収支を本来1か月単位で収支バランスをみるものであるが，ここでは1会計期間としている。

資金運用表は，期首ならびに期末貸借対照表から正味運転資本の増減変化を分析しようとするものである。正味運転資本とは，

　　　　正味運転資本＝流動資産－流動負債

で表すことができる。これを簡単に述べると，これは，1年以内に流入するキャッシュで，1年以内に支払い義務のある債務を返済する余力を大雑把にみるものである。

さらに，キャッシュ・フロー計算書は，期首ならびに期末貸借対照表ならびに損益計算書から資金の流れの原因を分析するのに有益である。

ここでは，体系的な資金3表の作成方法については，紙幅の関係上取り上げることができないが，これらの資金3表を作成する原理は，前述の資金3表の意義を理解し，かつ簡単な簿記の知識があれば，図表13－6の期首貸借対照表と期末貸借対照表との勘定科目の増減変化の比較分析を行い，さらに損益計算書からどのような取引が行われたかを推定することである。ここでは，分析に有益な現金勘定だけを以下に示しておこう。

現　金　勘　定　　　　（単位：百万円）

前　期　繰　越	500	土　　　　　地	1,000
長　期　借　入　金	1,500	仕　　　　　入	900
売　　上　　高	1,000	短　期　借　入　金	200
売　　掛　　金	500	買　　掛　　金	200
		販売費および管理費	400
		支　払　利　息	10
		次　期　繰　越	1,390
	3,500		3,500

図表13－6　資金3表の簡単なケース・スタディ　　（単位：百万円）

期首貸借対照表

現　　　金	500	買　掛　金		200
売　掛　金	400	短期借入金		500
商　　　品	500	建物減価償却累計額		100
建　　　物	1,000	資　本　金		1,500
		剰　余　金		100
	2,400			2,400

期末貸借対照表

現　　　金	1,390	買　掛　金		900
売　掛　金	1,400	短期借入金		300
商　　　品	300	建物減価償却累計額		200
建　　　物	1,000	長期借入金		1,500
土　　　地	1,000	資　本　金		1,500
		剰　余　金		690
	5,090			5,090

資金繰表

Ⅰ　収入の部		
前期繰越現金	500	
現 金 売 上	1,000	
売掛金回収	500	
収 入 合 計		2,000
Ⅱ　支出の部		
現 金 仕 入	300	
買掛金支出	200	
販売費・管理費支払	400	
支 払 利 息	10	
支 出 合 計		910
営 業 収 支		1,090
Ⅲ　投資支出の部		
土地購入支出		▲1,000
Ⅳ　財務収支		
長期借入金	1,500	
短期借入金返済	▲　200	1,300
次期繰越現金		1,390

損益計算書

Ⅰ　売　上　高			2,500
Ⅱ　売 上 原 価			
期首商品たな卸高		500	
当 期 仕 入 高		1,200	
期末商品たな卸高	▲300	1,400	
売 上 総 利 益			1,100
Ⅲ　販売費及び一般管理費			
販売費・管理費		400	
減 価 償 却 費		100	500
営 業 利 益			600
Ⅳ　営業外損益			
営業外費用			
支 払 利 息		10	10
当 期 純 利 益			590

資金運用表

Ⅰ　基 礎 資 金		
1　資金の源泉		
利　　　益	590	
建物減価償却費	100	
長期借入金	1,500	
小　　　計		2,190
2　資金の使途		
土　　　地		▲1,000
正味運転資本増加額		1,190
Ⅱ　正味運転資本		
1　増　加　分		
現 金 増 加	890	
売掛金増加	1,000	
短期借入金返済	200	
小　　　計		2,090
2　減　少　分		
商品在庫減少	200	
買掛金増加	700	
小　　　計		▲　900
正味運転資本増加額		1,190

キャッシュ・フロー計算書（直接法）　（単位：百万円）

I　営業活動によるキャッシュ・フロー		
売上収入	1,000	
売掛金回収	500	
仕入支出	−300	
買掛金回収	−200	
販売費・管理費	−400	
小　計	600	
支払利息	−10	
営業活動によるキャッシュ・フロー		590
II　投資活動によるキャッシュ・フロー		
土地取得	−1,000	
投資活動によるキャッシュ・フロー		−1,000
III　財務活動によるキャッシュ・フロー		
短期借入金返済	−200	
長期借入金	1,500	
財務活動によるキャッシュ・フロー		1,300
IV　現金及び現金同等物に係る換算額		0
V　現金及び現金同等物に係る増加額		890
VI　現金及び現金同等物期首残高		500
VII　現金及び現金同等物期末残高		1,390

　ここでは，以上の資金3表の特徴と貸借対照表と損益計算書の関係を詳細に分析していただきたい。

第3節　資本の調達

1　資本の調達

(1)　自己資本

①　増　資

　資本金は，商法では，授権資本制度をとっているからその枠内で増資を行うことができる。株式の発行の形態は，現在では，時価発行で公募増資を行うのがもっとも一般的である。特殊な目的をもった第三者割当増資，内部留保から資本金に振り替えるという無償増資などがある。

② 内部留保

これは，経営自らが稼得した利益から留保したもの，すなわち利益剰余金（利益準備金，任意積立金など），さらに外部に資金として流出しない減価償却費などがこれにあたる。これらは，自己金融と呼ばれる。

(2) 負　債

① 社　債

社債には，負債の直接金融の手段として，普通社債，転換社債，ワラント債などがあり，現在では，企業の担保に縛られない無担保社債の発行が中心となっている。転換社債は，あらかじめ決められた転換価格を時価が超えると社債から株式に転換できる権利が付与された社債であり，投資家にとっては，投資の妙味があり，一方発行会社は，返済しなくてよい自己資本となるメリットがある。また，新株引受権付（ワラント）の社債であり，一定の行使期間にあらかじめ決められた行使価格を時価が上回っている場合，所定の数の新株発行を受けることができる。これも投資家にとって，ギアリング効果が大きく投資妙味があるが，特に分離型ワラント債のワラントのみの売買は，リスクもまた高くなる。

② 借入金

借入金には，手形の割引，手形借入，証書借入，当座借越などの形態がある。一般的な銀行からの借入は，金銭消費貸借契約に基づくものである。手形の割引，自己振出手形を差し入れて借入を行う手形借入，当座借越契約に基づく当座借越などがよく利用されている。

③ コマーシャルペーパー（ＣＰ）

ＣＰとは，企業が短期の資金調達のために発行する無記名・無担保の約束手形である。わが国では，1987年からＣＰ市場が設立され，企業の直接金融に大きな道を開いた。発行者は，事業会社，証券会社であり，証券取引法では，有価証券となる。

以上のように，さまざまな資本源泉から資本を調達することなる。その場合，企業の資本調達として，どのような資本構成がよいのか，という問題がある。

2 資本構成

　MM (F. Modigliani & M.H. Miller) は，資本市場が完全に効率的であり，取引コストは存在せず，資金の借入・貸出利子率は等しいという厳しい仮定前提として，「最適な資本構成は存在しない」という結論を出したが，これは現在定説となっている。しかし，たとえば，現実には税の問題があるように，この厳しい仮定を取り外すと，必ずしもこの結論は成立しない。他人資本と自己資本の比率に注目すると，他人資本を多く借り入れて経営活動を行うことをフィナンシャル・レバレッジ（梃子）を利かせた経営という。

　市場の借入利子率が，企業の期待収益率を下回ると，バブルの時のように借金をして投資した方が企業価値を高めるのに有利であるから，借金して投資するという行動が起きる。しかし，他人資本はいずれ返済しなければならないから，他人資本の増大はそれだけ将来にリスクを高める結果になる。このため少なくとも，この企業のリスク・プレミアムが上昇することによって，借入利率が上昇し（市場の利子率の上昇も考えられる），期待収益率と一致するところでこの行動が止まる。これが，ごく簡単に述べると，フィナンシャル・レバレッジの原理である。

第4節　資本コストと投資の決定

1　投資と資本コストとは

　投資とは，一般にキャッシュを何らかの資産に拘束することである[2]。その結果，拘束されたキャッシュが，その他の投資機会を失うことであり，かつまたその投資に関わるリスクを負担することである，と定義しておこう。しかるに，この投資の概念には，次のような2つの側面，
　① 流動性喪失あるいは投資機会の喪失に対する補償
　② リスクに対する補償
がある。
　①の意味では，投資家は，この企業に投資をすることによって棄却された代

替案の最大の期待収益率をえる機会を失ったことになる。この期待収益率が，機会費用 (opportunity cost) と呼ばれる。この機会費用は，それ故あらゆる意思決定の背後に存在し，無限に代替案を考えることができれば，決定された代替案の期待収益率にほぼ等しくなる代替案の機会費用が存在するはずである。そのとき，期待収益率は，機会費用に等しくなる。

②の意味では，投資回収のリスクが測定されるべきである。なぜならば，投資家は，その企業への投資リスクが高ければ，その分のリスクプレミアムを要求するからである。これら①と②の合計が，投資家が要求する期待収益率となる。経営者は，その期待収益率を下回るような投資をすることはできないから，これが資本コストとなるのである。

投資には，さまざまな源泉から資金調達をしなければならない。そのため，一企業の資本コストは，負債と自己資本の比率で加重平均資本コスト (Weighted Averaged Cost of Capital ; WACC) として求めなければならない。

2 投資決定の方法

(1) 貨幣の時間価値

財務会計理論の骨子となっている期間損益計算の原理では，現金収支概念とは異なり，経営成果を認識・測定するために収益，費用という損益概念が使用されている。ここでは，貨幣の時間概念は考慮されていない。このことが，キャッシュ・フロー重視の経営への移行を促進させる1つの大きな原因となっている。これを考えるためには，「今1億円をもらうのがよいか，それとも1年後に1億円をもらうのがよいか」と自問自答してみればよい。だれでも，当然「今1億円をもらうのがよい」と考えるだろう。それは，貨幣の時間価値があるからである。この時間価値があるために，1年後の1億円は，現在の価値に換算して比較しなければならないのである。それが，現在価値概念である。

(2) 将来価値と現在価値

ある金額 S の将来価値 S_n とは，現在の利子率 r の下で，n 年後には，複利公式を用いて計算すると，

$$S_n = S(1+r)^n \quad \cdots\cdots\cdots(3)$$

となる。これが，将来価値（future value；FV）といわれる。

これに対して，n年後の金額S_nの現在時点での価値は，(3)式から簡単に変形して，

$$S = S_n / (1+r)^n \quad \cdots\cdots\cdots(4)$$

となる。これが，金額S_nの現在価値（present value；PV）である。投資の意思決定で，大変重要な役割を果たす概念である。

(3) 投資意思決定の方法

① 正味現在価値法

投資の意思決定では，多くの代替案からもっとも企業価値を向上させるものが選択される。このとき，投資によって将来えられるであろうキャシュを予測する。この予測に基づいて，この投資からえられるすべての期間のキャッシュ・イン・フローの現在価値合計を計算する。その合計から投資案の支出額（支出は現在のみであると仮定）を差し引くと，ネットのキャッシュ・イン・フローの現在価値が計算できる。これは，正味現在価値（net present value；NPV）と呼ばれるが，これがプラスであれば，この投資はそれだけ企業価値を高めることになる。この正味現在価値によって，代替案の序列を付けると，最有利な投資案が決定できる。このような考え方で，投資の意思決定を行う方法を正味現在価値法という。

② 内部利益率法

内部利益率（internal rate of return；IRR）法とは，現在価値法とは異なって，投資代替案の投資期間の全期間にわたって獲得できる平均収益率を求める方法である。これは，正味現在価値がゼロとなるような内部収益率を求めるのである。この計算された内部収益率が基準となり，この基準を資本のWACCが下回れば下回るほど，有利な投資代替案となる。

ただ，この方程式は，期間nの場合，n次方程式を解くことが必要であり，複数の内部収益率が算出されることもあるが，この場合には，経済的に意味のない解を算出していることが多いので，注意を要する。

③ 期間回収法

回収期間 (payback period) 法は，投資代替案のうちでもっとも投資額の回収が早いものを選択する方法である。この方法では，投資代替案ごとに回収期間を計算し，通常目標回収期間を超えるものは棄却するという方法を用いるが，技術革新が早くスピードが要求される投資の判断ではそれなりの意味がある。

以上３つの主要な投資決定法について述べたが，その他にも会計的利益率，収益性指数法，またいくつかの方法を組み合わせたものもある。新しいリアルオプション・アプローチなどもある[3]。ここでは紙幅の関係で取り上げない。

第5節 財務マネジメント

1 財務マネジメント

経営活動は，経済的行為であるから，すべての活動は何らかのキャッシュ・フローの裏付け必要である。経営管理，すなわちマネジメントの基本的な機能は，Plan−Do−See，すなわち計画―実施―統制というループを形成し，このマネジメント・サイクルを通じて経営活動を計画目標に沿うように適正に活動を行うことである。すなわち，経営目標を達成するための計画 (plan) を立て，これを実行 (Do) に移し，その結果を計画と比較し，差異分析をして矯正活動を行う (See あるいは Control)，あるいは計画が現実に合わなければ，次期の計画を改訂する，という一連のループを形成している。財務マネジメントは，経営計画を総合的に問題とするものでなくてはならない。

この管理プロセスは，３つの段階に分類される[4]。①戦略策定，②マネジメント・コントロール，③タスク・コントロールである。

(1) 戦略策定

戦略策定とは，組織の目標およびその目標達成のための諸戦略を決定するプロセスである。企業独自の経営理念，ミッションを設定する。最近，米国の企業では，ＶＢＭ (Value Based Management) の浸透により長期の企業価値の極大化が採用されるケースが多い。この場合，期待される企業価値と現在の企業価

値の差であるバリューギャップを認識し，このギャップを解消するためには，どのような競争戦略を採り，どのような事業構造の組み立てを行うべきか，資源をどの事業に配分すればよいか，R＆D，M＆A，戦略的提携などをどのように進めることが望ましいのか，を明らかにしなければならない。現代の戦略は，環境変化に極めてスピーディに適応していかなければならないことである。ここで，長期の企業価値の極大化であって，短期のそれではないことの理由は，経営者の自由裁量の余地を高め，目標コンフリクトの解決に資することになるからであり，前者の目標を着実に達成することができるからである。

(2) マネジメント・コントロール

マネジメント・コントロールとは，戦略目標を実行するために，管理者が組織の成員に影響力を行使するプロセスである。このプロセスは，プログラミングと予算管理プロセスから構成される。前者では，個別のプロジェクトを中心とした個別構造計画と長期総合計画（長期利益計画と長期資金計画）が策定され，それに基づいて，個別業務計画と短期総合計画（短期利益計画と短期資金計画）が設定される。さらに，これを基礎として予算編成方針を立て，具体的に責任センター別に詳細な予算編成へと向かうのである。このマネジメント・コントロールのステップでの中心は，この予算管理によって行われる。この予算管理は，事業部，職能部門別の責任センター別に編成され，各責任部門の目標が明確に定義される。その予算目標と実績との予算差異分析により，予算達成へのフィードバックが行われるのである。このステージは，特に人間の組織管理の要素がつよく，業績管理とインセンティブ・システムの設計が極めて重視される領域である。

(3) タスク・コントロール

タスク・コントロールは，特定のタスクが効果的にかつ効率的に実行されることを確保するプロセスである。現場での監督者，職長または事務管理の従業員が特定のタスク，具体的にあげると，生産スケジュール，NC機械装置の管理，統計的品質管理，受発注システム，輸送システム，在庫管理システムなどを直接コントロールするプロセスである。ここでは，人間の活動というよりも

コンピュータ・システムやマシン・システムによる管理に依存することが多い部分である。

2 新しい財務マネジメント・ツールの登場——EVA——

　最近，国際的な市場型経済への移行に伴って，株主重視経営がわが国において特に強調されるようになってきた。経営は，資本市場において評価される企業価値を自らマネジメントし，IR活動を行っていくことが競争市場において強く求められるようになってきた。その新しいマネジメント・ツールが，1980年代の初頭の米国において，スチュアート（G.B.Stewart）によって考案された[5]。それ以後，スターン・スチュアート社によって改善が積み重ねられ，EVA®として同社の登録商標となっている。この経済的付加価値（Economic Value Added; EVA）の基本的な考え方は，投下資本の資本のコスト以上のキャッシュ・リターンをあげるということ，その結果として長期的な企業価値の極大化を志向していることにある。ここでは，EVAの初歩的な概念を述べておこう。EVAは，次式，

　　　EVA＝企業の税引き後の純営業利益（NOPAT）
　　　　　　　　－投下資本×加重平均資本コスト（WACC）

として定義することができる。

　これは，企業の税引後純営業利益（Net Operating Profits after Tax; NOPAT）を稼ぎ出すのに必要とされる投下資本の負債のコストと自己資本のコストを差し引いたものであり，このEVAがプラスでなければ，企業価値の破壊になる。NOPATは，企業があげるキャッシュ・リターンであるが，EVAは，ここからこれらを稼得するために必要なすべての使用資本のコストを差し引いたものである。EVAが増加すれば，企業価値が増大し，株価を押し上げ，株主に貢献するのみならず，経営戦略の財務的な自由度が高まり，新たな成長を模索することができる。EVAは，投資家からみた企業業績のメトリクスとなるものである。経営者の業績評価指標としても使用される。

　米国では，コカコーラ社をはじめIRとしてアニュアル・レポートでEVA

を公表している企業も多い。わが国では，花王，ソニーをはじめ旭化成など採用企業も増えつつあり，その実践的な成果はこれからであるし，また学問的な研究も緒についたばかりである。

　これらの背後には，株主資本主義ともいわれるような市場型経済システムへの変化があり，投資家は以前よりも遙かに企業の将来情報を必要としている。ＩＲ活動は，これらの投資家の要求に公正な情報を提供しなければならない。企業経営の将来情報，すなわちビジョン，戦略，それを実現することによって獲得される将来のキャッシュ・フローに対して情報提供を行うものである。経営の目標は，元来多くのステークホルダーの利害調整を行わなければならない。将来のキャッシュ・フローもこれらの利害調整の結果を反映したものであると理解できる。

　たとえば，昨今の国際標準化機構の環境基準への取組みもその一つである。国際的な環境基準（ＩＳＯ14001）の取得，環境に対してどのような取組みを行っているかを示す環境会計，環境報告書などもすでに50社前後の企業が取り組んでいる。そのような企業の環境への対応が評価される時代が，まさに到来したのである。これらは，単に独立したものではなくて，最終的には，企業の将来のキャッシュ・フローに対して影響を与える。しかるに，企業の将来情報としてこれらに対する積極的な説明が盛り込まれなくてはならない。これらは，ガバナンス，モニタリングのシステムとともに今後の課題であるといえよう。

第6節　経営財務論学習の課題

　ここでは，紙幅の都合上省略せざるをえない部分について，どのような問題が存在するかを明らかにしておこう。経営分析，財務計画の詳細な策定理論，自己株式の取得の問題[6]，配当政策の理論，リスク理論，ポートフォリオ理論，資本資産評価モデル，裁定価格モデル，国際財務の領域の諸問題ならびに今日的な問題として，インベスター・リレーションズ（ＩＲ）の問題，環境報告書の問題などがある。さらに，ベンチャー・ビジネスを育成するベンチャー・

ファイナンスなど[7]の領域についてはいずれも重要なテーマでありながら，紙幅の関係で省略した。これを機にまた学習をしていただきたいし，本章記述の部分についてもさらに学習を深めていただきたい[8]。

今日，技術環境の変化が激しく，経済のグローバル化により企業間競争が厳しい時代を迎えている。それに加えて市場型経済とIT革命が一段と進むなかにあって，巨額の先行的な研究開発投資，設備投資ならびにインフラ投資が必要になっている。東証のマザーズや大証のナスダク・ジャパンの創設にみられるように，資本市場の果たす役割は，従来にもまして大きいものがある。人本主義を標榜していたわが国においても，資本市場からの要請として株主重視経営が叫ばれている。その一環として，キャッシュ・フロー経営やVBMが提唱されているが，企業価値の予測と測定，企業価値の戦略とマネジメント，企業価値の報告とインベスター・リレーションズ（IR）の問題は，読者諸氏にとって必須の重要な学習テーマであることを指摘しておきたい[9]。

〔参考文献〕

1) 西村慶一・鳥辺晋司『企業価値創造経営』（中央経済社，2000）に詳しいので，参照されたい。
2) 後藤幸男『資金管理論』（中央経済社，1983）を参照されたい。
3) 前掲『企業価値創造経営』，この手法については，94ページ以下を参照されたい。
4) R.N. Anthony & V. Govindarajan, *Management Control Systems, 9 th ed.* (Irwin McGraw-Hill, 1998). 門田安弘『多目標と階層組織の管理会計』（同文舘，1978）.
5) J.L. Grant, *Foundations of Economic Value Added* (Frank J. Fabozzi Associates New Hope, 1997). 兼広崇明訳『EVAの基礎』（東洋経済新報社，1998）.
6) 後藤幸男・中橋國蔵・山中雅夫・西村慶一編著『経営と会計のニューフロンティア』（中央経済社，1998）175〜185ページを参照されたい。
7) 後藤幸男・西村慶一・植藤正志・狩俣正雄編著『ベンチャーの戦略行動』（中央経済社，1999）129〜150ページを参照されたい。
8) 後藤幸男・田渕進編著『新経営財務論講議』（中央経済社，1994）を参考にしていただきたい。
9) 前掲『企業価値創造経営』に詳述されているので，これによって補っていただきたい。

第14章　資本市場制度と企業金融

第1節　日本企業の資本調達の変化

　企業活動には資本が必要で，企業は様々な源泉から資本を調達している。調達された資本は，提供者が出資者であるか否かによって，自己資本と負債とに分けられる。

　株式会社の自己資本調達には，株式を発行して企業外部から出資を募る方法と，内部留保，つまり当期純利益を企業内部に留保する方法とがある。一方，負債の調達方法には，金融機関からの借入れや社債発行，企業間信用受信などがある。企業間信用とは，企業間取引において買掛金や支払手形などによって支払いが一定期間猶予されることで，これによって資金が企業内部に流入するわけではないが，受信企業はその期間支払いに充てるべき資金を他の用途に用いることができる。

　企業がどのような資本調達方法を選択するかはケースバイケースである。企業は経済見通しや金融状況，あるいは事業特性や業績，財務状況，取引金融機関との関係などを考慮して，最適な調達方法を決定するのだが，選択肢の数や種類は，金融システムによって決まっている。したがって金融システムが変化すると，企業の資本調達にもその影響が及ぶ。

　日本では80年代以降，金融システムへの市場メカニズムの導入が進んだ。従来の，戦後の経済復興期から高度成長期にかけての急速な経済発展とそれに伴う恒常的な資金不足に対応するために形成された金融システムが，新しい状況のもとで不適合を起こし，効率的に機能しなくなり始めたからである。

　金融システムの変化の影響が，80～97年度の期間に起きた日本企業の資本構

成の変化にみられる。図表14－1は、(a)が全階層の企業、(b)が東京証券取引所上場企業（以下、東証上場企業）を集計対象とする、資本構成の推移である。

80年度時点で(a)と(b)には大きな差はみられない。どちらも負債への依存度が高く、総資本に占める自己資本の割合は2割を下回っている。ところが両者は次第に異なっていき、97年度になると違いは歴然とする。最も大きな違いは自己資本の増加の程度である。80年度時点と比較して、(a)が4.6ポイントの上昇にとどまったのに対し、(b)は資本金、資本準備金、その他の剰余金とも増加し、17.5ポイントと大幅に上昇した。その結果、東証上場企業の自己資本比率は97年度には4割近くにまで達した。また同期間の借入金の推移も異なり、(a)は長期借入金が増加したため、長期と短期あわせて借入金の割合は5.9ポイント上

図表14－1　法人企業の財務状況

(a)　全階層の企業　　　　　　　　　　　　　　　　　　　　　　　　　（単位：％）

年度	流動負債	支払手形・買掛金	短期借入金	固定負債	社債	長期借入金	資本	資本金	資本準備金	利益準備金	その他の剰余金
1980	58.7	27.7	18.4	25.3	2.2	18.7	15.3	5.0	1.3	0.7	8.3
1985	55.0	22.9	20.8	27.3	3.3	19.0	17.7	4.9	2.3	0.6	9.9
1990	49.9	19.9	18.5	30.9	4.5	22.0	19.1	5.0	2.9	0.5	10.7
1995	46.6	16.2	19.3	34.5	4.2	24.1	18.9	5.3	2.9	0.6	10.1
1997	45.3	15.6	18.5	34.8	4.3	24.5	19.9	5.8	3.1	0.6	10.4

（注）　金融保険を除く全営利法人の全国集計
（資料）　大蔵省証券局「法人企業統計年報」（財政金融統計月報）
（出所）　東洋経済新報社『経済統計年鑑』各号より作成。

(b)　東京証券取引所上場企業　　　　　　　　　　　　　　　　　　　　（単位：％）

年度	流動負債	支払手形・買掛金	短期借入金	固定負債	社債	長期借入金	資本	資本金	資本準備金	利益準備金	その他の剰余金
1980	59.3	25.6	17.6	20.3	3.0	13.3	19.6	5.2	3.7	0.8	9.9
1985	55.1	22.0	19.4	19.5	5.5	9.9	25.3	5.5	5.7	0.9	13.2
1990	46.1	18.5	14.6	23.1	7.3	7.1	30.8	7.7	8.4	0.8	13.9
1995	43.1	16.4	12.7	23.0	5.4	8.0	33.9	8.3	9.1	1.0	15.5
1997	41.2	15.6	12.0	21.7	6.2	7.5	37.1	8.7	9.5	1.2	17.7

（注）　集計対象は金融、鉄道、電力、ガス、変則決算会社等を除く市場第一部・第二部上場会社
（出所）　東京証券取引所『東証要覧』各号より作成。

昇したのに対して，(b)は長期，短期ともに減少して，11ポイントを超える低下を示した。これから東証上場企業は，自己資本を充実させ，借入金の比率を低下させていくことによって，資本調達の面で金融機関への依存度を徐々に低下させていったことがわかる。

(a)と(b)に違いが生じた理由の1つとして，集計対象企業の資本市場の利用度の違いが挙げられるだろう。資本市場とは，株式市場と公社債市場を指す[1]。資本市場を通じて行う資本調達では，企業は自社の信用で投資家から直接資金を募るので，投資家に対して証券を評価するために必要な情報を提供しなければならない。それには必ずしも株式を公開していることが要求されるわけではないが，信用という点でも情報開示という点からも，株式公開し，証券取引所に株式を上場している方が資本市場にアクセスしやすい[2]。(a)には市場の利用が困難な非公開会社が多く含まれているため，80年代以降に資本市場が活性化するにつれて両者の違いが鮮明になっていったと考えられる。

企業が資本市場を通じて行った資本調達の状況は，図表14－2および図表14－3のとおりである。増資額，社債発行額ともに87年から89年にかけて高水準を記録した。日本経済がいわゆるバブルに沸いていた時期で，株価が急騰し，企業金融においては未曾有のエクイティ・ファイナンス・ブームとなった。エクイティ・ファイナンス(equity finance)とは新株発行を伴う資金調達のことで，具体的には増資，転換社債（CB；convertible bond）や新株引受権付社債（通称ワラント債。WB；bond with subscription warrant）の発行などを指す[3]。この一時期，エクイティ・ファイナンスによって極めて多くの資金が調達された。

90年代になると，増資額も社債発行額も減少する。しかしその中で，普通社債（SB；straight bond）の発行額だけは増加していることに注目しなければならない。普通社債発行はエクイティ・ファイナンスに比べて，金融機関からの借入れとの代替性の高い資本源泉である。80年代には発行額が少なかったのは，エクイティ・ファイナンスを好んだ企業が多かったという理由ばかりでなく，普通社債発行が困難だったためでもある。

資本市場にアクセスできる企業とできない企業との資本構成が異なっていく

図表14-2　全国上場企業の増資状況

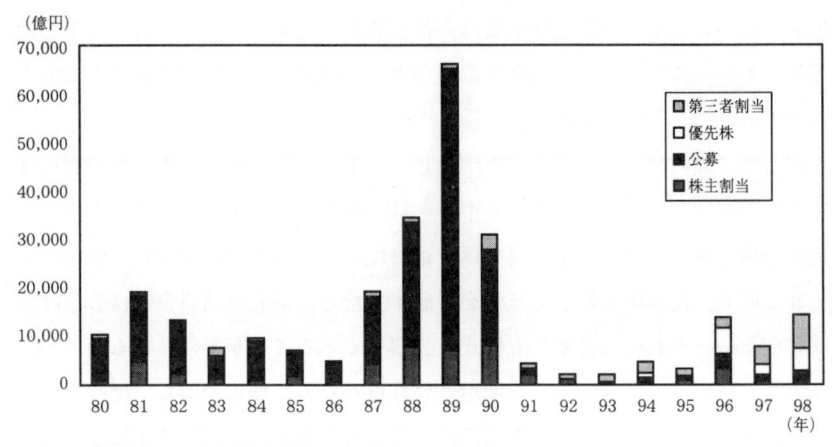

凡例：第三者割当／優先株／公募／株主割当

（注）　集計基準は払込期日の翌日
（出所）　東京証券取引所『東証要覧』1999年版、138頁より作成。

図表14-3　日本企業の社債発行状況

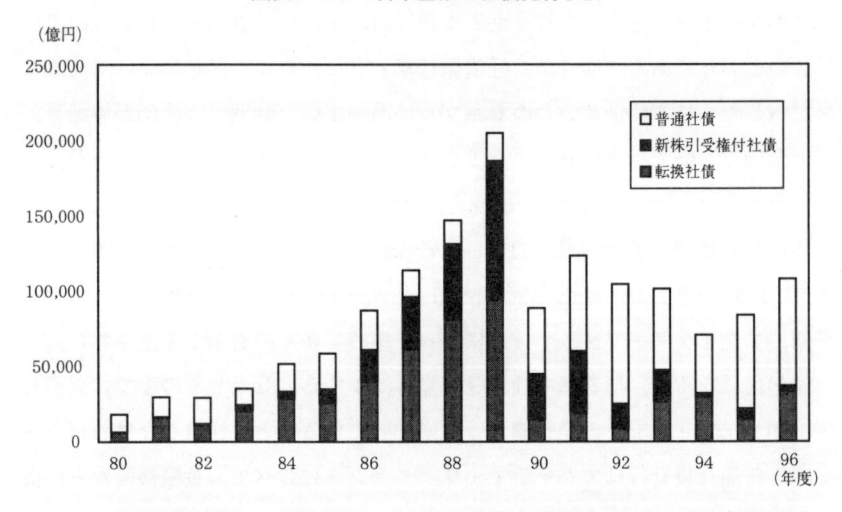

凡例：普通社債／新株引受権付社債／転換社債

（注）1　発行額は国内は公募債のみ、海外は公募債と私募債の合計。邦貨換算は払込日の実勢レートにより算出。
　　　2　金融債を含まない。本邦企業が全額出資した現地法人が発行し、かつ親会社による保証もしくは本邦銀行本体の保証を有するものを含む。
（出所）　公社債引受協会『公社債月報』各号より作成。

過程で，資本市場制度の改革が及ぼした影響は小さくない。日本の資本市場制度の改革は，新しい状況との不適合で問題が顕在化した部分から順に進められたために，改革のスピードは資本市場を構成する市場ごとに異なった。次節からは各市場での改革の進展と，それが企業金融に及ぼした影響をとりあげていく。

第2節　自己資本の調達と資本市場

　高度成長期の企業金融の特徴は，旺盛な長期設備資金需要を銀行からの借入れに大きく依存していたことである。しかし70年代半ば以降は経済成長の鈍化に伴って設備投資の伸びも鈍化し，企業の資金不足は縮小，あるいは解消されるようになった。そこで負債に著しく偏った資本構成を改め，自己資本の充実を図ろうとする企業が，大企業を中心に増え始めた。

　自己資本調達のうち，まず内部留保の変化をみると，主要企業では80年代には対売上高比率で上昇傾向にあったが，90年代になると景気が後退して業績の悪化した企業が増えたことを反映し，比率が急落している[4]。内部留保は当期純利益のなかから行われるので，業績に大きく左右される源泉である。しかし減価償却費の比率は90年代になっても年々増加した。減価償却費や各種引当金は計算上は費用に計上されるが実際には現金の支出を伴わないため，企業内部に資金が蓄積される。この資金と留保利益とを合わせて，内部資金と呼ばれる。主要企業の内部資金は，81年度には対売上高比率で2.6％だったが，95年度に

図表14-4　主要企業の内部資金の推移

(対売上比率) (単位：％)

年度	81	82	83	84	85	86	87	88	89	90	91	92	93	94	95
内部留保	0.5	0.5	0.7	0.8	0.8	0.7	0.9	1.1	1.1	1.1	0.9	0.4	0.2	0.2	0.6
減価償却費	2.1	2.3	2.3	2.4	2.5	2.8	2.8	2.7	3.0	3.1	3.4	3.6	3.9	3.9	4.0
内部資金	2.6	2.7	3.0	3.1	3.2	3.5	3.6	3.8	4.1	4.1	4.2	4.0	4.1	4.1	4.6

(注)　内部留保には特別法上の準備金・引当金を含む。
(出所)　日本銀行調査統計局『主要企業経営分析』各号より作成。

は4.6％まで上昇した（図表14-4参照）。企業の資金需要は投資計画などによって増減するので，内部資金が増大しても必ずしも他の源泉からの調達が減少するわけではないが，企業外部からの資本調達への依存度は相対的に低下するといえる。

一方，増資に目を向けると，一時的に激増した87～89年の期間を除くと，80年代以降も全国上場企業の増資額には大きな変化はない。70年代の上場企業の増資総額は年平均8,024億円で，80～86年は1兆422億円，90～98年は9,393億円である。なお本稿では，増資額には新株引受権付社債の現金払込分を含まないものとする。

このように増資状況に大きな変化が見られなかったのは，株式市場では比較的早い時期に自由化が進んだためである。例えば，既存の株主に対して他の投資家に優先して新株を購入する権利を与える株主割当の慣行は70年代に崩れ始め，代わって広く不特定多数から出資を募る公募が増加した。株主割当では新株購入者層が既存の株主に限定されるばかりでなく，額面発行，つまり額面価格で割り当てるのが通常で，企業は硬直的な条件で増資せざるを得なかった。それに対し，公募の場合はより広い投資家層を対象とした時価発行で，市場の状況に基づいて発行条件が決められる。80年時点ですでに有償増資額に占める公募の割合は80％を超えており，それ以降の株式市場の改革では増資状況が一変するには至らなかった。

ところが社債発行に関わる規制緩和が80年代以降の自己資本調達を変化させた。自己資本調達を，増資ではなく，株式関連債またはエクイティ債と呼ばれる転換社債および新株引受権付社債の発行を通じて，迂回的に行う企業が増加したのである。

転換社債はあらかじめ定められた価格であらかじめ定められた数の株式へ転換する権利が付与された社債で，新株引受権付社債はあらかじめ定められた価格であらかじめ定められた数の新株を購入する権利（ワラント，warrant）が付与された社債である。ワラントは通常分離可能で，社債とは独立の証券として取引される。株式関連債はどちらも権利行使されると新株が発行され，自己資

本が増加する点は共通しているが，転換社債では転換権が行使されると負債である転換社債が消滅するのに対して，新株引受権付社債では，新株の代価として現金が払い込まれ，社債は満期まで残る。

　株式関連債が好まれる理由として，①増資をするとその直後から株式数が増加するが，株式関連債であれば株価の上昇につれて権利が行使され，徐々に株式数が増加していくので，配当負担も徐々にしか増加しない，②普通社債に比べ，あらかじめ定められた価格で株式が取得できる権利が甘味剤となり，低い利率 (coupon rate) で発行できることが挙げられる。増資や普通社債発行と比較して，「コスト」の安い資本だと誤解されることが多く，それが80年代末に過剰な起債を招く一因にもなった[5]。

　自己資本調達における株式関連債の重要性は，それによって増加した株式数に表れている。図表14－5は，有償増資と株式関連債の権利行使による株式増加数を比較したものである。80年代後半には増資によって増加した株式数をはるかに上回る量の株式が株式関連債を通じて増加しており，90年代になっても

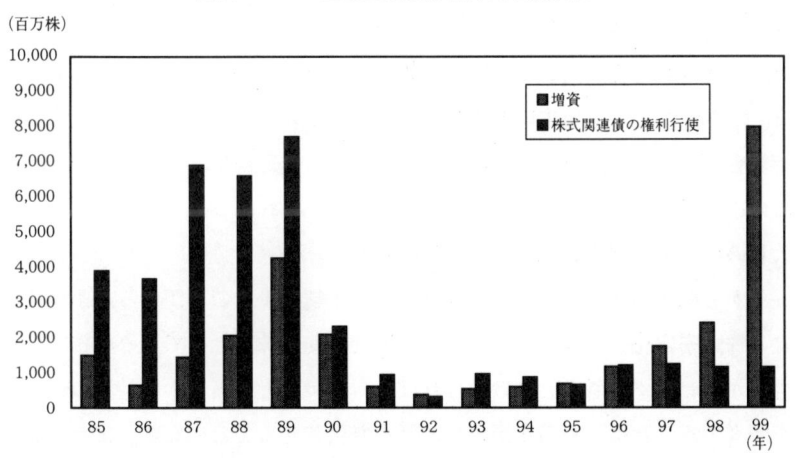

図表14－5　上場企業発行済株式増減状況

(注) 1　集計基準は増資は払込期日の翌日，エクイティ債の権利行使は株式転換日。
　　 2　エクイティ債の権利行使には，優先株の株式転換，ストック・オプションの権利行使を含む。
(出所) 『東証統計月報』各号より作成。

96年までは増加株式数の約半分を株式関連債の権利行使分が占めている。90年代後半から増資による株式数増加が急伸したのは第三者割当増資と優先株発行が増えたためである（図表14-2参照）。第三者割当増資とは，株主以外の特定の投資家に割り当てて新株を発行することである。公募増資が困難な場合や，資本提携などの目的で特定の投資家の持株比率を高める場合に利用されることが多い。一方，優先株式（preferred stock）とは，他の種類の株式に対して，配当などの分配を優先的に受ける権利をもつ株式である。この時期に急増したのは，銀行が自己資本充実を目的に発行したためである[6]。

90年年初から下落を始めた株価はその後も低迷し続け，株式関連債による株式増加量は80年代のピークに比べると大幅に減少したが，公募増資が長期間ほとんど停止状態だったのを考慮すると，同じ時価発行である株式関連債の方が，相対的に株価低迷時でも自己資本調達を図る手段として機能したといえるだろう。

ところで80年代後半に大量のエクイティ・ファイナンスが実施されたが，それが可能だった背景には株式相互持ち合いの存在がある。株式相互持ち合いは日本の株式所有構造の際立った特徴で，多くの企業が株式の買い占めなどを防ぎ，経営の安定化を図るために，複数の企業間で互いの株式を所有しあっている。その際，互いに株主の権利を主張しないというのが一般的である[7]。相互持ち合いによって安定株主の保有する株式数を一定割合以上に維持しているため，市場で株式を買い集められて経営権を掌握されることを懸念することなく，大量の株式を発行することができたのである。

しかし株式相互持ち合いは，企業の行動を制約することがある。1つには自社の株式安定化と引き替えに，自らも他社の安定株主として，その株式の収益性にかかわらず，所有し続けなければならないことである。収益性の低い株式を所有することは，資産運用の効率性を悪化させることになる。また時価主義会計の導入によって所有株が時価で評価されるようになると，株価の変動のリスクが顕在化するようになる。

もう1つの制約は，日本企業を対象にした機動的なM&A（企業の合併・買収，

mergers and acquisitions) が妨げられることである。事業再構築の必要性が認識されても，敵対的M＆Aは難しく，持ち合いを解消するために合意を得，調整した上でなければ事業部門や企業を市場で売買することができないのが現状である。

株式相互持ち合いは経営や企業金融の安定をもたらす効果があるものの，行き過ぎた安定は硬直化につながる。現在のように環境の変化が早い時期には，デメリットの方が大きく，持ち合いの見直しが必要だといわれている。

ところが97年度時点ではまだ株式持ち合いの崩壊の兆しは見られない。80年代末にエクイティ・ファイナンス・ブームで株式数が急増した後も，銀行や事業法人の持ち株比率はほとんど低下していないし，90年代になっても同様である。むしろ銀行は80年代後半に持ち株比率を大きく上昇させている（図表14－6参照）。もちろん事業法人や銀行が収益目的で株式投資をする場合もあるが，90年代になって総資産圧縮の傾向が強まっていることを考慮すると，株価が低迷する中で多くの事業法人や銀行が収益目的での株式所有を増加させたとは考え

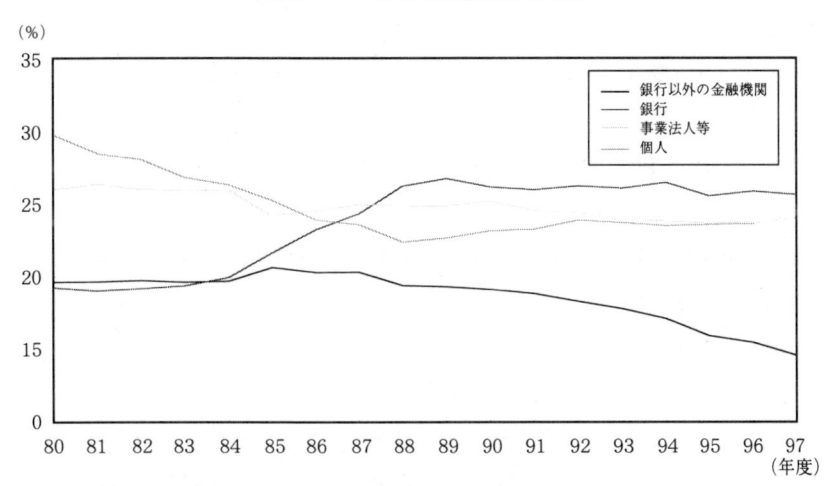

図表14－6　所有者別株式分布状況

（注）　84年度までは株数ベース。85年度以降は単位株ベース。
（資料）　東京証券取引所「証券統計年報」「東証要覧」。
（出所）　東洋経済新報社『経済統計年鑑』より作成。

にくい。

　しかしながら，90年代後半から持ち合いの中核であった銀行の経営危機や再編が相次ぎ，それが引き金となって本格的な見直し気運が高まり，90年代末からは持ち株放出量が増大しているといわれている。今後は完全に株式相互持ち合いが消滅しないまでも，収益性の低い株式は放出され，持ち合いの対象から外されていくであろう。

　このような状況を反映して，最近では株価を意識した財務政策が活発化している。代表的なものがストック・オプション（stock option）制度の導入である。ストック・オプションとは，あらかじめ定められた価格で自社株を購入する権利のことで，経営者や従業員などに報酬の一部として付与される。ストック・オプションから得られる報酬額は株価が上昇するほど増加するので，経営者や従業員が株価上昇のために努力注入するインセンティブとなる。また自社株取得（stock repurchase）も新しく導入された制度で，企業が自社の発行済み株式を買い戻すことである。株式が本来の価値より低く評価されている時には，自社株取得は株主の利益を増大させる効果がある。どちらもまだ制度上不備な部分や使いにくさは残っているが，企業の関心は高まっており，とりわけストック・オプション制度は，大企業を中心に，急速に普及しつつある。

第3節　普通社債の発行とメインバンク制

　株式会社制度の基礎である株式市場が比較的早い時期に整備されたのに比べ，社債制度の改革は遅々として進まなかった。国内普通社債市場が企業の資本調達の場として機能し始めるのは，90年代半ばのことである。

　日本では戦後の復興期から高度成長期にかけて，恒常的な資金不足のもとで基幹産業への優先的な資金配分や低金利政策を実施するため，社債市場の育成が政策的に妨げられた。市場で資金需給に基づいて金利が決定されると高金利になることが予想され，それが経済成長を阻害することを危惧したためだった。成長資金を必要とする企業は借入れに依存せざるを得ず，企業と銀行との間に

は緊密で強固な関係が構築された。それはメインバンク制とよばれ、株式相互持ち合いと並んで日本の企業金融の特徴とされる。

メインバンクとは、①貸出シェアが最大で[8]、②銀行の中では最大の株主[9]、③支払決済口座が開設されており、④役員の派遣などを含め、経営資源や情報サービスを提供する、1行ないしは少数の主要取引銀行を指す。

メインバンクは、その他の取引銀行とは一線を画する特別な存在とみなされてきた。メインバンクが決済口座の動きや融資の増減、様々な金融サービスのやり取りを通して日常的に企業をモニタリングし、適宜企業にヒヤリングをすることは当然の行為とされた。株式相互持ち合いの結果、株主権行使に消極的な大株主が過半を占める状況の中で、実質的に企業の経営を監視する役割を担ってきたのである。そして重要な企業情報を専有する代わりに、メインバンクは企業の経営に対して責任を負うのが慣習であった。それが端的に表れるのが企業が経営危機に陥った場合で、緊急の追加融資や債権放棄などの金融支援とともに、しばしばメインバンクが解決に向けて主導権を握って行動してきた。

このように企業に対してのみならず社会的にも大きな影響力をもつ銀行の存在が、社債発行の自由化を抑制する要因となった。日本では証券取引法によって原則として銀行は証券業務を禁じられており、企業が社債発行によって資本調達して借入金を縮小することは、銀行にとっては企業に対する影響力の低下と収益機会の減少を意味した。そして社債市場の成長とは利益を反する銀行とともに、社債発行量の増加によって75年以降大量発行されている国債の発行コストが上昇することを嫌う政府もまた、規制緩和に積極的ではなかった。

しかしながら金融自由化と金融市場のグローバル化は80年代の国際的な潮流であった。日本だけが例外ではあり得ず、社債に関する規制緩和も緩慢ながらも段階的に進められた。ただしその際には、社債の中では最も一般的な形の、銀行借入れとの代替性の高い普通社債の国内起債については差別的に厳しい規制を残して発行を制限し、株式関連債と海外起債から徐々に自由化された。

差別的な規制の1つとして、社債発行限度暫定措置法を挙げることができる。当時の商法では社債が過大に発行されて社債権者が不測の損害を被ることを防

止するため社債に発行限度額を設けていたが，社債発行限度暫定措置法で，一般事業会社は担保付社債，株式関連債，海外で発行する社債については商法限度の2倍までの発行が認められた。つまりこの特別法が適用されない国内発行の無担保普通社債だけが，商法限度に拘束されたのである。

　また国内市場では有担保原則だったことも普通社債の発行を阻害する要因となった。画一的な有担保原則の適用は，製造業に比べて概して物的担保になる資産が少ないサービス業に不利にはたらき，また本来は担保を必要としない財

図表14－7　無担保適債基準の推移

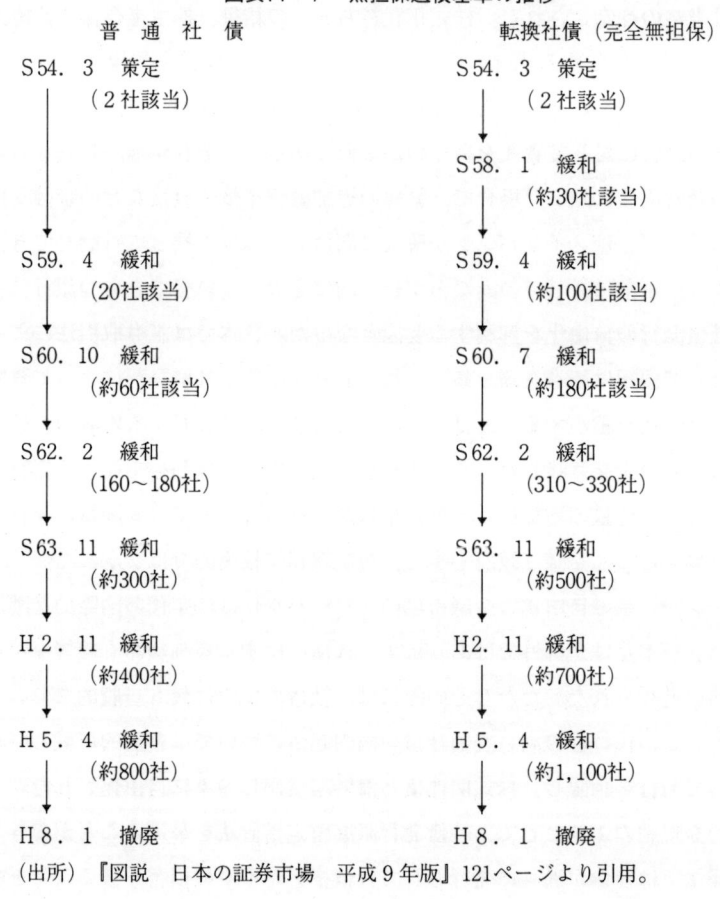

普通社債	転換社債（完全無担保）
S54. 3　策定 　　　（2社該当） ↓	S54. 3　策定 　　　（2社該当） ↓
	S58. 1　緩和 　　　（約30社該当） ↓
S59. 4　緩和 　　　（20社該当） ↓	S59. 4　緩和 　　　（約100社該当） ↓
S60. 10　緩和 　　　（約60社該当） ↓	S60. 7　緩和 　　　（約180社該当） ↓
S62. 2　緩和 　　　（160～180社） ↓	S62. 2　緩和 　　　（310～330社） ↓
S63. 11　緩和 　　　（約300社） ↓	S63. 11　緩和 　　　（約500社） ↓
H2. 11　緩和 　　　（約400社） ↓	H2. 11　緩和 　　　（約700社） ↓
H5. 4　緩和 　　　（約800社） ↓	H5. 4　緩和 　　　（約1,100社） ↓
H8. 1　撤廃	H8. 1　撤廃

（出所）『図説　日本の証券市場　平成9年版』121ページより引用。

務内容の良い企業に不要な負担を強いた。79年に無担保適債基準が定められ，基準を満たせば無担保社債の発行が可能になり，79年に松下電器産業が戦後初めて完全な無担保転換社債を，85年にはＴＤＫが無担保普通社債を発行したが，適債基準は普通社債には厳しく，段階的に緩和されたものの，基準を満たす企業数は88年11月の緩和後でも約300社と，少数優良企業に限られた（図表14－7参照）。そのため国内では無担保社債が発行できない企業が多数，無担保が原則の海外市場へ流出するという結果を招いた。

　有担保原則が長く維持されたのは，担保の受託を通して社債発行がメインバンク制の枠内に取り込まれていたからである。担保の受託業務は銀行および信託銀行に限られており，メインバンクが受託することが多い。銀行は原則として証券業務を禁じられていたが，受託銀行に就任することによってメインバンクには充分な手数料がもたらされた。そしてその代償として，担保付社債がデフォルト（支払不能）した場合には受託銀行がすべて額面で買い戻し，投資家には損失を負担させないということが慣行になっていた。企業の経営についてメインバンクが責任を負うという慣習が，社債発行の際にも適用されたのである10)11)。

　これらの規制や慣行に加え，国内社債市場には硬直的な発行条件の決定方法や割高な手数料が未改革のまま残っていたため，多くの日本企業は海外市場での起債を選択し，国内市場では相対的に規制が緩やかな転換社債が主流になった12)（図表14－8参照13)）。80年代末に海外市場で大量発行された日本企業の社債が多量に日本の投資家によって購入されていたともいわれ，次第に国内市場の改革の必要性が認識されるようになった。

　社債制度が整備され，国内で一般事業会社が普通社債を起債できるようになるのは，90年代になってからのことである。90年代前半，市場の空洞化を招く要因となっていた国際的な基準を著しく逸脱した規制や慣行の見直しが行われた。93年の商法改正では社債の発行限度の撤廃や社債に係る募集の受託制度の廃止など，合理性に欠く過剰な規制が撤廃され，適債基準も93年に大幅に緩和されたのち96年には撤廃されて，投資家保護の名目で実施してきた事前の起債

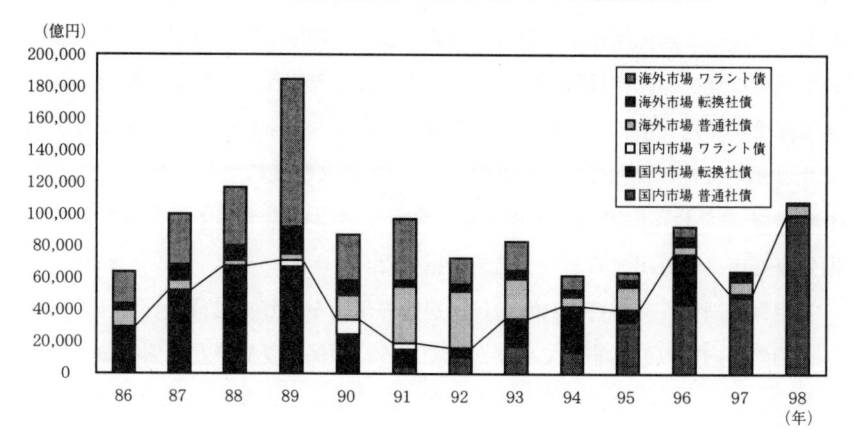

図表14－8　一般事業会社の内外市場における社債発行状況

凡例：
- 海外市場 ワラント債
- 海外市場 転換社債
- 海外市場 普通社債
- 国内市場 ワラント債
- 国内市場 転換社債
- 国内市場 普通社債

(注)1　発行額はいずれも払込日ベース。海外発行の邦貨換算は払込日の実勢レートより算出。
　　2　国内発行は公募債のみ、海外発行は公募債と私募債の合計。
　　3　海外発行については98年4月以降は10億円以上の銘柄のみを集計。
　　4　カバードワラントは、転換社債部分のみ計上し、その発行通貨で算出。
(出所)　『公社債月報』、『証券業報』各号より作成。

の適格性判断は市場に委ねられることになった。市場のこれらの改革の成果は，90年代後半からの国内普通社債発行額の急増となって表れた。

　国内社債市場の発展はメインバンク制と無関係なところで起こったわけではない。90年代前半に実施された重要な規制緩和の1つは，銀行が証券子会社を設立して社債業務に参入することを認めたことであった。93年にまず長期信用銀行から設立認可がおり，94年には多くの主要企業のメインバンクをつとめる都市銀行の証券子会社も営業を開始した。これにより銀行は，担保や社債に係る募集の受託銀行として間接的に関わるのではなく，子会社を通じて直接的に社債業務を営むことができるようになったのである。

　社債の引受証券会社の選定には，融資関係が強く反映されている。96年に国内で発行された普通社債のうち，銘柄数で43％，金額で30％の引受主幹事を銀行の証券子会社がつとめたが，それらの大半は親銀行がその企業のメインバンクか主要取引銀行であった。

ただしかつてのように，発行された社債を銀行が購入する，融資の変形としての社債発行は減少しており，80年度には電力債を除く事業債の44.5％を銀行が購入していたが，96年度には6.9％まで低下している[14]。

第4節　ベンチャー向け株式市場の創設

　90年代末に，従来は資本市場からの資本調達の道を閉ざされていた企業を対象とする，新たな株式市場を創設する動きがにわかに始まった。ベンチャー・ビジネスなど新興成長企業向け株式市場の創設である。98年末の大阪証券取引所の新市場部開設を皮切りに，99年末には東京証券取引所内に「マザーズ」が創設され，2000年6月には大阪証券取引所内にナスダック・ジャパンが開設された。

　それ以前から中小・中堅企業およびベンチャー・ビジネスの株式を取引する市場として，日本証券業協会の管理・運営する店頭登録市場（「ジャスダック」市場）が存在していた。証券取引所上場への準備段階に入った企業のための予備的，前哨的市場と位置づけられることが多かったが，90年代半ばに始まった市場改革により，成長過程にある新興企業の登録も増えていた

　将来性を期待される新興成長企業の育成と成長資金供給を目的として創設されたこれらの市場では，適切な情報開示を条件として，上場基準の純資産額や利益額を低く設定しており，市場によっては創業間もない赤字企業の上場も容認している。投資家保護の観点から，経営の安定性を重視してきた既存の取引所市場と異なる点である。

　市場からは2つの経路を通じて，新興成長企業へ資金供給されることが期待される。直接的には新興成長企業が新市場へ上場し，増資することにより，不特定多数の投資家から出資を募ることができる。銀行からの長期借入れの際には通常担保を要求されるので，現在の事業規模や担保力が借入れ可能金額を決定し，投資額を制約するが，株式を公開し，増資する場合には，投資家がその企業の将来性を評価して資金提供に応じる限り，現時点の状態には拘束されず，

自己資本を調達することができる。成長企業が段階的な成長過程を経ずとも，一気に事業規模を拡大させることも可能である。ベンチャー・ビジネスは相対的に事業リスクが大きいので，リスク資金を早い段階から取り入れ，負債への依存を低下させることができれば経営の安定につながる。

間接的には，公開前の新興成長企業に対して，ベンチャー・キャピタル（venture capital）などからのリスク資金の供給が増加することが期待される。ベンチャー・キャピタルは公開前企業へ投資し，株式公開時に保有する株式を売却することによって，投下した資金を回収し，利益を得る。アメリカでは，ベンチャー・キャピタルはベンチャー・ビジネスに成長資金を供給するだけでなく，積極的に経営に関与することがあり，人材が不足しがちな成長過程にある企業において経営面でも重要な役割を果たすことが少なくない。

ところが公開まで長い期間を要する場合，創業間もない時点で投資すると長期間にわたり資金が固定されてしまうためベンチャー・キャピタルは早い段階での投資に消極的にならざるをえず，投資対象は株式公開が確実視されるような，すでに成長期を終えて業績の安定した中堅企業が多くなり，本来の成長資金供給という役割を果たさなくなる。90年代半ばまでの，店頭市場の実質的な登録基準が厳しく，成長企業の株式公開が困難だった頃の日本のベンチャー・キャピタルがそうであった。しかし市場が創設され，上場までの期間が短縮されると，ベンチャー・キャピタルにとって資金回収時点となる株式公開時期から逆算し，成長段階の企業への投資が可能になる。それによって，今後はベンチャー・キャピタルを通じて，成長企業への投資が促進されることが期待された。実際のところ，ベンチャー向け株式市場の開設によって，創業から短期間で株式公開し，市場を通じて獲得したリスク資金によって成長を遂げたベンチャー企業も出現した。

新市場の創設によって，新興成長企業への資金供給が活発化するためには，これらの企業の営む事業を適正に評価する機能が市場ではたらくことが不可欠である。株式公開時の引受証券会社と投資家が主としてその機能を担う。

新市場では複数年にわたる良好な経営実績を上場の要件とはせずに，かつ過

去の業績から将来性を予測するのが困難な新しい企業の上場を容認しているため，その企業の展開する事業そのものから収益性や成長性，リスクの大きさなどを推測し，適正な企業価値を判断する技術・ノウハウが重要になる。市場で合理的な価格が形成されていると広く認められるようになれば，つまり相対的に大きなリスクに見合うリターンを獲得できる市場であると認識されるようになれば，広い投資家層から潤沢なリスク資金を取り入れることができるようになるであろう。

（問題1） 株式関連債の発行が企業の資本構成にどのような影響を及ぼしたかを答えなさい。

（問題2） メインバンクが社債発行にどのように関与してきたかを答えなさい。

〔解答のヒント〕

1 株式関連債に付与された権利が行使されると，新株が発行される。増資による株式数の増加と比べてみよう。

2 93年以前とそれ以後とにわけて考えよう。

（注）
1） 資本市場は，狭義では株式市場と債券市場を指し，広義ではそれらの市場に長期貸付市場を加えることが多い。
2） 株式公開とは，同族などの特定の株主によって株式を所有されていた会社が，不特定多数の投資家に株式が所有され，あるいは売買されるようにすることである。日本では現在のところ，株式を証券取引所に上場する方法がとられる。
3） 2002年4月1日の商法改正によって，現在は，転換社債は「転換社債型新株予約権付社債」，新株引受権付社債（ワラント債）は「新株予約権付社債」と呼ばれる。
4） 主要企業とは，「原則として資本金10億円以上の上場企業（金融保険業を除く）のなかから，業種別にみておおむね当該業種の動向を反映するに足りると認められる程度の社数を選定（ただし，資本金10億円未満または非上場企業であってもとくに有力な企業を含む）。」（日本銀行調査統計局『主要統計分析』）である。なお，平成7年度版の調査対象企業数は647社（製造業374社，非製造業273社）。
5） 表面金利や配当の際の株式数によって企業から流出する資金量は変わっても，そ

れは「資本コスト」とは無関係である。
6) 優先株式は銀行の自己資本規制において，自己資本の Tier I 部分（基本的項目）に算入することができるため，巨額の不良債権処理と株式含み益減少で自己資本比率の引き上げを迫られた銀行が発行した。
7) 株式相互持ち合いの財務上の効果は，企業の間を資金が行き来するために，その間では流出額と流入額が相殺されることである。例えば持ち合いの相手方企業へ支払った配当は，相手方企業の配当として還流してくる。だからお互いに配当額を低く抑えておけば，株式を持ち合っていないその他の株主に支払われ，企業外部へ流出してしまう資金量を小さくすることができる。増資の場合は，相手方企業の増資を引き受けると一時的に資金が流出するが，自社が増資をする際にその企業に同額の株式を引き受けてもらえば資金は再び戻ってきて，しかも双方の自己資本が増加することになる。
8) 長期資金に関しては，メインバンクの融資残高よりも長期信用銀行や政府系金融機関の融資残高の方が大きな企業もある。そのため運転資金の貸出シェアで判断する方が適切であるといわれている。
9) 独占禁止法により，銀行が自己勘定で保有できる企業の株式数は，発行済株式数の5％を上限とされている。
10) 公募債については，97年のヤオハンのデフォルトが，受託銀行が買い戻しを実施しなかった戦後初のケースになる。
11) 銀行は受託銀行という立場で，起債調整にも関与していた。
12) 転換社債は株式に転換されると社債が消滅するので，権利行使期間が終了するまで償還金額が確定しない。海外市場で外貨建てで発行すると，為替リスクをヘッジするのが困難なことから，国内で発行する企業が多かった。また国内に流通市場が形成されたことも，国内発行を促進する要因になった。
13) 図表14－8の一般事業会社とは電力会社，NTT，JRを除く，民間事業会社である。電力会社は80年代以前から起債制限を受けず，優先的に国内市場で普通社債を発行することができた。
14) 公社債引受協会『公社債月報』の各号より。

〔参考文献〕
青木昌彦，ヒュー・パトリック編（1996）『日本のメインバンク・システム』東洋経済新報社．
赤石雅弘・小嶋博・榊原茂樹・田中祥子編（1993）『財務管理』有斐閣．
『大蔵省証券局年報』『証券年報』（『大蔵省証券局年報』より改題）各号．
公社債引受協会『公社債月報』各号．
神戸大学大学院経営学研究室編（1999）『経営学大辞典（第2版）』中央経済社．
財経詳報社編（1997）『図解　日本の証券市場（平成9年版）』．

第15章　経営情報

第1節　はじめに

　ビジネスの世界では，小さなeが注目されている。小文字だけど存在は大きい。近い将来，ビジネス関係の単語の大部分が，この文字から始まる綴りに変わるとさえ言われている。このような指摘は言い過ぎかもしれないが，それほどまでにeはビジネスの世界に浸透しているのだ。

　このとき，eはエレクトロニック（electronic）の頭文字である。したがって，eの波の主役は，電子，すなわちビット（bit）である。ビットとは，情報の最小単位を意味する言葉である。つまり，ビジネスの新潮流の主役は，デジタル情報ということになる。私たちの生活に目を向けると，ビットに溢れていることが容易に理解できる。

　たとえば，CDやMDに録音された音楽，携帯電話の音声などはデジタル情報である。また，本の裏表紙やお菓子のパッケージには，バーコードが記載されており，レジでの精算や受発注コードとして利用されている。その他にも，鉄道の自動改札，銀行のATM（Automated Tellers Machine：現金自動引き落とし機）など枚挙にいとまがない。

　本章では，ビジネスにおけるeのインパクトを概観することにしよう。

第2節　経営の情報化概念の変遷

　議論を始める前に，eの波の本質を探るための予備的作業として，経営の情報化における指導原理の変遷を辿ることにしよう。

1 コンピュータの登場

　世界最初といわれるコンピュータ（電子計算機），ＥＮＩＡＣが生まれたのは，1946年である。ＥＮＩＡＣ開発の目的は，弾道計算であった。つまり，ＥＮＩＡＣは，温度や湿度によって異なる空気抵抗，大砲の仕様，敵との距離などを考慮した高度で複雑な計算を迅速かつ正確に行うために，文字通り，計算する (compute) 機械として開発されたのである。ところが，ＥＮＩＡＣの完成は戦後になってからであったために，実際には，水爆研究など科学技術計算を行うために利用された。

2　ＥＤＰＳ——電子データ処理システム——

　ビジネスの世界で，コンピュータが本格的に活用されるようになったのは，1950年代のことである。当初，コンピュータの利用対象業務は，技術計算ではなく，販売月次統計や給与計算などの事務計算であった。事務計算の特徴は，計算処理そのものが単純かつ定型的であり，定期的に反復処理される点にある。しかも，ある一定期間に処理が集中するため，ピーク時には大変な労力を必要としていた（繁閑期の差が大きい）。さらに，事務計算は，企業本来の使命の遂行に関わる活動ではなく，企業体維持に不可欠な間接業務にすぎない。そのために，コスト削減の視点から，経営事務の機械化概念であるＥＤＰＳ (Electronic Date Processing System) が提唱されたのである。

　もちろん，ＥＤＰＳの提唱以前から，間接部門における事務作業効率化が議論されていた。その主役は，硬い紙に穴を開けることによりデータを集計するパンチカードシステムであった。この方法は，商用コンピュータの登場後も，しばらく事務計算の主力であった。事実，パンチカードで検証してからコンピュータに入力するという繁雑な手続きが用いられていたのである（秋葉，1991）。

　ところが，パンチカード式計数機の最大手，ＩＢＭ社がコンピュータ開発に着手したことが，ＥＤＰＳがとみに注目される契機となった。その後，ＥＤＰＳは，技術計算の領域においても採用されるようになり，事務計算と技術計算

を峻別する傾向は次第に薄らいでいくことになる。

　このとき，ＥＤＰＳの意義は，2つある。第1は，計算主体の交代である。伝票と台帳を基礎におく人手の作業から，システムと手続きによるコンピュータ処理に，計算の担い手がシフトしたのだ。第2は，経営をシステムとして捉える視点が提唱された点である。事務計算の手続きを明示化し，そのプログラムを作成する過程において，日々の勤怠データ，昇級・昇格，賞与計算など関連作業を統合化する視点としてシステムズアプローチの必要性が認識されたのである。

　なお，システムと手続きに基づくＩＴによるシステム化の試みは，1950年代後半に登場したオンラインリアルタイムシステム，ないしＩＤＰ（Integrated Data Processing：統合データ処理）に引き継がれることになる。

3　ＭＩＳ──経営情報システム──

　1960年代に入ると，日常のオペレーションを通じて蓄積されるデータを重要な経営資源とみなし，それらを当時発達してきた統計学やＯＲなどの科学的方法を用いて加工・処理し，管理者の意思決定を間接的に支援しようという考え方が一世を風靡することになった。ＭＩＳ（Management Information System：経営情報システム）である。

　技術的な視点から見れば，ＭＩＳ提唱の背後には，データベース概念の登場が大きく関わっている。ＥＤＰＳでは，データは，個別アプリケーションごとにファイル処理されていた。そのために，複数ファイル間でデータ重複，さらにはファイルごとにデータ更新項目が異なるなどの不整合が発生してきた。そこで，データを一元的に管理する手法としてデータベースが登場したのだ。経営者の意思決定に役立つ情報を提供する仕組みであるＭＩＳにおいて，データベースは，情報の貯蔵庫となる。

　ＭＩＳでは，新しいＩＴ観に支えられている。事務作業の合理化省力化の道具ではなく，データの蓄積，加工・編集，検索といった人間の知的判断能力を補強増大（augmentation）する道具として，ＩＴを捉えているのである。

ところで，MISは，過度の期待，当時の技術上の制約などにより，実際には十分に機能しなかった。とりわけ，意思決定支援を過度に重視したために，日常業務に携わる取引処理システムとMISの関係を軽視したことが，MISの最大の欠点であった（秋葉，1991）。そのため，失敗（miss）だ，神話（myth）だという毀誉褒貶を受けることになった。

その後，情報資源の考え方は，大きく2つに分かれて展開される。第1は，情報資源管理（Information Resource Management：IRM）である。そこでは，蓄積されるデータ項目（情報）とデータフロー（情報の流れ）の設計に関する方法論が議論されてきた。第2は，意思決定支援システム構築という潮流である。具体的には，モデルベースに蓄積された統計学やORの知識をコンピュータとの対話を通じて適切に利用することにより，優れた代替案の策定（評価）を支援するDSS（意思決定支援システム），格納されたif－then式の知識を利用し，診断など推論を行うエキスパートシステム，複数の人びとの間で行われる協同作業を支援するグループウェアなどがあげられる。

4 OA——オフィスオートメーション——

1970年代は，OA（Office Automation）が盛んに議論された。OAは，EDPSのように，全社的業務をシステムの視点から分析し，コンピュータを適用するのでなく，まずITありきで，ファクシミリやワープロなどの情報機器を前提に，それらの適用領域（業務）が模索される点を特徴としている（庭本，1984）。そのために，OAの提唱は，システムと手続きという視点では看過される傾向が強かった個人的業務（文書作成，情報伝達など）を情報化対象として再認識させた。つまり，情報化の焦点は，受発注業務や経理作業などの全社的活動だけでなく，オフィスという「場」に特有の個人的活動に向けられたのである（秋葉，1984）。

当初，OAの狙いは，オフィスワークの効率化（ホワイトカラーの生産性向上）にあった。ところが，次第に，組織の肥大化による大企業病を克服する強力な手段として認識されるようになった。つまり，OAの狙いは，業務効率化とい

う直接的効果だけでなく，組織活性化という副次的効果にまで拡張されたのである。このようなOA概念の拡張は，その後，ゆとりと創造性を追求する知的労働者に対する情報化支援のキーワードとなった。

5　SIS——戦略的情報システム——

1980年代後半頃より，SIS (Strategic Information System：戦略的情報システム) が一大ブームを巻き起こした。SISの狙いは，事務作業の合理化ではなく，競争優位性の獲得にある。つまり，SISの基本的視覚は，組織内部効率化ではなく，市場占有率向上や業績増大を実現する武器としてITを利用しようという考え方にある。そのために，SISは，従来の情報化とは異なる設計思想によって構築されるべきだという主張が展開されてきた (Wiseman, 1988)。

SISの効果は，4つに大別できる。すなわち，(1)新規事業創造，(2)製品価値革新，(3)製品個別化，(4)オペレーショナルエクセレンスである。

(1)　新規事業創造

第1は，新規事業創造である。IT活用により，従来には存在しなかったビジネス領域を開拓できる。ITによる新ビジネスは，その推進力により，情報駆動型とネットワーク（情報を流す導管）駆動型に大別できる。

情報駆動型では，いったん収集した顧客購買履歴を異業種で再利用するビジネス展開を意味する。CDレンタル業社がコンサートチケット販売を展開したり，引っ越し業社がインテリア販売を行うなどターゲットを絞り込んだビジネス展開を特徴としている。

ネットワーク駆動型では，衛星通信を利用した中古車オークション（オークネット），電話回線を利用した教育事業（セコムのラインズ先生）など時空間を超克したビジネスモデルづくりが特徴である。

(2)　製品価値革新

製品価値革新とは，情報化を通じて，製品の訴求属性，さらには顧客にとっての製品の意味（製品価値）を変えることである。たとえば，トステムでは，アルミサッシ本来の機能ではなく，翌日配達（短納期）という新しい訴求属性を

提供し，急速に市場占有率を伸ばしてきた。また，ヤマト運輸では，いつ荷物が届くのか，現在，荷物はどこにあるのかといった問い合わせに迅速に応える仕組みを構築し，安心感による差別化を実現している。その結果，大手コンビニエンスストアでは，苦情が少ないという理由から，競合他社の取次ぎを止め，ヤマト運輸とだけ契約を結ぶことになり，他社よりも優位にたつことになった。

(3) 製品個別化

製品の個別化は，1人ひとりに応じたきめ細かいサービスの提供を意味する。具体的には，マスカスタマイゼーションとワンツゥワンマーケティングの2つのアプローチがある。

マスカスタマイゼーションは，個別仕様の製品を大量生産でのコストで提供することを指す。従来，大量生産（低コスト体制）と1品受注生産は二律背反であると考えられてきた。ところが，生産工程の自動化，注文情報や加工指示情報など情報伝達基盤の整備によって，このジレンマが克服されたのである。

たとえば，ナショナル自転車では，従来2～3か月を要してきた自転車の注文生産において，わずか2週間という短納期を実現している。しかも，ハンドルの形，フレームの形状，色柄サイズなど選択肢の組み合わせは，11万種類以上に及んでいる。

他方，ワンツゥワンマーケティングは，「誰が」「いつ」「何を」「いくら」買ったのかという購買履歴データをベースに，個人のライフスタイルやライフステージに応じたきめ細かいサービスを提供することを狙いとしている。

一般に指摘されるように，利益の80％に関わる顧客は，全体の20％に相当する。そのために，新規顧客開拓ではなく，既存顧客に絞り込んだサービスを展開するのである。言い換えれば，市場シェア追求ではなく，顧客シェア獲得を目指すのだ。したがって，スポット取引ではなく，顧客の一生を通じた取引総額に注目される。そのために，顧客の生涯価値（Life Time Value：ＬＴＶ）が重要な評価尺度になる。

ＬＴＶに注目したマーケティング手法として，購買金額や頻度に応じて得点を計上し，その累積点数に応じて各種特典を提供するＦＳＰ（Frequent Shopper's Program）があげられる。ＦＳＰの実現には，ＰＯＳ（Point Of Sales）データと個人属性の連結が不可欠である。そのためには，買い物カードが有効である。精算時にカードをスキャンすることにより，個人属性と購買データが連結され，その履歴が利用可能になる。

ＦＳＰの究極の狙いは，顧客ランクアップである。そのためには，まず，顧客の層別化が図られる。すなわち，購入時期（recency），頻度（frequency），金額（manetary）の３次元（ＲＭＦ）に応じて，初期購入者，リピーター，優良顧客に顧客をランク分けするのだ。次に，各ランクに応じて異なるサービスを提供する。その結果，ワンランクアップのサービスを求める顧客の消費意欲が刺激される。

(4) オペレーショナルエクセレンス

ＳＩＳの効果の最後は，オペレーショナルエクセレンスである。それは，当たり前のことをきちんと行う非凡さ（卓越性）によって，差異化を図ろうという考えである。

たとえば，セブンイレブンでは，過去の販売情報に天候などのコーザルデータを加味することにより，「インフルエンザが流行すれば，ヨーグルトがよく売れる」などの経験則を抽出したり，「冬にアイスクリームが売れる温度」について仮説をたて，その検証を行うなど情報を活用した効率経営を実現している。また，米国ウォルマート社では，ＰＯＳデータをもとに同時購買確率の高い商品群を抽出し（バスケット分析），棚割や特売に利用している。同社では，おむつとビールを同時に買いに来る男性客の比率が高いことを発見し，それら商品の売り場を近く設置にし，販売量を大幅に拡大させたことが知られている。

このように，単品単位の販売情報や在庫情報の把握によって，品切れや売れ残りを回避し，在庫回転率を高めることができる。このとき，卓越性を支える仕組みは，受発注システム，在庫管理システム，ロジスティクスなどの絶妙な組み合わせにある。１つ１つのシステムを見れば，容易に模倣できそうであるが，組み合わせの妙によって，仕組み全体の模倣は極めて困難になっている。その結果，意外なようだが，当たり前のことをきちんと行うことが，差別化を

実現するのである。

6 SISの神話

上記のSISの効果には，共通のキーワードが見え隠れしている。それは，製品を顧客に提供するまでの一連のプロセスを支援する情報基盤の存在である。そのために，情報武装化の名のもとに，情報基盤の整備が積極的に展開された。

ところが，情報基盤整備の過度の強調が，SISの誤解（SIS神話）の元凶となった。具体的には，膨大なIT投資，先行者優位（first mover advantage），顧客囲い込みなどの神話が生み出されたのである（辻，1993）。

膨大なIT投資の神話とは，情報基盤を構築するためには，膨大なIT投資額が必要となるために，いったん情報基盤を構築すれば，競合他社の参入障壁が構築できるという誤解である。皮肉にも，SISがIT活用方法に注目した概念であるにもかかわらず，IT投資額だけが過大に注目されたわけだ。コンピュータの小型化低価格化（ダウンサイジング）が進展した今日においても，この神話は，根強く残っている。

情報基盤の構築には，膨大なIT投資に加え，開発時間や利用経験，さらに活用能力が不可欠である。そのために，先行者優位が作用しやすいと考えられた。先行者優位の神話である。現在は，ソフトウェア手法やハードウェアの改善により，先行者優位の神話は崩れている。むしろ，ITの発達が進めば進むほど，先行者は過去の遺産に縛られる傾向が強く，最新設備の導入だけを見れば，追従者の方が優位にあるといえる。

最後に，顧客の囲い込みの神話とは，顧客や取引先に設置した専用端末が顧客との長期的関係構築の鍵を握るという考え方である。慣れ親しんだ端末から操作方法の異なる機種への移行は，技術的かつ心理的障壁が作用する。すなわち，切換コスト（switching cost）の発生である。言い換えれば，キーボードのQWERTY配列のように，経路依存性が作用するのだ。それゆえ，端末変更を伴う取引先変更は起こり得ないと考え方が，一般に広く浸透したのである。

しかし，航空業界における自社便の優先表示（バイアス表示）に対する訴訟問

題が生じたことから，専用端末による囲い込みに対する過剰期待は次第に薄らいでいった。

7 経営情報論と経営戦略論のマリッジ

SISの提唱は，経営戦略論研究に対しても重要な示唆を与えた。まず，ITを競争武器として認識したことから，経営戦略策定と情報システム計画の統合の必要性が認識されたことである。このことは，後に，ITと経営の双方に精通したCIO（Chief Information Officer）の必要性として，議論されるようになった。

第2に，戦略概念の拡張である。伝統的に経営学では，戦略とその実行を峻別し，決定主体であるトップの役割と戦略内容（市場ポジショニング）を重視する傾向にあった。ところが，SISでは，オペレーションレベルの情報システムが企業の死生を制することを実証した。その結果，戦略策定能力や環境認識能力だけでなく，戦略遂行能力の重要性が改めて認識されることになった。

このように考えるならば，SISは，1990年代に提唱される能力ベースの戦略概念の嚆矢といえる。つまり，経営戦略と情報システム計画の統合の必要性を示唆したSISが，戦略概念そのものを拡張し，情報化された業務システムの戦略性を広く認識させたのである。

また，SISは，ポーター（1980）の主張に対する反証を提供した点でも大きな示唆をもたらした。ポーターは，低コストと差別化のいずれか一方に専念すべきだ（二兎を追う者一兎を獲ず）と主張した。ところが，SISの事例では，マスカスタマイゼーションのように低コストと差別化を同時追求が可能であることを実証したのだ。だからといって，SISが魔法の杖だと指摘するものではない。むしろ，重要なことは，組織内部の効率化と外部環境適応能力の向上は，競争優位性の獲得という視点から見た場合に，対立する次元ではないことを示した点にある。

8 BPR——ビジネスプロセスリエンジニアリング——

　取引先との電子的結合が進展するにつれて，取引先ごとに異なる端末がオフィスに溢れ（多端末現象），各社のデータ様式を自社様式に変換しなければ，処理できないという変換地獄が生じるようになった。極端な場合では，出力結果をもとに，データを再入力する場合さえ生じていた。

　そこで，BPR（Business Process Reengineering）が提唱された。BPRの主張は，次の通りである（Hammer and Champy, 1993）。すなわち，多端末現象，変換地獄，情報の再入力などの現象は，帳票や書類の転記を繰り返す従来のビジネスプロセスをそのまま電子化しただけで，まるで牛の道を舗装したようなものだ。むしろ，オンライン取引は，帳票や書類のやりとりとは根本的に異なるプロセスで処理されるべきである。必要なものは，高速道路なのだ。

　なお，ビジネスプロセスとは，商品やサービスを顧客に届けるまでの一連の仕組み，事業活動の遂行プロセスを意味する。

　BPRの特徴は，第1に，白紙に戻してゼロから再考すること，つまり抜本的な変革を指向する点にある。第2は，部門間に横断するプロセスに注目したことである。このような考え方は，既存組織が抱える官僚制の逆機能を回避するための有効な手法として注目を集め，とりわけ米国企業の再生の強力な処方箋として期待されてきた。

　ここで，BPRとSISの関連性について簡単に説明しておこう。

　SISの狙いである競争優位性の獲得という外部環境との関係性は，ITの物理的機能が直接的に作用する内部効率化とは違い，競合他社という媒介変数の動きに左右される。つまり，インプット（IT）とアウトプット（業績）の関係を一義的に決めることは困難である。それにもかかわらず，1980年代末頃には，持続的競争優位の源泉としてITを捉え，そのメカニズムの解明が精力的に展開された。かくて，切換コスト，先行者優位性などの分析視覚が提唱された。

　ところが，ネオダマ（ネットワーク，オープン化，ダウンサイジング，マルチメディア）に代表されるIT環境の劇的な変化により，切換コストと先行者優位

性を発生させることが困難になってきた。つまり，情報システムの模倣が容易になってきたのだ。そのために，ＩＴによる競争優位を持続させる要因として，経営資源と組織能力に脚光が当たるようになった。その結果，持続的競争優位性獲得のメカニズムとして，情報的経営資源の効率的蓄積・活用能力やＩＴによる戦略遂行能力の向上が精力的に議論されたのである。戦略遂行過程に注目する概念であるＢＰＲは，そのような議論の一翼を担っている。

ところで，ＢＰＲの提唱により，ＩＴは，競争優位性獲得の武器という曖昧な存在から，組織変革を実行可能にする要因（enabler）と捉え直されていることに留意して欲しい。新しいＩＴ観の登場である。情報化の焦点は，再び組織内部に向けられたのである。

しかし，実際には，ＢＰＲを進める上で，心理的側面やポリティックスが大きな障害となることが明らかになった（Davenport, 1995）。その結果，組織とＩＴ，さらには戦略との三位一体化の重要性が指摘されるようになり，三者間の統合度に関する多様なモデルが提唱されるようになった。ＩＴ－組織の均衡モデルや整合化（alignment）モデルなどである（Walton, 1990；Venkatraman, 1991）。

9　ネットワーク組織論とＯＡ論の再燃

1990年代半ばになると，相互運用性（interoperability）に優れた情報機器の登場によって，組織内部の業務プロセスの統合が実現されるようになった。さらに，ＩＴによる連結は，マネジメントプロセス，さらには組織の垣根を乗り越えたビジネスシステムの再編成を可能にした（Venkatraman, 1991）。このような新しい組織構造は，ネットワーク組織，製版統合，バーチャルコーポレーションとして，とみに注目を浴びるようになった。

このとき，重要な点は，ネットワーク特性が，独自仕様の専用端末による閉鎖性から，相互接続性に優れた開放性に移行したことである。つまり，ネットワーク組織の特徴は，垂直統合のように必要な資源をすべて囲い込むのではなく，得意分野に特化した専門企業群が必要に応じて連携する点である。言い換えれば，価値創造活動が鎖のように固定的につながるのではなく，星座のよう

に臨機応変に結びつくことが，ネットワーク組織の本質といえる。

また，視点をオフィスに向けると，1995年以降になると，グループウェアやイントラネットの登場により，オフィス業務革新やホワイトカラーの生産性向上といったＯＡ論が再燃してきた。その背後には，非定型業務やワークフローなどの支援を可能にしたＩＴにおける著しい技術革新が深く関わっている。また，使いやすい情報機器が組織の隅々に浸透してきた結果，エンドユーザー自身が創意工夫により情報化を進めるＥＵＣ（End User Computing）が展開されてきたことも，オフィス情報化の新潮流を生み出す契機となっている。

さらに最近では，工場労働のように仕事のある場所に通うのではなく，ネットワークを通して仕事をワーカーの下に届ける仕組みであるテレワークが，とみに注目を浴びている。通勤地獄からの解放により，ゆとりと創造性の創出を謳うテレワークの背後には，組織活性化という情報化アプローチが見え隠れしている。

第3節　ネットワーク時代における情報化マネジメント

ネットワークの進展は，ＩＴの自動化機能や知的判断能力の補強増大機能の適用範囲を拡大するとともに，その支援内容を質的に変革させることになる。その結果，予想しなかったようなＩＴ活用方法が実現される場合が少なくない。

オリコフスキとホフマン（Orlikowski and Hofman, 1996）は，顧客窓口での電話のやり取りを記録するために導入された情報システムが，試行錯誤を繰り返す中で，たんなる電話応対記録から，学習装置（同僚の対応記録から学ぶ），評価手段（職務遂行記録として利用），評価基準の拡大（記録内容の質に注目），新人教育手段へ，その利用方法と利用者意識が変化してきたと報告している。意図→創発→制度化の繰り返しの中で，ＩＴの意味と利用方法が変化してきたのだ。

ＩＴ利用を通じて生じる創発的変化（意図せざるＩＴ利用法の出現）を誘発するだけでなく，それを組織に定着させ（制度化），さらに新しい創発を誘発することで，絶えざる組織変革を指向する情報化マネジメントは，従来の計画実行

型ではなく,「即興演奏型 (improvisation)」と呼ばれる。

　e時代の情報化マネジメントの特徴は,ITの利用を通じて,自らを制約してきた思い込み (self-impose) の存在に気づき,さらに,それを変更することによって,活動そのものを再構成することにある。言い換えれば,日常の業務活動の遂行においてITを利用する中で,状況に埋め込まれた意味ないし関係性に気づくことが,ITの意図せざる活用（創発的活用）を生み出す点が,e時代の即興演奏型情報化マネジメントの本質なのだ。この限りにおいて,ネットワーク時代の情報化のキーワードは,効率や競争優位性ではなく,内省 (reflection) といえる。われわれは,「意識化の論理」と呼んでいる（古賀＝松嶋,1999）。

　意識化の論理では,理想像をあらかじめ描くことはできない。言い換えれば,実践現場における創意工夫を誘発することが総てなのである。図表15-1は,従来の情報化原理（効率化の論理）と意識化の論理の相違点を整理したものである。

　意識化の論理の本質は,現場のワーカー自身が,自らの働き方を意識的に見直し,暗黙の仮定を変更することにある。もちろん,たんにITの導入しただけでは,意識化を誘発することはできない。また,たんに自由奔放にITを利用させれば,意識化が促されるわけでもない。つまり,個々人に課せられたタスク内容の明確化,タスクの意義についての理解と納得に基づく主体者意識と責任感の醸成などが不可欠である。この限りにおいて,創発を誘発する環境は,合理性の欠如とは異なることが分かる。むしろ,創意工夫を誘発する源泉は,明確な目的意識,強い責任感に裏付けられた個人,すなわち自律した個人ということになる。

　したがって,意識化の論理の焦点は,情報化が組織内部効率を改善するといった因果関係の解明ではなく,組織成員の自律性や挑戦意欲を醸成するための仕組みと仕掛け,すなわちIT利用環境づくりにおかれることになる。言い換えれば,ITと従属変数や独立変数として捉えるのではなく,媒介変数として位置づけ,触媒機能が有効に働くような環境作りが,意識化の論理の中心課題ということになる。

図表15−1　情報化を支える2つの論理

	効率化の論理	意識化の論理
メタファー	譜面に忠実な演奏と譜面作り	即興演奏
背景となる科学観	合理主義	近代科学を越えた科学観
情報化の狙い	効率化・省力化・合理化	組織の活性化，個人の意識改革
情報化の対象	明確に規定できる事務作業	対象は予測できない
情報化の焦点	理想像の具体化と実現	創意工夫・創発的行為の誘発
ITの位置づけ	客観的存在	主観的（状況依存的）存在
IT活用の焦点	制約範囲内での工夫	常識の打破
重要となるIT特性	技術的側面	状況的側面
中心となる情報観	情報を「現実の写像」と認識	情報を「構成物」と認識
情報の所在	職位に依存（上層情報観）	行為主体に密着（現場情報観）
情報保有の態度	情報の所有を重視	情報の共有を重視
情報解釈の態度	意味の抽出	意味の創造
情報解釈の枠組み	既存の枠組み	常識を打破する
情報活用の焦点	組織に蓄積された情報の再利用	活動・対話を通じた情報の解釈
情報化の意義	不確実性の削減	確実性の向上
問いかけのタイプ	What；How	Why；WOW
組織学習のタイプ	既存組織文化の強化	既存文化の忘却，新文化の創造
意図せざる変化	避けるべき問題	創発のチャンス，望ましいもの
変化のタイプ	静的	動的

　さて，図表15−2に，上述してきた情報化概念の特徴を整理しておく。このとき，重要なことは，実際の情報化概念は，効率化と意識化という2つの論理を両極とする直線上に位置づけられる点である。したがって，インターネットの商用化を境に，2つの論理が対立しているわけではない。

　最後に，意識化の論理に従えば，加護野（1990）が指摘する「情報化のパラドクス」や一般に指摘される「生産性のパラドクス」は，常識や慣習といった暗黙の制約の下での生産性を議論しているにすぎず，近年の情報化の意義を把握するには不十分である点を指摘しておきたい。加護野（1990）は，情報化が

図表15-2　情報化概念の変遷

情報化概念	EDPS	MIS, OA	SIS	BPR	ネットワーク組織
年代	1950年代	1960年代	1980年代後半	1990年代	1990年代後半～
情報化の狙い	合理化省力化	知的判断能力の補強増大	競争優位獲得	組織変革	組織成員の意識改革
評価基準	組織内部効率		行動結果の妥当性		間主観的創発
情報化のカギ	内部効率の改善（効率）		価値創造（効果）		即興演奏の誘発
情報化を支える論理	効率化の論理				意識化の論理

進めば進むほど，IT以外の要因が競争優位性獲得の鍵になるというパラドクスを指摘している。また，情報化は生産性向上に貢献していないという生産性パラドクスが広く認識されている。しかし，これからの情報化の焦点は，生産性と直結しない領域，すなわち組織成員の意識変革によるイノベーションの想起を重視する方向に進むと考えられる。それゆえ，結果を示す評価尺度にかわるプロセス評価尺度の確立が要請されている。絶えざる革新とは，累積経験（積分）ではなく，その場その場のベクトルの方向性（微分）から生み出されるものなのだ。

第4節　eビジネス原理——もうひとつの経営情報論——

1　ビジネス設計思想における意識化の論理

　意識化の論理は，企業内部だけに作用するものではない。消費者行動，ビジネスの在り方を大きく変える可能性を潜んでいる。とりわけ，一方で全く新しいビジネスを創造し，他方では既存のビジネス論理を徹底的に破壊してきたインターネットは，ビジネスにおける意識化を進める可能性を秘めている。

　eビジネスが本格化してきたのは，1995年頃である。ホームページ閲覧ソフトを無料で配布して注目を集めたネットスケープ社，ホームページ検索サービスのヤフー，書籍通販のアマゾン・ドット・コムなど画期的な事業モデルが登

場してきた頃である。1997年頃には，GEなどの既存企業がネットに相次いで参入し，第2世代インターネット戦略として注目された。さらに，1999年末には，ソニーやイトーヨーカ堂グループが銀行業に参入を表明するなど新たな革命が進展しつつある。このように，インターネットを利用したビジネスは，わずか数年の間に大きな変化を示している。

ところで，インターネットを利用したビジネスでは，従来の中核部門を廃止ないしアウトソーシング（外部委託）する企業が少なくない。たとえば，営業部を廃止しインターネット取引に特化した松井証券，製造部門を持たない（ファブレス）パチンコ台メーカーのダイコク電機，人事や経理部門を外部委託した金型商社ミスミなどがあげられる。業界の常識は世間の非常識と指摘する風雲児の登場，既存の制約を打破する挑戦的企業の出現の背後には，意識化の論理が見え隠れしている。

もちろん，ビジネスモデル革命の嚆矢は，インターネット以前から存在している。しかし，インターネットの登場が，このような革命の灯火を燎原の火として大きく拡大していく強力な推進力となったのだ。

2　つながり，曖昧化，対話

ところで，周知の通り，インターネットは，米国軍隊の重要情報が蓄積されている大型コンピュータをソビエト連邦（当時）のミサイル攻撃から防御する仕組みとして取り組まれたコンピュータネットワーク研究に淵源をもつ。ところが，管轄機関が，米国陸軍部局のARPAから全米科学財団（NFF）に移行したことを契機に，科学振興目的のネットワークとして利用されるようになった。さらに，1991年には，ソビエト連邦の崩壊を機に，ネットワークが一般に開放され，インターネット革命の幕が開けたのである。

このとき，インターネットとは，コンピュータネットワークどうしのネットワーク，つまり互いに結びついている状態（connection）を指すものである。このことが，インターネットの本質である。したがって，これがインターネットだという実体は存在しない。そのために，eビジネスにおいても，つながりが

重要なキーワードとなる。

　以下では，つながりと意識化という2つのキーワードを手がかりに，eビジネスの本質を探ることにしよう。

　まず第1に，ビジネスの背後に存在する経済性が，規模の経済性や範囲の経済性から，つながりの経済性，スピードの経済性に移行したことである。ビットの重要度が増すにつれて，規模の拡大による量産効果や資源の多重活用による効率性から，利用者数拡大が価値を生み出すネットワーク効果，品切れ過剰在庫の回避や在庫回転率アップなど変化対応の迅速さが生み出す効果に中心となる経済性の比重が移動しつつある。

　第2に，ビットとアトムの融合は，経験経済（experience economy）と呼ばれる経済原理を生み出す。製品価値に占めるビットの比重が高まるにつれて，製品の消費欲望（購買動機）は，恣意性と回顧性を高めていく。恣意性とは，価値を測定する客観的尺度が存在しない性質を指す。他方，回顧性とは，モノを消費することによって初めて，その価値を理解できるという性質を意味する。このとき，梅棹（1958）が指摘するように，情報の価値は，お布施と同じで，それを施す（享受する）人によって変わってくる。そのために，恣意性が高くなる。しかも，目に見えないビットの価値を確かめるためには，ひとまず使用してみなければならない。使用経験に基づく価値の認識なしに，製品を評価することはできないのだ。

　第3は，製品価値を創造する活動の決め手が，計画段階や製造過程から，販売という真実の瞬間や販売後の顧客の利用経験に移行したことである。つまり，デジタル経済の下では，予め消費欲望を分析し，それに適合する形で製品を企画する方法は適切でない。消費欲望，製品価値の双方が当該製品の使用という状況に埋め込まれているために，恣意性と回顧性を誘発する仕掛け作りが重要になってくる。それは，製品使用を促すための無料サンプル（場合によっては製品そのもの）を配布する，顧客が製品の利用経験を語る場を作るなどがあげられる。これが，第3の特徴である。いわば，製品訴求属性と購買動機の結合（製品と顧客の結合）ということになろう。

第4は，プロシューマーないしコンデューサーの出現である。作り手と買い手，もしくは買い手とプロデューサーの曖昧化である。つまり，作り手と買い手が相互に深くつながることにより，両者は対立する存在ではなく，共に成長し学習していくパートナーと見なされるようになった。言い換えるならば，製品価値の利用者から協同創造者に顧客の役割が大きく移行したのである。

　第5に，顧客同士のコネクションである。顧客同士の結びつきは，ある種のコミュニティを形成し，その中でのみ通用する価値観を創造する傾向が強い。その結果，特定の価値観に支えられた製品評価がなされるようになり，その恣意性が強まっていく。「ちょっと格好いい」という製品特性は，恣意性ゆえに脆弱（fragile）であるが，いったん人びとの間でその価値観が認められれば，その価値観は確固たるものになってくる。つまり，工業社会のように希少性に価値があるのでなく，多くの人びとが所有していることが，価値を生むのだ。

　しかし，価値観は，恣意的であるがゆえに一見しただけでは，理解できないことが多い。そのために，使用経験を重ねながら，納得していく過程が重要になる。人間は，製品を利用した結果，感動したことがあれば，他人に語りたくなる存在である。また，製品購買の決め手は，使用経験豊かな知人のアドバイスに依存する傾向にある。口コミの効果である。アップル社では，自社製品を宣伝してくれるヘビーユーザーを伝道者と呼んでいる。

　おそらく，製品の良さを語る言葉としては，体験談ほど説得力があるものはないだろう。とくに，製品価値の決め手が，製品の物理的機能から目に見えない属性に移行すればするほど，製品の使用経験が重要になってくるために，ヘビーユーザーの体験談の意義は大きい。また，伝道者をネットワーク化することに成功すれば，彼らの口コミの熱意は益々高まるであろう。

　以上見てきたように，eビジネスは，たんに時空間を圧縮することによる市場ないし商圏の拡大を意味するだけでない。たしかに，実際に店頭に出かけなくても，インターネット経由で何時でも何処からでも商品を購入できるようになった。しかしながら，重要なことは，作り手と買い手が対話を通じて，創発的に意味を見出す過程に深く関わっている。この限りにおいて，意識化の論理

図表15-3　ビジネス原理の変遷

	従来のビジネス	eビジネス
製品価値のシンボル	アトム	ビット
中心となる経済性	規模・範囲	コネクション・スピード
製品価値の決め手	物理的機能，付属属性	使用経験
価値の創造の源泉	計画－製造－販売	販売後の製品利用
顧客の位置づけ	ターゲット	パートナー，組織貢献者
顧客の役割	コンシューマ	プロシューマ，コンダクター
マーケティングの焦点	ブランドロイヤリティ関係性構築	コミュニティの創造
利用者増大の影響	製品の魅力と価値は後退	製品価値の増大 新たな利用機会の創造
成長曲線	S字曲線	指数関数
収益性	収穫逓減	収益逓増
成長のパターン	計画された拡大	創発的爆発

が重要な役割を担っているといえる。上記の5つの特徴は，図表15-3は，従来のビジネスとeビジネスの原理の相違点を整理したものである。

（問題1）　インターネット上のショップを取り上げ，経験経済，顧客コミュニティなどの項目から評価してみよう。

（問題2）　ビットの比重が高い製品の具体例を挙げてみよう。また，製品価値の比重をアトムからビットに移行した具体例を考えてみよう。

〔参考文献〕

秋葉　博「経営情報戦略の展開」（秋葉　博編『経営情報戦略の展開』中央経済社，所収）1991年。

秋葉　博「FAアプローチ」『オフィスオートメーション』5～2ページ，1984年。

Hammer, M and J. Champy, *Reengineering the Corporation,* Happer Business, 1993（野中郁次郎監訳『リエンジニアリング革命』日本経済新聞社，1994年）．

古賀広志「サービス経営システムの構築」（寺本義也ほか編『サービス経営』同友館，

所収) 1999年。
古賀広志「収益逓増経営の戦略モデル」(原田保ほか編『デジタルストラテジー』中央経済社, 所収) 2000年。
古賀広志・松嶋　登「イントラネットを通じた現場の情報化」『流通科学大学年報』1999年。
加護野忠男『＜競争優位＞のシステム』PHP新書, 1999年。
庭本佳和「ＯＡ概念の生成と進化」『大阪商業大学論集』第69号, 1984年。
Orlikowski, W. and J.D. Hofman "An Improvisational Model for Change Management" *Sloan Management Review,* 1997年。
辻　新六「ＳＩＳブームはなぜ去った」日経情報ストラテジー 1993年11月号。
Wiseman, C., *Strategic Information Systems,* Irwin, 1988.（土屋守章・辻　新六訳『戦略的情報システム』タイヤモンド社, 1989年）
Venkatraman, N, "IT-Induced Business Reconfiguration"(in ScottMorton, M.E. ed. *The Corporation of the 1990s* Oxford University Press) 1991.（宮川公男監訳『1990年代の経営』富士通ブックス, 1992年）
Walton, R.E., *Up and Running,* Harvard Business School Press, 1989.（高木晴夫訳『システム構築と組織整合』ダイヤモンド社, 1993年）

第16章　国際経営戦略

第1節　グループ企業経営と海外持株会社

　企業にとって，傘下の海外子会社や関連会社をいかにネットワーク化し，戦略的・効率的に運営するかはグローバル戦略上重要な課題となる。グループ企業の経営組織が，製品別・地域別等の縦割り組織で硬直化していたり，親会社と子会社が，旧態依然とした母娘（mother-daughter）構造[1]にあり，十分にネット・ワーク化されていないような場合には，経営戦略上重大な支障をきたすことになる。

　企業が海外事業の再編成を進める際の有効な手法として，海外持株会社の機能活用が考えられる。たとえば，グループ企業の海外投資部門を本体から分離して，海外投資事業の管理・運営を海外に設立した持株会社を通じて行うなどの方法である。

　まず，その辺の検討から入ることにしよう。この場合，海外持株会社が主体となって，海外投資事業の利益管理や配当金・金利・ロイヤルテイの受取等を行うことになる。

　海外投資事業を分離して，海外持株会社に移管する狙いは何であろうか。このような場合，グローバル税務戦略の一環として実施されることが多い。

　それでは，まず具体的なスキームの検討から入ろう。

　これは外国税額控除制度[2]をフルに活用する狙いで，英国に持株会社を設立した事例である。この持株会社にとって，海外の事業主体が国外で支払った税額を全額フルに英国で税額控除できる状況が最も望ましい。この場合，国外で支払われた税額を英国で費用として損金算入するよりは，じかに「税額控除」

する方が一般的には有利であろうが、いずれを選ぶかは、英国では納税者のオプションとなっている。ただし、税額控除の場合には、年度繰越が認められないが、費用控除する場合には、年度繰越が認められる。

そこでグループ企業の中で、海外投資事業部門単独での収益性が高いような場合、事業部門単独の立場からすれば、当然「税額控除」の方を選択することになるであろう。

しかし、これをグループ企業全体の立場からみればどうであろうか。

海外投資事業部門の収益性は高いが、国内事業部門は赤字であるような場合を想定してみよう。そのような場合、赤字の国内事業部門には、もともと課税所得がない。

そこで、収益性の高い海外投資事業を、国内事業部門から分離して、海外投資事業専用の「受け皿」として海外持株会社を設立することで、より効果的な外国税額控除制度の活用が可能となる。

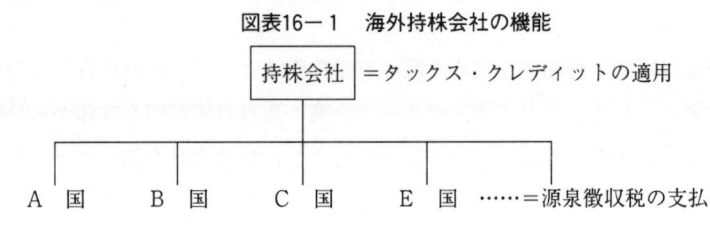

図表16－1　海外持株会社の機能

```
        持株会社    ＝タックス・クレディットの適用
    ┌─────┬─────┼─────┬─────┐
   A国    B国    C国    E国  ……＝源泉徴収税の支払
```

ここでこの英国持株会社が、いま一つ別の持株会社（子会社）を海外に設立し、取引をその海外持株会社を通じて行うという形態をとれば、どのような効果が期待できるであろうか。外国税額控除との関連で検討してみよう。

英国の持株会社が、本国で外国税額控除を受ける場合には、海外所得の「個別源泉」毎に外国税額控除が行われることになる。

そこで、たとえば；

①　A国で源泉徴収された税額が、英国での税額を上回り

②　B国で源泉徴収された税額は英国での税額を下回った

としよう。この場合①と②の税額はそれぞれ源泉が異なるので、英本国で両者をプールして外国税額控除を適用することは認められない。

つまり，①の外国税額控除未使用分で②の不足分を補填することは認められない。

このような不都合を回避するために，英国持株会社と投資先国との間に，別の海外持株会社をもう一つかませる方法が考えられる。

つまり，複数の投資先国からの受取金利・配当金等の所得を，この海外持株会社に一旦プールすることにより，投資先国毎に異なる源泉で，異なる適用税率で徴収された外国税額控除額の均一化が図られ，単一源泉所得となる。

このような機能を持つ海外持株会社をミキサー・カンパニー（mixer company）とよぶ。

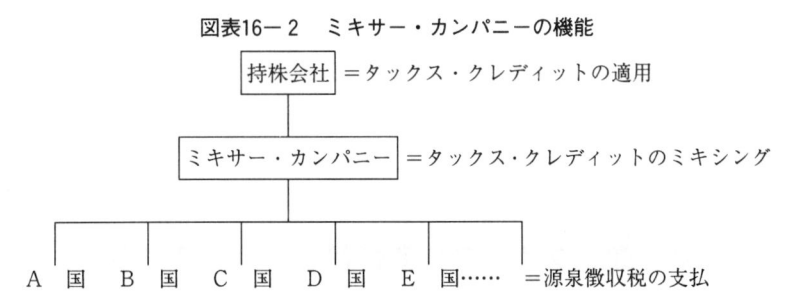

図表16－2　ミキサー・カンパニーの機能

```
         持株会社        ＝タックス・クレジットの適用
            │
      ミキサー・カンパニー  ＝タックス・クレジットのミキシング
    ┌───┬───┼───┬───┐
   A国  B国  C国  D国  E国……  ＝源泉徴収税の支払
```

それではどこの国（地域）にミキサー・カンパニーを設立すれば最も効果的であろうか。設立国を検討する上での要件としては；

(a)　租税条約ネットワークが完備している国
(b)　国外からの受取利子・配当等が非課税もしくは軽課税である国
(c)　為替が安定し外貨規制等がない国

などの要件があげられる。具体的にどのような国が候補に上がるのであろうか。

これらの要件を満たす国としてオランダおよびスイスが考えられる。

たとえば，オランダの持株会社から，金利・ロイヤルテイを国外に支払う場合には，源泉課税は課せられない。配当の国外送金には源泉課税が課されるが，対象国間の租税条約で「資本参加所得免税制度」が適用されておれば，税率が大幅に低減される。

「資本参加所得免税制度」とは，外国親会社によるオランダ子会社への出資

比率が5％以上の場合，そのオランダ子会社から外国親会社への支払配当金に課される源泉税率が免除・低減される制度である。たとえば，英国の親会社（持株会社）への支払配当金に対する，オランダでの源泉課税税率は5％に低減される。またスイスにある親会社への支払配当は非課税となる。オランダの持株会社が，「資本参加所得免税制度」の要件を満たしている場合，その持株会社が国外から受け取る配当金については，オランダでは課税対象とはならない。これを英国側からみればどういう効果が生じるであろうか。

この場合，英国持株会社（親会社）が，オランダ持株会社（子会社）から受け取る配当は英国ではすべてオランダ源泉とみなされることになる。

英国では，複数の投資先国が絡む場合，それぞれ源泉ごとに異なる税率が適用されることになるが，一旦オランダのミキサー・カンパニーでプールされミックスされた結果，オランダでの単一源泉所得とみなされ，英国持株会社（親会社）における税効果が向上することになる。

第2節　グループ企業経営とタックス戦略

1　連結納税制度[3]の活用

企業グループが，かりにX国に複数の現地子会社を持ち，それぞれ事業を行っているケースを想定してみよう。そこで，現地子会社Aは収益をあげているが，

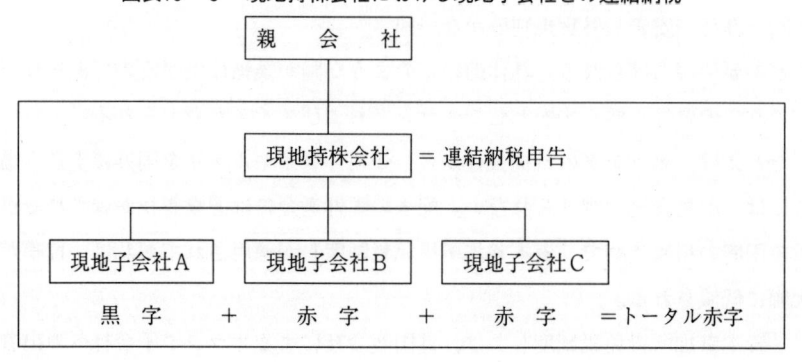

図表16-3　現地持株会社における現地子会社との連結納税

```
                    ┌─────────┐
                    │  親　会　社  │
                    └─────┬───┘
        ┌─────────────┴─────────────┐
        │         現地持株会社         │ ＝ 連結納税申告
        └──┬──────────┬──────────┬──┘
    ┌──────┴──┐  ┌────┴────┐  ┌──┴──────┐
    │ 現地子会社A │  │ 現地子会社B │  │ 現地子会社C │
    └─────────┘  └─────────┘  └─────────┘
       黒　字　　＋　　赤　字　　＋　　赤　字　＝トータル赤字
```

子会社BとCはともに赤字であるため，トータルとしては赤字であるような場合，子会社A，B，Cがそれぞれ個別に納税申告をするよりは，企業グループとして連結して納税申告を行う方がグループ全体としては有利であろう。

別のケースとして，現地子会社Dは累損を抱えているが，Dの親会社が別の現地企業E（ターゲット）の買収を考えているような場合を想定してみよう。

この場合，親会社としては，

① 被買収企業Eの収益から買収資金の支払金利を費用として控除すること
② 被買収企業Eの収益と子会社Dの累損を相殺する

この2点が認められればグループ企業全体としての税効果が向上する。

このようなスキームの構築を検討する上で，現地において連結納税制度が認められていることが大前提となる。

米国の場合，子会社のすべてが持株会社の傘下に入り，グループ企業全体として連結納税申告を行うことはむしろ一般的である。

またオーストラリアのように，現地子会社が，同一親会社の100％出資子会社である場合には，連結納税申告が認められている国もあり，その場合には，わざわざ持株会社を設立する必要はなくなる。

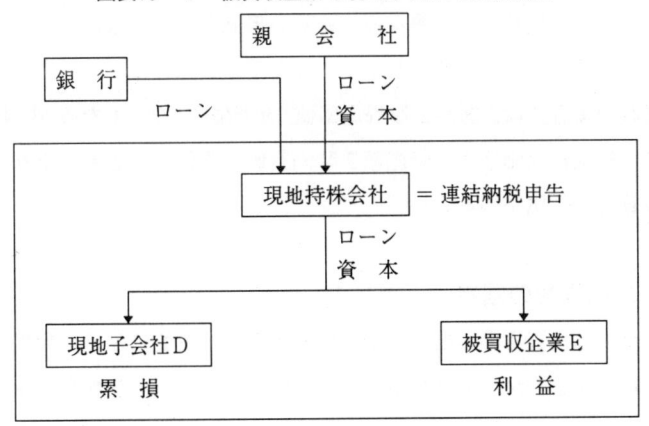

図表16-4　被買収企業と現地子会社の連結納税

このように，国によって多少内容が異なるが，連結納税制度は持株会社とともに，グローバル税戦略上重要なポイントとなる。

2 M＆Aと減価償却の問題

ここで少しばかり，減価償却の問題に触れておこう。

M＆A（企業の合併・買収）の場合，買収した資産の減価償却は税効果と密接なかかわり合いを持つ重要なテーマである。買収企業（買手）にとって，買収資産そのものの資産認識が十分に行われるかどうかは常に一大関心事である。十分な資産認識が得られれば，税法上償却対象となるからである。

税法上の償却制度は国によって異なる。被買収企業の事業用建物等の施設や無形技術資産はどのような扱いになるのであろうか。営業権等も償却の対象となるのかどうか。

これらは重要なチェック・ポイントである。たとえば，アメリカでは営業権等は償却の対象にはならないが，無形技術資産は耐用年数に応じて償却の対象となる。

スイスやオランダでは，無形技術資産の償却が大幅に認められているので，M＆Aで取得した無形技術資産を運用する上での適格国といえよう。

M＆Aの場合，被買収企業（ターゲット）の資産を買収するのか，株式を買収するのかによって税務対策も異なってくる。簿価と買収価格に差異がある場合，通常は買収価格にもとづき償却をするのが買手企業にとっては有利であろう。

資産買収の場合には，客観的な資産価値（契約価格）をともなうが，株式買収の場合には株式買収価格から資産額を時価評価する作業が必要となり，税務上，評価額の算定の問題が残る。

3 二重課税の回避

投資家が海外投資事業の配当を受け取る場合，一般的にみて，配当金が自国で課税対象となる方が，海外で源泉徴収される場合よりトラブルが少ないと言えよう。

投資先国で配当が源泉課税された場合，本国でタックス・クレディットや税の還付を受けるためには，投資先国と本国の間で租税協定が締結されていることが前提となる。

しかし現実的には，当事者国間でタックス・ネットワークが完備しているケースばかりとは限らない。持株会社の主な収益源が，海外子会社の配当金であるようなケースを想定してみよう。何らかの理由で，海外子会社での源泉徴収税額が，持株会社の本国における支払配当金に対する源泉課税額から控除されないような場合，（最終的に持株会社の，本国における法人税額から控除でもされない限り）二重課税を被る結果を招く。

これは英国のように，予納法人税（ＡＣＴ）[4]制度がある国で，しばしば問題となる。

英国では，配当支払等の利益処分を行う際には，支払金額の20／80をＡＣＴとして前納しなければならない。ＡＣＴは法人税の一部前払制度であるから，期末に法人税額から相殺することが認められているが，この相殺による控除額は課税所得の20％相当額が限度であり，それを超える額の控除は認められない。

そこで持株会社のように，主な収益源が子会社からの配当金である場合，相殺による控除限度額を超える部分につき，二重課税が生じるケースが懸念される。

海外投資事業に際しては，このようなトラブルから開放されるスキームの構築が求められる。たとえば，あらかじめ「出資者間協定」を結んでおき，収益の源泉と収益の配分の関係——つまりどの国の投資事業からあがる収益の配当なのか——をあらかじめ明確にしておき，株式（＝投資）と収益（＝配当）を，それぞれの源泉でリンクさせておく方法が考えられる。これは「配当アクセス株式」[5]方式と呼ばれている。

第3節　国際M＆Aの戦略スキーム

1　国際M＆Aの形態

　企業買収を検討する際，被買収企業（ターゲット）の資産を買収するのか，株式を買収するのか，まず方針を定めなければならない。買収交渉においては，当事者間での利害の対立が予想されるので，交渉の過程で妥協点を見出さねばならない。買手企業側が資産買収を望む場合にでも，一般的には，被買収企業側の株主は株式の売却を望む傾向が見られる。一般的に，資産買収の利点は，事業に必要な資産のみを選択して取得することにより投資資金の効果的運用が可能となる点である。不利な点としては，様々な書類を作成して個々の資産を買収するため契約事務等が煩雑となる。また，株式取得と異なり，税務上の欠損金を継承することができない。他方，株式取得の利点としては，株式の売買契約書のみで会社全体の買収・譲渡がなされるため，手続きが簡単である。ライセンス契約やフランチャイズ契約等，契約上第三者への譲渡に制約がある権利の譲渡も可能となる。

　不利な点としては，財務諸表に現れない偶発債務等を引き継ぐリスクがある。これを買手・売手それぞれの立場から検討してみよう。

(1)　買手企業の立場

　買手企業が資産買収を望む理由として，まず，資産の買収価格そのものが，資産の客観的評価基準となる点があげられよう。買手企業は買収価格をベースとして，税法上認められた償却を行うことが可能となる。買収資産の中から，不要部分を後日部分的に処分するような場合にも，買収に伴う資産の増加額から，処分に伴う資産の減少額を差し引くことで，税務会計処理上の客観性が維持される。

(2)　被買収企業（株主）の立場

　被買収企業（株主）にとって，タックス・ライアビリティ（税債務）の軽減は重大な関心事である。資産や株式の売却にともないキャピタル・ゲインが生じ

た場合，その売却益は課税対象となる。資産売却の場合には簿価が取引収益の評価基準となり，株式売却の場合には株式の市場価格が収益の評価基準となるが，通常の場合，被買収企業の株式の市場価格（外部評価基準）が資産の簿価（内部評価基準）より高い。そこで，売却収益に対する課税額の低減を図るためには，外部評価基準の高い株式の売却の方が，内部評価基準の低い資産の売却より，一般的には有利であるといえよう。

また以下述べるように，株式交換にともなうキャピタル・ゲインは，米国では，株主がその取得した株式を実際に処分する時点まで「税の繰延べ」が認められている。

2　株式交換方式によるM＆Aスキームの構築

(1)　取引の対象が被買収企業の株式である場合，取引にともない生じるキャピタル・ゲインは課税対象となる。そこで被買収企業の株主にとっては「税の繰延べ」が課題となる。いわゆる「税の繰延買収」（tax deferred acquisition）のスキーム構築が求められる。

この場合，被買収企業の株主が，その売却株式の対価として，買手企業の株式を取得すること（株式の交換）が要件となる。

すなわち，被買収企業の株式と買手企業の株式との交換（share－for－share exchange）の要件を充足すれば，米国では株式を交換した時点でのキャピタル・ゲイン課税が猶予されることになる。つまり，被買収企業の株主が，対価として得た外国親会社の株式を，実際に処分する時点まで課税が猶予されることになり，その間延税効果が生じる。

それでは株式交換による「税の繰延買収」の具体的なスキームを検討してみよう。

まず典型的なスキームが「トライアングル合併」（Forward Triangular Mergers）である。トライアングル合併は，以下の三段階方式で実施される。

第1ステップ
　　外国親会社が米国子会社（NEWCO）を株式交換により新設する。

つまり，外国親会社が米国にNEWCOを新設し，親会社の株式とNEWCOの新株式を交換する。

第2ステップ

NEWCOに米国の被買収企業（ターゲット）を吸収合併させる。

被買収企業はNEWCOに吸収合併され消滅し，被買収企業の資産・負債はNEWCOが継承する。

第3ステップ

被買収企業の株式と外国親会社の株式を交換する。

図表16－5　トライアングル合併

第1ステップ：外国親会社と米国子会社（NEWCO）の株式交換

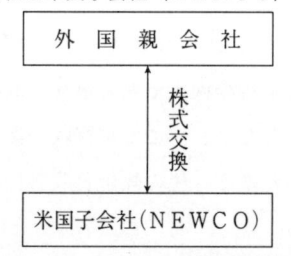

```
        外 国 親 会 社
            │
         株式交換
            │
      米国子会社(NEWCO)
```

第2ステップ：米国子会社（NEWCO）と被買収企業の合併

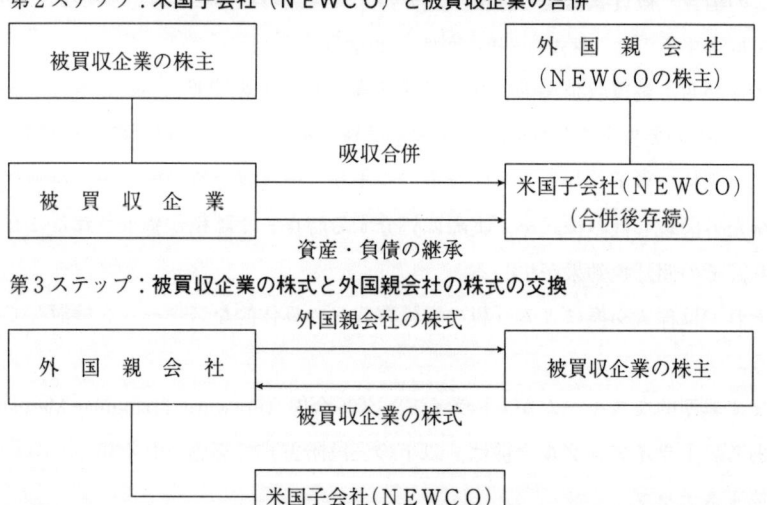

```
  被買収企業の株主              外 国 親 会 社
                              （NEWCOの株主）
        │                           │
        │         吸収合併           │
   被 買 収 企 業  ──────────→  米国子会社(NEWCO)
                                （合併後存続）
              資産・負債の継承
```

第3ステップ：被買収企業の株式と外国親会社の株式の交換

```
               外国親会社の株式
   外 国 親 会 社  ←──────────  被買収企業の株主
               被買収企業の株式
        │
   米国子会社(NEWCO)
```

（合併後の存続会社として被買収企業の資産・負債を継承）

つまり，被買収企業の株主は，株式売却の対価として，外国親会社の株式を取得する。被買収企業の株主は，（対価として取得した）外国親会社の株式を，実際に売却する時点まで税の繰延べが認められ，その間延税効果を享受できる（図表16－5参照）。

(2) それではトライアングル合併のスキームを構築する上での要件はどうであろうか。

米国内国歳入法の定める要件は；

① 米国子会社（NEWCO）が被買収企業の実質的にすべての資産を取得すること

　実質的にすべてとは，純資産（net assets）の90％以上，総資産（gross assets）の70％以上を指し，それらの資産が適正市場価格（fair market value）で米国子会社に移転されることが条件となる。

② 合併の目的が租税の回避ではないこと

　業務上の目的による合併であり，租税の回避が目的ではないこと

③ 被買収企業の株主は，売却価格の50％以上に相当する外国親会社株式を，適正な市場価格で取得し，継続的（原則として2年以上）に保有しなければならない。

④ 買収後も被買収企業の業務を継続すること

などが義務づけられている。特に非居住者（外国法人）による企業買収の場合には，米国の被買収企業の株主が，次の要件のいずれか一つを満たす必要がある。

いずれの要件も満たさない場合には，株式交換にともなうキャピタル・ゲインは株式交換時に課税対象となる；

① 被買収企業の一株主が交換により取得する株式が，交換の時点において，外国親会社の発行済み普通株式の5％未満であり，かつ，時価総額の5％未満であること。

② 被買収企業の株主の累積保有株式が，株式交換の直後における外国親会社の普通株式数の50％未満であり，かつ，時価総額の50％未満の場合，株

式交換による株式の保有が①で規定する5％を超えていても，ただちに課税対象とはならない。

　この場合，株主は税務当局と交換後5カ年のキャピタル・ゲインにかかわる協定を結ぶことが義務づけられる。

③　被買収企業の株主の累積保有株式が，株式交換の直後，外国親会社の普通株式の50％を超えるか，もしくは時価総額の50％を超える場合，株式交換による株式の保有が①で規定する5％を超えても，ただちに課税の対象とはならない。

　この場合，株主は税務当局と交換後10カ年のキャピタル・ゲインにかかわる協定を結ぶことが義務づけられる。

(3)　最後に，このトライアングル合併（forward triangular mergers）の長所・短所まとめてみよう。

①　トライアングル合併の利点
　(a)　株主が対価として取得する外国親会社の株式は，議決権付株式（voting stock）に限定されない点。
　(b)　トライアングル合併の場合，株主は外国親会社の株式以外のもの，たとえば部分的に現金を対価として受けることも認められている。ただしその現金ポーションはすぐさま課税対象となる。

②　トライアングル合併の短所
　(a)　外国親会社の株式が，米国の株式市場で上場されていない場合，後日，売手が処分する上で不便である。
　(b)　外国親会社の株式および配当金が外貨建であるため，為替エクスポージアーが生じる。
　(c)　配当が源泉課税されるリスクがある。
　(d)　（株式交換の場合，買収資金を調達する必要がないが）借入金金利等の買収資金コストの損金算入が認められない。

> **(問題 1)** 次の用語を簡潔に説明しなさい。
>   外国税額控除制度・連結納税制度
>
> **(問題 2)** 「母娘構造」とはどのような経営組織か。それはグループ企業の経営にどのような影響をもたらすのか。またそれをどのように改善すればよいか。

(注)
1) 母娘構造

　旧型の多国籍企業のマネジメント方式・組織構造。海外子会社は自己完結的なプロフィット・センターとして自立的に運営され、海外子会社の支配人は本社から与えられた権限と責任の範囲内で意思決定を行いパフォーマンスを評価されるので、子会社の支配人は子会社自体の利益の極大化のみに専念すればよかった。組織構造としては直接報告 (direct reporting) 方式が取られ、しばしば本社経営者と海外子会社支配人との間の信頼関係などの属人的要素が重視されたことから、母娘 (mother－daugher) 構造と呼ばれた。交通・通信手段が未発達な時代のマネジメント形態であり、支配人はいわば全権大使的存在であった。情報・通信技術の発達した現在の多国籍企業の経営では、グループ企業全体としてのネットワーク化が求められており、海外子会社はグループ企業全体の戦略・組織構造に組み込まれる必要がある。税務戦略もこのようなグループ企業全体の利益政策の中に組み込まれるべき一要素と言えよう。

2) 外国税額控除方式

　「外国税額控除方式」とは所得の源泉地国で課税された租税を自国の租税から排除する方式のこと。なお、源泉地国で生じた所得を課税の対象から排除する方式を「所得免除方式」という。わが国は前者 (外国税額控除方式) を採用している。

　多国籍企業は (世界中での所得を対象とする) 本国における課税 (居住地国課税) と外国において生じた所得に対する課税 (源泉地国課税) の双方を二重に受けるリスクがある。このような二重課税のリスクを排除するために、居住地国と源泉地国が、両国間にまたがる経済活動や商取引について、その課税の様態を明らかにし、二重課税を排除するためのルールを定めたものが「租税条約」である。

3) 連結納税制度

　わが国の法人税は個々の企業を課税の単位として、その法人に対して課税することを基本としている。他方、企業会計における連結財務諸表制度の重要性の認識は、連結納税制度導入への要望に転化している。米国・EU加盟諸国では連結納税制度等のグループ税制が導入されている。企業グループの組織再編成に際して、税が中立的となる連結納税制度の導入は、わが国企業の国際競争力維持の観点から不可欠

とする声が産業界を中心に根強い。

4) 予納法人税（ACT）

英国法人が配当金の支払を行う場合，予納法人税が課税される（法人税法第14条）。税率は20／80であり，配当時に「法人税の一部」として前払することが求められる。これは源泉税ではないので，会社が配当を行う際には，あらかじめ，配当金プラス予納法人税額相当の資金を用意しておかなければならない。

予納法人税の申告・支払は各四半期末および年次決算後に行う。

受取配当がある場合には，そのタックス・クレデイットと予納法人税の相殺が認められている。ただし，相殺には限度があり，相殺限度は税額所得の20％までとなっている。

5) 配当アクセス方式（トラッキング・ストック＝ＴＳ）

特定の事業部門の業績に直結した株式。企業は分社化などで組織形態を変更することなく，事業部門への直接の経営権・支配権を維持したまま資金調達が可能となるメリットがある。企業の機動的な資金調達とストックオプション等の成果主義型の報酬制度導入へのニーズに合致した制度と言われる。米国では新規にＴＳの株主を募集したり，既存の株主にＴＳを割り当てることも可能。配当額や議決権は定款で規定している。

索　引

(A～Z)

A・H・マズロー ……………………131
ABC分析 …………………201, 202
AIDMAモデル ……………………172
AMA ……………………………163
BPR ……………………………264, 265
CIM ……………………………211
CIMシステム ……………………211
CIO ……………………………263
CP ……………………………228
CS倫理 …………………………167
DSS ……………………………258
eビジネス ……………………269, 272
EDPS …………………………256, 257
E-JIT …………………………209
ENIAC …………………………256
EVA（経済的付加価値＝Economic Value Added）………………10, 234
FA ……………………………211
F・E・フィードラー ………………137
F. W. テイラー ……………………81
H. ファヨール ……………………82
IDP ……………………………257
IE ……………………………206
IR ……………………………218, 223～235
ISO（国際標準化機構＝International Organization for Standardization）…15
ISO14001 ………………………235
JIT ……………………………207
LPC（Least Preferred Coworker）＝最も好ましくない協働者）尺度……137
M&A（企業の合併・買収）………219, 280
MA ……………………………210
Management Theory Jungle ……77
MIS …………………………257, 258
MM ……………………………229
Mothers ………………………75
MRPシステム ……………………201, 209
NASDAQ ………………………75
Nasdaq Japan …………………75
NPO（非営利組織）………………39
OA ……………………………211, 258, 259
OEM（original equipment manufacturing）………………7
Off-JT ………………………159
OJT …………………………159
OR（operations research）………8
PA ……………………………210
PL（Product Liability＝製造物責任）…15
Plan-Do-See …………………232
PPM …………………………195
R&D …………………………233
R. C. デイヴィス …………………82, 83
SIS …………………………259, 264
SISの神話 …………………………262
VA／VE ………………………201
VBM …………………………232
WACC ………………………230, 234

(あ)

アウトソーシング ………………206
アニュアル・レポート ……………234
粗付加価値 ………………………7
安全係数 ………………………203, 204
安全在庫 ………………………203, 204
安全の欲求 ………………………132

(い)

委員会設置会社 ……………………31
異業種交流 ………………………71, 72
意識化の論理 ……………………267, 268

異種交配 …………………………122, 123
1年基準 ……………………………………220
一連の意思決定とその整合性 ………100
一般環境 ………………………………………98
インキュベーター ……………………74, 75
インセンティブ・システム ……………233
インベスター・リレーションズ……………
　218, 223, 234, 235

(う)

ウオンツ ……………………………………168

(え)

営業活動 ……………………………………217
営業活動によるキャッシュ・フロー …223
営利社団法人……………………………………25
営利性……………………………………………25
エクイティ・ファイナンス ………239, 244

(お)

オープン・システム ……………………140
オペレーショナルエクセレンス …259, 261

(か)

会員奉仕組織……………………………………40
海外子会社 ……………………………………281
海外持株会社………………………………275～277
開業率……………………………………………73
外国税額控除 ……………………………276, 277
外国税額控除制度………………………………275
外国税額控除方式………………………………287
外注 ……………………………………64, 205
外注管理 ……………………………………205
外注利用 ……………………………………206
解凍 ……………………………………………142
開発スピード ……………………………186
開発フェイズのオーバーラップ …123
回避型 ………………………………………134
外部環境 ………………………………………14

外部給付価値 ……………………………………7
外部不経済 …………………………………166
科学的管理……………………………………85
革新的解決方法 …………………………135
加重平均資本コスト ……………………230
カタログ販売方式 ………………………103
価値 ………………………………………169
価値創造計算 ……………………………………6
過程的職能管理……………………………………90
株式会社………………………………………29
株式関連債 …………………………242, 247
株式交換 ……………………………284～286
株式譲渡制限会社………………………………30
株式相互持ち合い …………………244, 247
株主資本主義 ………………………………235
株主総会の形骸化………………………………37
株主代表訴訟………………………………………37
株主の機関化現象………………………………37
株主割当 ……………………………………242
借入金 ………………………………………228
借入れ ……………………237, 241, 246, 252
簡易発注方式 ……………………………205
環境……………………………………………14
環境会計……………………………………235
環境循環型 …………………………………207
環境報告書 …………………………………235
環境倫理……………………………………167
関係性マーケティング …………………169
カンパニー制 ………………………………123
かんばん ……………………………………208
かんばん方式 ……………………………208
管理的職能……………………………………82
官僚制組織 …………………………………114
官僚制の逆機能 …………………………114

(き)

ギアリング効果 …………………………228
機械的組織 …………………………………115
機会費用……………………………………230

索引 291

期間回収法 ……………………232
期間損益 ………………………221
企業 ………………………………3
起業 …………………………70, 72
起業家 ……………………………70
企業家精神 ………………70, 72, 73
起業家精神 ……………………119
企業価値の極大化 ……………215
企業価値の創造（ＶＢＭ＝value based management）……………9
企業価値の長期極大化 ……216, 218
企業ガバナンス …………………37
企業環境 ………………………98
企業合同 ………………………23
企業市民(corporate citizenship)……216
企業集中 ………………………23
企業体制 ………………………23
企業ドメイン …………………101
企業の環境適応行動 ……………99
企業の税引き後の純営業利益（ＮＯＰＡＴ）……………234
企業連合 ………………………23
擬似資本金 ……………………124
技術 …………………44, 46, 49
技術革新型下請中小企業 ………60
基準日程 ………………………200
規範理論 ………………………163
規模の経済 …………………86, 92
基本財務諸表 …………………220
基本集約化 ……………………63
基本的な意思決定 ……………100
基本目的 ………………………215
逆行負荷法 ……………………199
キャッシュ・フロー …………217
キャッシュ・フロー経営 ……218
キャッシュ・フロー計算書 …220, 223, 225
キャピタル・ゲイン …………285, 286
キャピタル・ゲイン課税 ……283
キャリア管理 …………………148

キャリアの複線化 ……………154
共益権 …………………………29
狭義の生産管理 ………………193
狭義の労務管理 ………………90
競争優位 ………………………96
共通目的 ………………………128
協働 …………………………110, 127
協働意欲 ………………………128
協同組合 ……………………23, 24
協働体系 ………………………128
協働の条件 ……………………110
局所的最適化 …………………120

（く）

組立生産 ………………………196

（け）

経営 ………………………………3
経営委員会 ……………………35
「経営管理」職能 ………………13
経営管理責任 ……………………5
経営管理の構成 ………………92
経営管理の生成 ………………79
経営管理の定義 ………………78
経営財務 ………………………215
経営資源 …………………147, 148
経営職能 …………………10, 81
経営職能管理の生成 ……………87
経営職能進化論 ………………82
経営職能の過程的分化 …………89
経営職能の管理 ………………82
経営職能の分化 ………………83
経営成果 …………………………6
経営成績 ………………………221
経営戦略 ………………15, 16, 95
経営の要素 ……………………10
経営の要素的職能 ……………89
経営目的 …………………4, 78, 215
経営理念 ………………………101

経験経済 …………………………271
経済的付加価値 …………………234
継続企業(going concern) ……………6
原価管理 …………………………194
原価計算制度……………………85
現金収支概念 ……………………230
現在価値 …………………………230
現代経営管理の構造……………88
現品管理 …………………………200

（こ）

公益性……………………………13
公害………………………………14
公開会社…………………………30
高加工度・高付加価値化………60
公企業……………………………24
広義の生産管理……………90, 193
公共性……………………………13
公共奉仕組織……………………40
合資会社…………………………27
公式化 …………………………113
公式組織 ………………………128
工場管理 ………………………195
工場計画 ………………………198
工数 ……………………………199
工数計画 ………………………199
構成員課税………………………27
構造改善…………………………66
工程 ……………………………198
工程エンジニアリング ………188
工程管理 …………………194, 198
工程計画 …………………198, 199
工程統制 …………………199, 200
合同会社…………………………26
行動の変化 ……………………142
行動理論 ………………………137
購買………………………………64
購買管理 ………………………202
購買代理店 ……………………103

公募 ……………………………242
合名会社…………………………26
効用(utility) ……………4, 78, 215
効用関数(utilityfunction) …………8
効用極大化説 ……………………5
コーポレート・ガバナンス(corporate governance＝企業統治)………10
顧客にとっての商品の価値……97
国際標準化機構 ………………235
後工程引取り方式 ……………208
個人企業…………………………26
個人属性 …………………45, 48, 51
固定資産 ………………………220
固定負債 ………………………220
個別生産 ………………………197
コマーシャルペーパー ………228
コミュニケーション …………128
5要因モデル …………………105
雇用管理 …………………148, 151
雇用者(有給専従職員)…………41
コンティンジェンシー(contingency)モデル ………………………137
コンテクストの創造 …………135
コンデューサー ………………272
コンピテンシー …………156, 157
コンフリクト ……………133, 135
コンフリクトの解決の方法 …133

（さ）

サービス(service) ………………19
サイエンス・パーク ………74, 75
在庫管理 ………………………202
在庫保管費率 …………………204
最適発注量 ……………………203
再凍結 ……………………142, 143
財務活動 ………………………217
財務活動によるキャッシュ・フロー……223
財務的均衡 ……………………217
財務的経営資源 ………………216

採用計画 …………………………151, 152
作業管理 …………………………………194
作業手配 …………………………………200
作業統制 …………………………………200
差立て ……………………………………200
産業集積 …………………………………64
360°評価 …………………………………156

（し）

自益権 ……………………………………9
私企業 ……………………………………23
事業活動 …………………………………96
事業環境 …………………………………98
事業コンセプト …………………………101
事業戦略 …………………………………123
事業部 ……………………………………119
事業部制組織 ………………………92, 117
事業部の自己充足性 ……………………120
資金運用表 ………………………………225
資金繰表 …………………………………225
資金3表 …………………………………225
資金循環 …………………………………217
刺激的賃金支払い制度 …………………85
資源ベース視角 …………………………107
自己金融 …………………………………228
自己実現者 ………………………………132
自己実現の欲求 …………………………132
自己資本 ……………………………220, 227
自己資本調達 ………………………237, 241
自己申告制度 ……………………………153
資材管理 ……………………………194, 201
資材管理の要点 …………………………201
資材計画 …………………………………201
資材所要量計画 ……………………209, 210
資材の発注方式 …………………………202
資産 ………………………………………220
自社株取得 ………………………………246
自主規制責任 ……………………………165
市場 ………………………………………170

市場型経済システム ……………………235
市場環境 ……………………………44, 46, 49
市場機能 …………………………………219
市場主導型 ………………………………195
市場の失敗 ………………………………219
市場ポジショニング視角 ………………105
市場ポジショニング視角の限界 ………107
持続的競争優位の源泉 …………………105
持続的競争優位の源泉になる
　　経営資源の属性 ……………………107
下請 ………………………………64〜66, 68, 69
下請中小企業 ……………………………56
執行 ………………………………………13
自動化 ……………………………………206
支配従属関係 ………………………61〜66, 69
地場産業 …………………………………60
資本金 ……………………………………227
資本構成 ……………………………229, 237, 241
資本コスト ………………………………229
資本参加所得免税制度 ……………277, 278
資本市場 ……………………………218, 239
資本集約化 ………………………………66
資本装備率 ………………………………62
資本の調達 ………………………………227
市民の社会参加の実現 …………………39
使命 …………………………………44, 47, 50
社員 ………………………………………25
社員総代会 ………………………………32
社会関連会計 ……………………………6
社会責任 …………………………………163
社会的責任 ……………………………5, 14
社会的ニーズの充足 ……………………39
社会的分業 …………………………64〜66, 68
社会倫理 …………………………………167
社債 ………………………………………228
ジャスト・イン・タイム ………………207
社団 ………………………………………25
社内公募制度 ……………………………153
社内ベンチャー …………………………71

社内ベンチャー制度 …………………153
収益 ……………………………………4
集権化 ………………………………113
収支的均衡 …………………………218
終身雇用 ………………………152, 160
受託経営層 …………………………33
受託責任 ………………………………5
受注生産 ……………………………197
出資と経営の分離 …………………32
需要 …………………………………168
種類株式 ……………………………29
順行負荷法 …………………………199
春闘 …………………………………157
純付加価値 ……………………………7
状況理論 ……………………………137
証券子会社 …………………………250
承認の欲求 …………………………132
少品種多量生産 ……………………197
商物分離 ……………………………101
情報 …………………………………10
情報資源管理 ………………………258
情報処理システム …………………129
正味運転資本 ………………………225
正味現在価値 ………………………231
正味現在価値法 ……………………231
常務会 ………………………………34
将来価値 ……………………………230
商流 …………………………………12
初期流動管理 ………………………196
職能横断的組織 ………………117, 121
職能資格制度 ………149, 150, 154, 157, 158
職能進化論 …………………………83
職能の要素別管理 …………………90
職能別職長制度 ……………………81
職能別組織 …………………………117
職能別部門組織 ……………………92
職務(仕事) …………………………11
所属と愛の欲求 ……………………132
ジョブ・ローテーション …………153

新株引受権付社債 …………228, 239, 242
シングル・ループ(single loop)学習 …141
人事異動 ……………………………153
人事管理 ……………………………147
人事考課 ………………148, 154, 155
新市場 ………………………………251
人事制度 ………………………148, 149
人事労務管理 …………………147, 148
新製品開発の効果 …………………180
新製品開発のプロセス ……………181
人的会社 ……………………………27
進度管理 ……………………………200

(す)

隙間業種 ……………………………59
スタッフ職能(補助的職能) ……83, 89
ステークホルダー ………………5, 14, 21
ストック・オプション ……………246
スピードの概念 ……………………88
スピードの経済 …………………88, 92

(せ)

生産 ……………………………………3
生産・在庫管理制度 ………………85
生産管理 ……………………………193
生産計画 ……………………………197
生産財の流通革命 …………………101
生産システム ………………………207
生産性 …………………………………6
生産の機械化 ………………………80
生産の5M ……………………………193
生産の平準化 ………………………208
生産方式 ……………………………196
生態学的視点 ………………………163
税の繰延買収(tax deferred acquisition)
……………………………………283
税の繰延べ …………………………283
製品(product) ………………………178
製品エンジニアリング活動 ………188

製品開発の効率 ……………………186
製品開発のスピードと柔軟性 …………122
製品計画 ……………………………195
製品コンセプト ……………………182
製品仕様 ……………………………196
製品の実体 ……………………178, 179
製品の中核 …………………………178
製品の付随機能 ………………178, 179
製品の3つのレベル ………………179
製品プランニング活動 ……………187
製品ライフサイクル理論 …………180
生理的欲求 …………………………132
積極的貢献責任 ……………………165
積極倫理 ……………………………167
設計品質特性 ………………………195
善管注意義務…………………………27
全期性 ………………………………220
選択過程 ……………………………130
全般経営層……………………………34
専門化 ………………………………113
専門職制度 …………………………154
戦略………………………………44, 47, 50
戦略策定 ……………………………232
戦略的決定 …………………………118
戦略的提携 …………………………233
戦略的分社化…………………………93

(そ)

総合管理………………………………92
総合的な製品開発力 ………………186
相互会社………………………………31
倉庫管理 ……………………………194
増資 ……………………239, 242, 243, 252
創造的問題解決型 …………………135
装置生産(プロセス) ………………196
ソーシャルマーケティング ………163, 165
組織 …………………………………109
組織開発 ……………………………141
組織間環境…………………44, 46, 49

組織均衡 ……………………………111
組織均衡の二元的側面 ……………112
組織形態 ……………………………117
組織構造 …………………44, 48, 51, 109
組織構造は戦略に従う ……………117
組織行動 …………………44, 48, 51, 127
組織行動論 …………………………127
組織参加者の満足度(能率) ………112
組織成員の変容過程 ………………142
組織成果 ……………………46, 48, 51
組織知識 ……………………………108
組織的怠業 ……………………79, 86
組織能力 ……………………………108
組織の簡素化 ………………………124
組織のコンティンジェンシー理論 …115
組織の成立要件 ……………………110
組織の存続要件 ……………………111
組織の変容過程 ……………………142
組織の本質 …………………………109
組織変化 ……………………………141
組織変革 ……………………………141
組織目的の達成度(有効性) ………112
損益概念 ……………………………230
損益計算書 …………………220, 221
損益計算書等式 ……………………221

(た)

第三者割当増資 ……………………244
大会社…………………………………31
対外的均衡 …………………………112
大企業病 ……………………………124
体系的管理……………………………85
貸借対照表 …………………………220
貸借対照表等式 ……………………220
態度 …………………………………131
態度の構成要素 ……………………131
態度の変化 …………………………142
対内的均衡 …………………………112
代表執行役……………………………34

代表取締役⋯⋯⋯⋯⋯⋯⋯⋯⋯⋯34
多角化⋯⋯⋯⋯⋯⋯⋯⋯⋯⋯⋯118
多角化戦略⋯⋯⋯⋯⋯⋯⋯⋯⋯87
妥協型⋯⋯⋯⋯⋯⋯⋯⋯⋯⋯⋯134
タスク・コントロール⋯⋯⋯⋯233
脱下請⋯⋯⋯⋯⋯⋯⋯⋯⋯⋯⋯65
棚卸⋯⋯⋯⋯⋯⋯⋯⋯⋯⋯⋯⋯200
多品種少量生産⋯⋯⋯⋯⋯97, 207
ダブル・ループ(double loop)学習⋯⋯141
ダブルビン方式⋯⋯⋯⋯⋯⋯⋯205
玉虫色的決着⋯⋯⋯⋯⋯⋯⋯⋯133
単元株式⋯⋯⋯⋯⋯⋯⋯⋯⋯⋯29
男女雇用機会均等法⋯⋯⋯⋯⋯152
単数説(極大化基準)⋯⋯⋯⋯⋯⋯5
単品種大量生産戦略⋯⋯⋯⋯⋯116

(ち)

知覚⋯⋯⋯⋯⋯⋯⋯⋯⋯⋯⋯129
知識集約化⋯⋯⋯⋯⋯60, 63, 66, 71
知識集約型産業構造⋯⋯⋯⋯⋯64
知識創造活動⋯⋯⋯⋯⋯⋯⋯⋯181
知識の変化⋯⋯⋯⋯⋯⋯⋯⋯⋯142
中堅企業⋯⋯⋯⋯⋯⋯⋯⋯⋯⋯67
忠実義務⋯⋯⋯⋯⋯⋯⋯⋯⋯⋯27
中小企業型業種⋯⋯⋯⋯⋯⋯59, 66
中小企業技術法⋯⋯⋯⋯⋯⋯70, 71
中小企業基本法⋯⋯56, 57, 63, 68, 70, 72, 74
中小企業近代化政策⋯⋯⋯⋯63, 66
中小企業近代化促進法⋯⋯⋯63, 66
中小企業経営革新支援法⋯⋯⋯70, 74
中小企業新分野進出等円滑化法⋯⋯70, 72
中小企業政策⋯⋯⋯⋯63, 65, 70, 71, 72
中小企業創造活動促進法⋯⋯⋯70, 72, 73
中小企業対策⋯⋯⋯⋯⋯⋯⋯⋯63
中小企業投資育成株式会社⋯⋯75
中小企業の質的基準(定義)⋯⋯56
中小企業の量的基準(定義)⋯⋯56
中小企業問題⋯⋯⋯⋯60, 61, 65, 66, 68
中小企業融合化法⋯⋯⋯⋯⋯70, 71

中品種中量生産⋯⋯⋯⋯⋯⋯⋯197
長期継続取引⋯⋯⋯⋯⋯⋯⋯⋯64
直販⋯⋯⋯⋯⋯⋯⋯⋯⋯⋯⋯102
賃金⋯⋯⋯⋯⋯⋯⋯⋯⋯157, 158
賃金格差⋯⋯⋯⋯⋯⋯61〜64, 66
賃率の決定方法⋯⋯⋯⋯⋯⋯⋯85

(て)

定期発注方式⋯⋯⋯⋯⋯⋯⋯⋯204
定型的(ルーティン)な技術特性⋯⋯116
ディスクロージャー⋯⋯⋯⋯⋯218
定量発注方式⋯⋯⋯⋯⋯⋯⋯⋯203
手形の割引⋯⋯⋯⋯⋯⋯⋯⋯⋯228
適応⋯⋯⋯⋯⋯⋯⋯⋯⋯⋯⋯⋯99
適合⋯⋯⋯⋯⋯⋯⋯⋯⋯⋯⋯⋯99
適正規模⋯⋯⋯⋯⋯⋯⋯⋯56, 59
手順計画⋯⋯⋯⋯⋯⋯⋯⋯⋯⋯199
テスト・マーケティング⋯⋯183, 184
転換社債⋯⋯⋯⋯⋯⋯228, 239, 242
店頭市場⋯⋯⋯⋯⋯⋯⋯⋯⋯⋯251

(と)

当期業績主義⋯⋯⋯⋯⋯⋯⋯⋯222
統合型⋯⋯⋯⋯⋯⋯⋯⋯⋯⋯⋯135
統合命題⋯⋯⋯⋯⋯⋯⋯⋯⋯⋯51
投資⋯⋯⋯⋯⋯⋯⋯⋯⋯⋯⋯⋯229
投資活動⋯⋯⋯⋯⋯⋯⋯⋯⋯⋯217
投資活動によるキャッシュ・フロー⋯223
統治⋯⋯⋯⋯⋯⋯⋯⋯⋯44, 48, 50
同調型⋯⋯⋯⋯⋯⋯⋯⋯⋯⋯⋯134
トーナメント方式⋯⋯⋯⋯⋯⋯54
特性理論⋯⋯⋯⋯⋯⋯⋯⋯⋯⋯136
特定非営利活動促進法(NPO法)⋯⋯52
独立採算の原則⋯⋯⋯⋯⋯⋯⋯24
特例有限会社⋯⋯⋯⋯⋯⋯⋯⋯28
トヨタ生産システム⋯⋯⋯⋯⋯206
トヨタ生産方式⋯⋯⋯⋯⋯⋯⋯207
トライアングル合併(Forward Triangular Mergers)⋯⋯283, 286

索　引　297

トラッキング・ストック(＝ＴＳ) ……288

（な）

内製 ……………………………64, 65
内部環境 ………………………………14
内部不経済 …………………………167
内部利益率 …………………………231
内部利益率法 ………………………231
内部留保 ……………228, 237, 241
仲間取引 ……………………………64
ナスダック・ジャパン ……………251
成行管理 ……………………………86

（に）

ニーズ ………………………………168
二重構造 ………………61, 63, 65, 66
日常業務的決定 ……………………118
日程計画 ………………………198, 199
ニュー・ビジネス……………………20
人間性の無視…………………………86
人間の基本的欲求 …………………131
人間の行動 …………………………129
人間の欲求構造 ……………………131

（ね）

ネガティブ領域 ……………………164
ネットワーク…………………………17

（の）

能率 …………………………………112
能率増進運動 …………………79, 85
能力開発 …………148, 150, 157, 159, 160
能力所要量計画 ……………………210
ノンプロフィット・ガバナンス……48

（は）

廃業率…………………………………73
買収の脅威 …………………………219
配当アクセス方式 ……………282, 288

パス・スルー課税 ……………………27
発注点 ………………………………203
発注点方式 …………………………203
母娘(mother-daughter)構造 ……275, 287
パレート図 …………………………202
ハロー効果 …………………………156
範囲の経済 ……………………87, 92
パンチカードシステム ……………256

（ひ）

ビジブル管理 ………………………206
ビジョン ……………………………101
非定型的(ノン・ルーティン)な特性 …116
費用 ……………………………………4
標準化 …………………………102, 113
標準工数 ……………………………199
品質管理 ……………………………194
品質展開表 …………………………195

（ふ）

ファクトリー・オートメーション ……210
ファブレス …………………………206
フィナンシャル・レバレッジ ………229
付加価値(added value) ………………6
付加価値極大化説 ……………………5
付加価値生産性 ………61, 63, 65, 66
付加価値生産性格差……………61〜63
負荷計画 ……………………………199
負荷配分 ……………………………199
複数説(満足基準) ……………………5
福利厚生 ……………………………158
負債(他人資本) ………………220, 228
2人ボス制 …………………………120
普通社債 ………………239, 243, 247
プッシュ ……………………………172
物的会社 ………………………………29
物流 …………………………………12
部門経営層 ……………………………35
プル …………………………………172

（フ）

フルライン戦略 …………………116
プログラミング …………………233
プロジェクトチーム …………117, 121
プロシューマー …………………272
分業の欠点 ………………………84
分業の利点 ………………………84
分権化 ……………………………113

（へ）

平準化 ……………………………206
変化 ………………………………142
変種変量生産 ………………197, 207
変種変量生産時代 ………………212
ベンチャー・キャピタル
　……………………68, 69, 74, 75, 252
ベンチャー・ビジネス……60, 66〜75, 251
ベンチャー・ビジネスの出現 ……93
ベンチャーブーム ………67〜70, 72

（ほ）

包括主義 …………………………222
報酬管理 ……………………148, 157
法人格 ……………………………25
法令遵守責任 ……………………165
ポータブル・スキル ……………159
ポジティブ領域 …………………164
補助的職能管理 …………………90
ボランティア活動 ………………39

（ま）

マーケット・イン ………………208
マーケティング倫理 …………164, 167
マクロ的視点 ……………………164
マクロマーケティング …………165
マザーズ …………………………251
マスカスタマイゼーション ……260
マトリックス組織 ………………117
マネジメント ……………………39
マネジメント・コントロール …233

（み）

ミキサー・カンパニー（mixer company）
　277, 278
ミクロ的視点 ……………………164
見込生産 …………………………197
見込み客 …………………………170
ミスミの事例 ……………………101

（む）

6つの本質的職能 ………………82

（め）

命令統一の原則 …………………121
メインバンク制 ……………247, 249
メカトロ機器 ……………………210
メカトロ技術 ……………………207

（も）

目標管理 …………………………156
目標（の）コンフリクト ……215, 233
持分会社 …………………………26

（ゆ）

有機的組織 ………………………115
有限会社 …………………………28
有限責任 …………………………29
有限責任事業組合 ………………27
融合化 ……………………………72
有効性 ……………………………112
有効なリーダーシップ …………140
有効なリーダーシップ・スタイル …138
優先株式 …………………………244

（よ）

要素別管理の出現 ………………88
抑圧型 ……………………………134
予算差異分析 ……………………233
予算編成 …………………………233

予納法人税（ＡＣＴ） …………281, 288	リスク ……………………………229, 230
予防倫理 …………………………………167	流動資産 …………………………………220
余力 …………………………………199, 200	流動性喪失 ……………………………229
余力管理 …………………………………200	流動的組織 ……………………………121
４大資源 …………………………………216	流動負債 …………………………………220
４Ｐ ………………………………………171	リレー ……………………………………122

（ら）

ライフサイクル ………………………195
ライン・アンド・スタッフ組織………92
ライン職能（基本的職能）……………83, 89
ラグビー …………………………………122

（れ）

連結納税 …………………………………279
連結納税制度 ………………278, 279, 287
連続生産 …………………………………197

（ろ）

労使関係管理 …………………………148
労働組合法 ……………………………152
労働分配率 ……………………………151
労務管理 …………………………147, 148, 194
ロジスティクス ………………………12
ロット生産 ……………………………197

（り）

リーダーシップ …………………136, 138
リーダーシップ状況 …………………137
リーダーシップの有効性 ……………136
リーダーの役割 ………………………140
利益 …………………………………………4
利益極大化説 ……………………………5
リサーチ・パーク ……………………74, 75

（わ）

ワンツゥワンマーケティング …………260

<編著者紹介>

後藤　幸男（ごとう・ゆきお）
経　歴
　昭和40年　神戸商科大学教授
　昭和43年　経営学博士（神戸大学）
　昭和61年2月～平成元年2月　神戸商科大学学長，名誉教授
　平成元年4月　追手門学院大学教授
　平成4年5月～平成10年4月　同学院学院長・大学長，名誉教授
　平成10年5月～平成14年4月　四国大学経営情報学部教授
　平成14年5月～平成18年4月　追手門学院学院長・大学長
　平成18年5月～現在　四国大学客員教授，追手門学院名誉理事
兼職等
　日本学術会議会員（第13.14.15期），日本学術振興会評議員（第10期～第14期），
　兵庫県地方労働委員会公益委員などを歴任。
編著書
　企業の投資決定理論（著）　　中央経済社　　昭和40年
　経営計画と経営分析（著）　　税務経理協会　昭和54年
　資金管理論（著）　　　　　　中央経済社　　昭和58年
　経営学総論（編）　　　　　　税務経理協会　昭和61年
　現代の企業財務戦略（編）　　税務経理協会　昭和63年
　　　　　　　　　　　など著訳書論文多数

鳥邊　晋司（とりべ・しんじ）
学　歴
　昭和54年　神戸商科大学商経学部管理科学科卒業
　昭和57年　神戸商科大学大学院経営学研究科博士後期課程中途退学
経　歴
　昭和57年　兵庫県立姫路短期大学助手を経て，昭和61年神戸商科大学商経学部助手
　平成8年　神戸商科大学商経学部教授
　平成10年　博士（経営学）の学位を神戸商科大学より授与
　平成16年4月　兵庫県立3大学の統合により，兵庫県立大学経営学部教授
　平成18・19・20・21年　公認会計士試験論文式試験（経営学）試験委員
　平成22年4月～現在　兵庫県立大学大学院経営研究科教授
主要著書
　会計情報と経営分析（共著）　中央経済社　　平成8年
　企業の投資行動理論（著）　　中央経済社　　平成9年
　企業価値創造経営（共著）　　中央経済社　　平成12年
　財務マネジメント（共著）　　中央経済社　　平成17年
　会計情報分析（共著）　　　　中央経済社　　平成18年
　戦略財務マネジメント（共著）中央経済社　　平成20年

経 営 学

2001年1月1日	初版第1刷発行
2003年4月1日	初版第2刷発行
2004年4月1日	初版第3刷発行
2005年6月1日	初版第4刷発行
2006年4月1日	初版第5刷発行
2007年6月1日	初版第6刷発行
2008年5月1日	初版第7刷発行
2009年5月1日	初版第8刷発行
2011年5月1日	初版第9刷発行
2012年5月1日	初版第10刷発行
2014年5月1日	初版第11刷発行

編著者	後 藤 幸 男
	鳥 邊 晋 司
発行者	大 坪 嘉 春
印刷所	税経印刷株式会社
製本所	株式会社 三森製本所

発行所　東京都新宿区下落合2丁目5番13号　株式会社 税務経理協会
郵便番号 161-0033　振替 00190-2-187408　電話(03)3953-3301(編集部)
FAX (03) 3565-3391　　(03) 3953-3325(営業部)
URL　http://www.zeikei.co.jp/
乱丁・落丁の場合はお取替えいたします。

© 後藤幸男・鳥邊晋司 2001　編著者との契約により検印省略

本書の内容の一部又は全部を無断で複写複製（コピー）することは，法律で認められた場合を除き，著者及び出版社の権利侵害となりますので，コピーの必要がある場合は，予め当社あて許諾を求めて下さい。

Printed in Japan

ISBN978-4-419-03678-2　C1034